高等院校金融专业系列教材

金融学

主　编　曹　慧
副主编　赵阿平　徐丽莎
　　　　王雪彬　李成钰

微信扫码
申请课件等相关资源

南京大学出版社

图书在版编目(CIP)数据

金融学 / 曹慧主编. —南京：南京大学出版社，2020.1(2023.7 重印)

ISBN 978 - 7 - 305 - 22888 - 9

Ⅰ. ①金… Ⅱ. ①曹… Ⅲ. ①金融学—高等学校—教材 Ⅳ. ①F830

中国版本图书馆 CIP 数据核字(2020)第 001545 号

出版发行 南京大学出版社
社　　址 南京市汉口路 22 号　　邮　　编 210093
出 版 人 金鑫荣

书　　名 金融学
编　　著 曹　慧
责任编辑 于丽娟　武　坦　　编辑热线 025 - 83592315

照　　排 南京开卷文化传媒有限公司
印　　刷 广东虎彩云印刷有限公司
开　　本 787 mm×1092 mm　1/16　印张 15.5　字数 397 千
版　　次 2023 年 7 月第 1 版第 2 次印刷
ISBN 978 - 7 - 305 - 22888 - 9
定　　价 42.00 元

网　　址：http://www.njupco.com
官方微博：http://weibo.com/njupco
微信服务号：njuyuexue
销售咨询热线：(025)83594756

前言 | Foreword

当今,金融已经成为世界经济领域中最为核心的议题之一。金融创新不断出现,金融风险与危机也无处不在,时刻影响着各个国家经济运行状况,也影响着每个人的日常生活。

金融学是研究货币与金融体系的运行机制以及货币运行与经济运行之间关系的一门学科,具有高度的实用性和复杂性。金融学不仅是我国高等院校财经类专业的核心课程,也是经济管理类专业学生必须掌握的一门基础理论课程。

本教材以货币、信用理论为基础,以市场经济体系下金融的整体运行为主线,以金融市场构成、商业银行经营管理、中央银行宏观调控为核心,全面介绍货币、信用的基本理论,金融体系、金融市场的特征及运行,商业银行及非银行金融机构的业务经营与管理,中央银行与金融调控,以及开放条件下的金融运行等内容。在系统阐述金融学基本原理和现实问题的基础上,强调并突出知识的应用性和实践性。

本书在整体篇章结构上,力求体现以下特色:

● **结构合理,体系规范。**本教材立足于金融学的基础性,强调对金融基本知识、基本理论和基本技能的掌握,注重内容体系的精炼概括,做到简明扼要、重点突出。

● **与时俱进,突出可读性。**本教材尽可能反映国内外金融理论和金融实践的最新发展,使教学内容紧跟时代步伐,通过补充阅读等形式将最新的研究成果和金融实践介绍给学生,增加了可读性,有利于提高学生的学习兴趣。

● **紧跟时事,突出应用性。**本教材注重用一般理论分析现实金融问题,特别是改革开放以来我国金融改革的实践,尤其将 2008 年美国金融危机的发生、发展及其演变作为一条主线贯穿到各章的内容中,增加了学生对金融风险的感性认识和深入理解。

● **适应面广,理论结合实际。**本教材结构完整,体系严谨,难易程度适中。将金融理论与实践结合在一起介绍,适用于广大经济管理类专业,尤其是地方综合性大学和财经类院校相关专业的学生，本书也可作为金融机构从业人员学习金融基础知识的参考书。

全书共12章，由武汉晴川学院曹慧担任主编，由华东交通大学理工学院赵阿平、武汉晴川学院徐丽莎、王雪彬、李成钰担任副主编。具体分工如下：曹慧编写第一章、第二章、第四章、第六至第十章，赵阿平编写第三章，徐丽莎编写第五章，王雪彬编写第十一章，李成钰编写第十二章。在编写过程中，参考了大量的文献资料，在此向参考过的文献的作者表示深深的谢意。本书的出版得到了南京大学出版社的大力支持，在此表示诚挚的谢意。

尽管在编写本书时已竭尽所能结合金融业发展现状和发展趋势，使其内容丰富、易于理解，但由于编写时间、资料及编者水平有限，书中定有许多不足之处，敬请各位专家以及广大读者批评指正。

编 者

2019年12月

目录 | Contents

第一章
货币与货币制度

教学目标

1. 理解货币的起源和货币形态的发展及其变化。
2. 熟知货币的职能和作用。
3. 掌握货币制度及其演变和我国现行的货币制度。

章前引例

如果我们生活在先秦，持有的货币可能是下图中的海币或骨币；如果我们生活在春秋战国时期，持有的货币可能是下图中的刀币或布币；如果我们生活在后来的封建社会，持有的可能是下图中的五铢或开元通宝；如果我们生活在民国，持有的货币可能是下图中银圆。

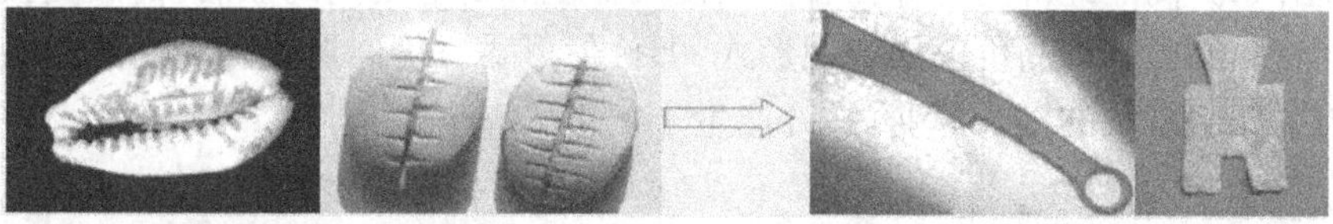

海币　　骨币　　刀币　　布币

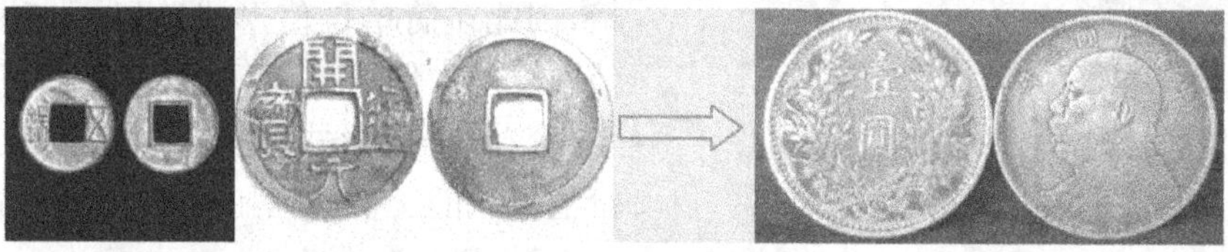

五铢　　开元通宝　　银元

如今我们钱包中的货币既有政府发行的硬币和纸币，也有借记卡、电子账户余额。在不同的时期，货币的形式有所不同，但货币对于人类和经济的重要性却是始终不变的。

案例讨论：原始人是否需要货币？

第一节　货币的起源和形式演变

一、货币的起源

人类社会的发展已经有百万余年或更长时间，而货币不过是几千年前才开始出现在人类社会中。货币发展到今天,已经成为现代社会活动中不可或缺的部分。那么,与我们生活息息相关的货币究竟是如何产生和发展的呢?

(一) 西方和中国古代的货币起源说

1. *西方的货币起源说*

西方关于货币起源的说法主要有三种:一是创造发明说,认为货币是由国家或先哲创造出来的。二是便于交换说,认为货币是为解决直接物物交换的困难而产生的。亚里士多德曾说:一地的居民对另一地居民的货物有所依赖,于是人们想从别处输入所缺的货物,为了抵偿这些输入,他们也要输出自己多余的产品,于是作为中间媒介的钱币就应运而生了。三是财富保存说,认为货币是为保存财富而产生的。

2. *中国古代的货币起源说*

中国古代的货币起源学说主要有两种观点:先王制币说与司马迁的货币起源说。

先王制币说认为货币是圣王先贤为解决民间交换困难而创造出来的。《管子·国蓄》中有:"先王为其途之远,其至之难,故托用于其重,以珠玉为上币,以黄金中币,以刀币为下币。"即"先王"为了进行统治而选定某些难得的、贵重的物品为货币。

司马迁的货币起源说认为货币是用来沟通产品交换的手段。司马迁《史记·平滩书》中有:"农工商交易之路通,而龟贝金钱刀布之币行焉。"

(二) 马克思货币起源说

马克思认为,商品经济内部存在着商品使用价值和价值之间的矛盾,商品交换中价值必然要得到体现,必须有商品价值的表现形式,即价值形式。价值形式随着商品交换的发展而发展,经历了四个阶段的漫长演变,最终产生了货币。

1. *简单价值形式*

在原始社会末期,交换是一件偶然的事情,因此在简单价值形式阶段,一种商品的价值在交换中偶然地、简单地表现在另一种商品上。简单价值形式产生了货币的胚胎。简单价值形式的交换过程如图1-1所示。

图1-1 简单的价值形式的交换过程

2. *扩大价值形式*

在第一次社会大分工之后,畜牧业从农业中分离出来,劳动生产率得到了提高,剩余产品逐渐增多,商品交换变得经常而丰富,参加交货的商品也逐渐增多。一种商品不是偶然与另一种商品相交换,而是与越来越多的商品交换,由更多商品来表现自己的价值,成为扩大价值形式。扩大价值形式的交换过程如图1-2所示。

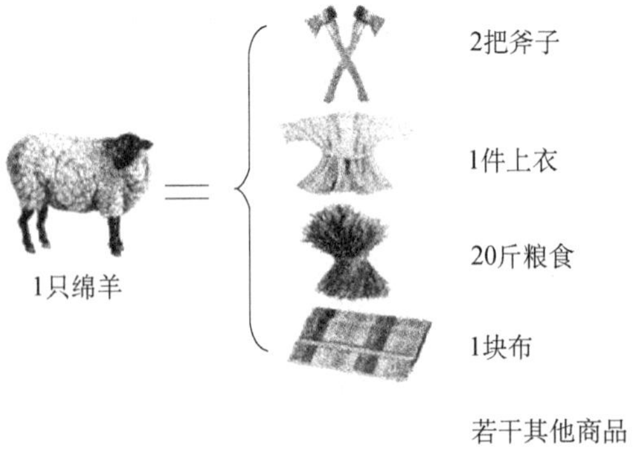

图1-2 扩大的价值形式的交换过程

3. *一般价值形式*

在扩大价值的形式下,由于商品的价值未能获得共同的、统一的表现形式,使得实际交换过程十分复杂，效率十分低下。为了克服上述缺点，人们开始自发地先把自己的商品交换成一种市场上常见的、大家乐意接受的商品，然后再用这种商品去交换自己所需要的其他商品，其结果是使某种商品从大量的商品中分离出来，成为表现其他各种商品价值的媒介。该商品称为一般等价物。所有商品都由这一种商品表现价值形式，称为一般价值形式。一般价值形式交换过程如图 1－3 所示。

4. 货币形式

随着商品交换不断扩大，人们发现许多充当一般等价物的商品本身存在着“不易分割、质地不均匀、不便于携带、难以保存”等缺点，而这些缺点阻碍了商品交换规模的扩大，干扰了商品交换的正常次序，这在客观上要求有一种能弥补一般等价物的缺陷并能固定充当一般等价物的商品出现，而这种商品就是金银贵金属。

一般等价物固定在贵金属身上，由贵金属来固定地充当商品交换的媒介，这就是货币形式。货币形式交换过程如 1－4 所示。

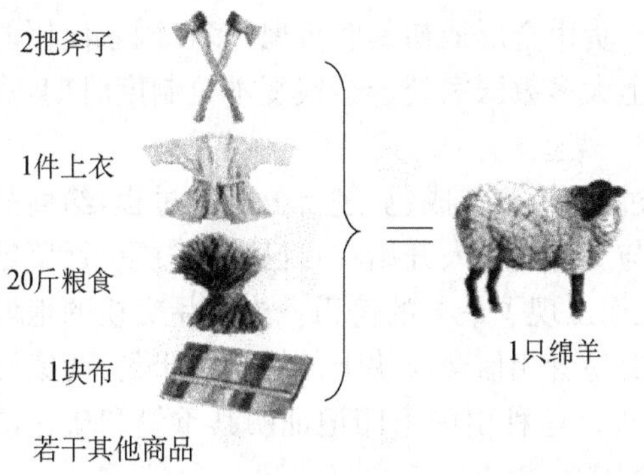

图 1－3　一般价值形式的交换过程

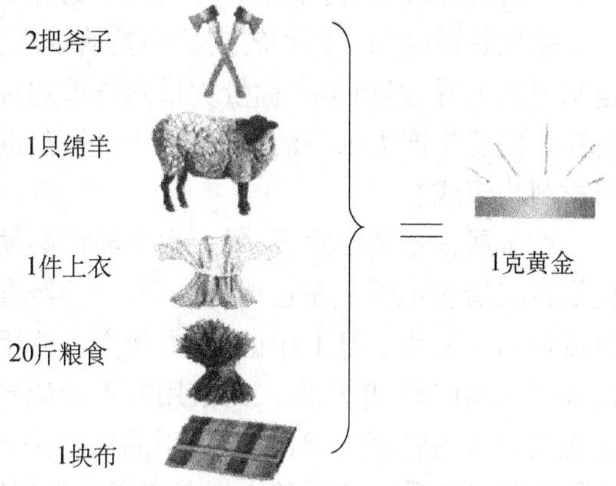

图 1－4　货币形式的交换过程

从价值形态的演化过程可以看出，货币是一个历史的经济范畴，它并不是从人类社会产生就有，而是在人类社会发展到一定阶段，伴随着商品和商品交换的产生与发展而产生的，所以货币的根源在商品本身；货币是商品经济自然发展的产物，是商品价值形式发展的结晶。由于金银属性适合执行一般等价物的职能，因此，自然地分离出来固定地充当一般等价物，货币就产生了。至此，商品的内在矛盾对立完全转变为外部对立，价值在这里获得了独立的表现形式。

二、货币形式及其演变

(一) 商品货币

1. 商品货币的特征

(1) 价值比较高，这样可用较少的媒介完成大量的交易。

(2) 易于分割，分割之后不会减少它的价值，以便同价值高低不等的商品进行交换。

(3) 易于保存，在保存过程中不会损失价值。

(4) 便于携带，以利于在广大地区间进行交易。

2. 实物货币

实物货币是指以自然界存在的某种物品或人们生产的某种物品来充当货币，是货币形式发展最原始的形式。在人类经济史上，许多商品曾在不同时期、不同国家扮演过货币的角色，如牲畜、贝壳、布帛、金属等都充当过货币。我国最早的实物货币是贝。在古波斯、印度、意大利等地都有用牛、羊作为货币的记录。美洲曾用烟草、可可豆作为实物货币。

早期的实物形态货币绝大多数都受其本身的限制，不便于保存和携带，而且难以分割，不可能有质地均匀的、统一的价值表现标准，使用的范围不大。因此，随着商品交换的发展，实物形态的货币就逐渐由内在价值稳定、质地均匀、便于携带的金属货币所替代。

3. 金属货币

金属冶炼技术的出现和发展，为实物货币向金属货币转化提供了物质条件。金属货币作为货币材料，有着实物货币无可比拟的优势：价值高；易分割；易保存；便携带。

历史上，曾经充当货币的金属主要是金、银、铜等。中国是世界上最早使用金属货币的国家，商代出现的铜铸币是历史上最早的金属货币。

金属货币经历了两种转变。一是从本质上看，经历了由贱金属到贵金属的演变；另一种是从形态上看，经历了由称量货币到铸币的转变。货币金属最初是贱金属，多数国家使用的是铜。随着生产力水平的提高，到19世纪，世界上大多数国家处于金银复本位制度时期，货币材料为银或金。

在金属称量货币阶段，每一次交易都必须经过称量、鉴定成色、进行分割的过程，给商品交易带来诸多不便。在这种情况下，一些经常参与交易的商人开始在自己称量过重量、鉴定过成色的金属块上打上印记，以方便交易使用，从而出现了最早的铸币。当商品交换的地域范围越来越广时，单凭商人的信用并不能让异地交易者相信金属快上的标记。于是，国家开始充当货币的管理者，对金属货币的铸造进行管理。这种由国家印记证明其重量和成色的金属块就是铸币。铸币的出现奠定了货币制度的基础。

（二）代用货币

代用货币是指能代替金属货币执行一般等价物职能的纸质信用凭证。这种纸质的代用货币，尽管其自身价值低于货币价值，是一种不足值货币，但由于它们都有十足的金银等贵金属作为保证，持币者有权随时要求政府或银行将纸币兑换为金银货币或金银条块。

世界上最早出现的纸质货币是中国北宋年间的“交子”。19世纪下半期，在欧洲可兑换金币的银行券广泛流通，发行银行券的银行保证随时按面值兑付金属货币。银行券的出现是货币币材的一大转折，它为其后不兑现纸币的产生奠定了基础。

（三）信用货币

信用货币是以信用作为保证，通过一定信用程序发行的、充当流通手段和支付手段的货币形态，是货币形式的现代形态。信用货币实际上是一种信用工具或债权债务凭证，除纸张和印刷费用外，它本身没有内在价值。目前，世界上所有国家都采用信用货币形式。

信用货币的主要形式包括以下几种：

（1）辅币。辅币多以贱金属铸造，自身所含的金属价值低于其货币价值。辅币一般由政府独占发行，由专门的铸币厂铸造，其功能主要是小额或零星交易的媒介手段。

(2) 纸币。纸币是指由政府发行并由国家法令强制流通使用的，以纸张为基本材料的货币。可见，纸币发行权一般为政府或政府的金融机关所垄断，发行机关多数是中央银行，也有财政部或货币管理局等政府机构。纸币的主要功能是人们日常生活用品的购买手段。

(3) 存款货币。存款货币是能够发挥货币交易媒介和资产职能的银行存款，包括可以直接进行转账支付的活期存款和企业的定期存款、居民储蓄存款等。用存款货币取代现金进行支付，具有快速、安全、方便等优点，特别是在大额异地交易中。存款货币的出现，打破了实体货币的概念，将货币从有形货币转变为无形货币。

(四) 电子货币

电子货币是信用货币与电脑、现代通信技术相结合的一种最新货币形态，它通过电子计算机运用电子信号对信用货币实施储存、转账、购买和支付，明显比信用货币更快速、方便、安全节约。美国经济学界把电子货币称为继金属铸币、纸币以后的“第三代货币”，而实质上，电子货币是新型的信用货币形式，是高科技的信用货币。电子货币的种类如下：

(1) 银行卡。银行卡是银行发行的具有转账结算、存取现金和透支消费的部分或全部功能的电子卡片。它可以采用联网设备以在线刷卡记账、POS 结账、ATM 提取现金等方式进行支付，可以在商场、饭店及其他场所使用。

(2) IC 卡或智能卡。IC 卡是一种功能比较单一的储值卡，通常称为智能卡、智慧卡或电子钱包。

(3) 电子支票。电子支票是运用银行和系统的自动化或专业网络、设备、软件及一套完整的用户识别、数据验证等规范化协议完成的数据传输。

我国第一张银行卡是 1985 年 6 月由中国银行珠海分行发行的“中银卡”。2002 年年初，各银行联网通用的“银联卡”出现，以银行卡为代表的电子货币取得了长足的发展。

随着现代市场经济、科学技术的高速发展和信用制度的日趋完善，电子货币必将日益取代现金货币，货币形态的发展趋势也将呈现从有形到无形，从现金到转账到无现金社会的转变。

扩展阅读 1-1

我们离“无现金社会”还有多远?

如果兜里没带一分钱，你敢出门吗？这个问题几年前提出来，绝大部分人都会坚决地说“不”。但是今天，随着扫码支付、银联闪付、网上支付等方式的兴起和银行卡的全面普及，很多中国人都可以毫不犹豫地说“敢”。

来自第三方数据显示，2017 年中国第三方支付总交易额为 57.9 万亿元，同比增长 85.6%。其中，移动支付交易规模为 38.6 万亿元，约为美国的 50 倍。在某种程度上，随着移动支付的全速冲刺，中国已经一只脚踏上“无现金社会”的门槛。

移动支付为什么风生水起？这是“天时、地利、人和”综合作用的结果。

“天时”，是全球向“无现金”迈进的大趋势。韩国政府计划在 2020 年让硬币从流通渠道消失；丹麦也在 2015 年允许零售商拒绝现金支付，仅接受移动、银行卡支付。

“人和”，是作为基础设施的移动互联网和智能手机在中国迅速普及。截至 2017 年 2

月，中国网民规模达到7.31亿，全年共计新增网民4 299万人，其中手机网民达6.95亿，较2016年年底增加550万人。手机超越电脑成为第一大上网终端。

最重要的当属"地利"。目前中国人民银行发放了267张支付牌照。2010年以来，中国第三方支付市场交易规模保持在50%以上的年均增速，经过近10年的发展，中国移动支付已成为全球的领跑者。

较于传统的现金流通，无现金流通的优势也很明显，节省了金融业的劳动力，节约了社会资源，减少了抢劫现金犯罪，杜绝了假币坑人等。

"无现金社会"优势甚多，但并不意味着没有问题。

首先是用户教育问题。电子支付的便捷性并非对所有人都适用，特别是没有互联网的地区，不会使用手机的老人等。即便是基本可以"无现金"的丹麦，也存在很大的问题。

其次是新的安全问题。电子支付确实能解决传统现金支付存在的现金遗失、被抢盗等问题，但又面临两大新的挑战——技术漏洞和恶意诈骗。黑客攻击和技术诈骗已经让电子金融的流通和支付遭受了很多损失，并催生了无数电子诈骗案。

最后是可能遭遇系统崩盘而无法进行金融流通和支付。在发生灾害时，光纤和终端设施遭到破坏，电子支付就会陷于瘫痪。从信息技术安全和灾难管理的角度来看，在支付领域也很难实现一种没有备份的电子系统，很难在生活和金融领域彻底取消钞票。

资料来源：http://finance.sina.com.cn/coverstory/2017—09—07/doc—ifykusey4353214.shtml。

第二节　货币的职能

货币的职能是指货币本质所决定的内在功能，马克思综合关于货币现象的各种研究，提出了著名的"货币五项职能"，即价值尺度、流通手段、贮藏手段、支付手段和世界货币。其中价值尺度、流通手段是基本职能，贮藏手段、支付手段和世界货币是基本职能的派生职能。

一、价值尺度

货币在表现和衡量商品价值时，执行着价值尺度职能。货币之所以能够充当价值尺度职能，是因为货币本身就是商品，它与其他商品一样，也有价值。

货币是商品内在价值的表现形式。商品的价值通过一定数量的货币表现出来就是商品的价格。价格的变化，依存于商品价值和货币价值的变化。货币在执行价值尺度职能时有如下特点：

(1) 货币作为商品的价值尺度可以是观念上的货币。

(2) 必须是足值货币，这是价值尺度职能存在和发挥正常作用的前提条件。

(3) 货币将商品的内在价值转化为价格，必须通过价格标准来完成。

为了比较不同商品的价格，货币必须具有一定的单位。货币单位包括货币单位的名称和单位货币的价值两方面的内容。各国法律规定的货币单位的名称都是以习惯形成的名称为基础的。例如，目前世界上用"元"作货币名称的国家共有52个，如日元、美元等。我国比较特别，货币名称是人民币，货币单位是元。再如，用"磅"作货币名称的国家有12个，如英镑、苏丹磅等。

在金属货币条件下，单位货币的价值就是确定单位货币所包含的货币金属重量。例如，美国的货币单位定名为“元”，根据其 1934 年 1 月法令的规定，1 美元的含金量为 13.714 格令。而在信用货币制度下，价格标准主要是通过货币的购买力来表现。

二、流通手段

在商品交换过程中，货币发挥交易媒介作用，执行流通手段职能。它是货币的基本职能之一，货币作为流通手段是价值尺度职能的必然发展。

货币在执行价值尺度职能时有如下特点：

(1) 必须是现实的货币。

(2) 可以是不足值的货币本体，可以用货币符号代替。

(3) 货币流通是为商品流通服务的。

我国人民币具有流通手段职能。人民币是我国唯一合法的通货，它代表一定的价值量与各种商品交换，使各种商品的价值得以实现。人民币的流通具有普遍的接受性、垄断性和独占性。人民币发挥流通手段职能，除要具有一切商品直接交换的能力外，还需要具有相对稳定的购买力。人民币的购买力是价格的倒数。在我国，人民币购买力的变动是通过物价指数的变动表现出来的。因此，要稳定人民币的购买力，要先稳定物价。而物价稳定的主要因素取决于人民币适量的供给和是否具有满足人们群众需要的各种各样的商品保证。

三、贮藏手段

当货币被当作社会财富的独立代表，被人们贮藏起来退出流通领域而处于静止状态的时候，它就执行贮藏手段的职能。执行贮藏手段的货币必须既是现实的货币，又是足值的货币。最典型的形态是贮藏具有内在价值的货币商品，如黄金或铸币。

在市场经济条件下，纸币的流通与通货膨胀紧密相连，谁也不愿意贮藏不断贬值的纸币。因此，马克思认为纸币不能作为贮藏手段。在现实生活中，在物价相对稳定的情况下，人们经常采取储蓄存款的方式来积累财富，这时的货币不再拥有贮藏手段职能。

在现实社会中，货币并非唯一的价值贮藏形式，甚至不是最有利的价值贮藏形式。现代，人们可以通过持有短期期票、债券、股票、房屋及其他物品来贮藏，其中某些形式还将带来高于储蓄利息的收益或在贮藏的过程中增值。

课堂讨论 1－1

1948 年发行的第一套人民币已经退出了流通渠道，它是否具有贮藏价值？

四、支付手段

当货币作为独立的价值形式进行单方面转移时，如清偿债务、支付税金、房租以及工资等，起到延期付款的作用，即执行支付手段职能。

随着商品流通的发展，出现了商品的交换与货币的支付在时间上不一致的情况，有的先买货后付款，有的先付款后取货，这样就在信用交易的同时建立了债权债务关系，货币就成为跨期支付手段。此时的货币不再简单地作为交换手段完成等值的商品和货币的交换，而是作为跨期交换行为的一个结清环节，成为信用交易过程中补足交换过程的独立环节。

与流通手段相比，货币在执行支付手段职能时有如下特点：

(1) 作为流通手段的货币，是商品交换的媒介；作为支付手段的货币，不是流通过程的媒介，而是补足交换的一个环节。

(2) 流通手段只服务于商品流通；支付手段除了服务于商品流通外，还服务于其他经济行为。

(3) 就媒介商品流通而言，二者虽然都是一般的购买手段，但流通手段职能是即期购买，而支付手段职能则是跨期购买。

(4) 流通手段在不存在债权债务关系的条件下发挥作用；支付手段是在存在债权债务关系的条件下发挥作用。

与此同时，随着货币赊销的发展，商品生产者之间形成一个越来越立体交融的支付链条，一旦某个商品生产者不能按期还债，支付链条就会引起连锁反应，从而发生经济金融危机。

五、世界货币

货币的世界货币的职能是指货币跨出国境，在国际上发挥一般等价物的功能。货币作为世界货币可以发挥三个方面的作用：作为支付手段以平衡国际收支差额；作为购买手段进行国际贸易；作为一般性财富转移手段进行国际财富的转移。

由于信用货币因其名义价值高于实际价值，是国家强制赋予其流通能力的，越出国境以后，其强制力量失去效力，所以世界上只有少数几个国家的货币具有世界货币的职能，如美元等。我国的人民币具有一定的稳定性，在一定范围内已被用作对外计价支付的工具。同时，黄金没有完全退出历史的舞台，它仍然是国际间最后的支付手段、购买手段和社会财富贮藏和转移的形式。

货币的以上五种职能并不是独立的，而是有机地联系在一起，它们都体现货币作为一般等价物的本质。其中，货币的价值尺度和流通手段职能是两种基本职能，其他职能是在这两种职能的基础上产生的。正是由于货币执行流通手段和支付手段职能，人们才愿意保存货币，货币才具有贮藏手段职能。货币的支付手段职能是由商品信用交易产生的，货币的价值尺度、流通手段、贮藏手段和支付手段在世界市场上发挥作用，就执行了世界货币的职能。

课堂讨论 1-2

以下五种情况，货币分别执行了哪种职能？

1. 小明用 100 元人民币在市场上购买了一个鼠标；
2. 一台冰箱标价 6 500 元；
3. 小方到银行取回 5 万元定期存款利息；
4. 财务向小刘发放 5 000 元工资；
5. 小天爷爷临终前把藏有多年的 5 克黄金留给了小天。

第三节　货币制度及其演变

一、货币制度的基本内容

货币制度是伴随着金属铸币的出现而开始形成的，只是由于当时的商品经济不发达，商品经济处于自然经济之中，存在着众多币材、铸币权分散、货币规格各不相同、成色降低、货币流通混乱等状况，所以早期铸币在形制、重量、成色等方面都有较大的差异，货币制度也是分散而且混乱的。

随着资本主义制度的建立，这种不严密的、混乱的货币制度很难适应资本主义经济发展对货币流通的要求，迫切需要国家通过法律程序，建立统一的货币制度。货币制度的构成具体包括货币材料、货币单位、流通中货币种类、货币发行准备制度等。

(一) 货币材料

规定何种材料为币材，在金属时代是非常重要的，因为它决定了哪种金属作为基本货币金属，即作为本位币的铸造材料，因而也就确定了整个货币制度和货币流通的基础。比如用金、银作为货币材料就分别形成金本位制、银本位制等。目前，世界各国都实行不兑现的信用货币制度，不再对币材做出规定。

(二) 规定货币单位的值

货币单位的规定主要有两个方面：

(1) 规定货币单位的名称。货币单位的名称最早与商品货币的自然单位或重量单位相一致，如两、磅。后来由于铸造和兑现等的原因，货币单位与自然单位、重量单位逐渐相脱离，有的沿用旧名，有的重新命名。按国际惯例，往往加上该国简称，如美元、英镑、日元等。

(2) 规定货币单位的值。也就是单位货币的含金量，仍以重量单位表示。当黄金非货币化后，纯粹信用货币制度一般不再硬性规定单位货币的值，只是在货币发行管理中按经济发行的原则，以商品物资为基础发行货币并通过各种措施保证币值的稳定。

(三) 规定流通中货币的种类

一个国家的通货，通常分为主币(即本位币)和辅币，它们各自有不同的铸造、发行和流通程序。

1. 本位币

本位币也称为主币，是一个国家法定的作为价格标准的主要货币，是用于计价、结算的基本货币单位，具有无限法偿的能力。本位币的最小规格通常是 1 个货币单位，如 1 美元、1 英镑。

在金属货币流通的条件下，本位币可以自由铸造。所谓的自由铸造有两个方面的含义：一方面，每个公民都有权把货币金属送到国家造币厂请求铸成本位币；另一方面，造币厂铸造本位币，不收费或只收很低的造币费。

本位币除了可以自由铸造和自由熔化之外，国家法律还规定它具有无限的法定支付能力，即无限法偿。

2. 辅币

辅币是本位币基本单位以下的小面额货币，主要用于零星支付与找零。由于辅币流通速度快，磨损速度快，贮藏能力差，为节约流通成本，辅币多用贱金属铸造，多为不足值货币。

同时，国家为了防止私人通过铸造不足值货币牟利而垄断辅币铸造。铸币收入为国家所有，是国家财政收入的重要来源。

信用货币流通的条件下，主、辅币的铸造与偿付的规定有了很大的变化。现在绝大多数国家的主币多为纸币，也有少量基本单位的硬币，均为无限法偿货币，由各国发钞机构统一发行。辅币多为不足值硬币，一般也是无限法偿的。信用货币的本位币与辅币之间也按固定比例兑换，如 1 美元等于 100 美分等。

扩展阅读 1－2

主币和辅币

人民币有主币和辅币之分。《中华人民共和国中国人民银行法》第 17 条规定："人民币的单位为元，人民币辅币单位为角、分。"

主币，是一国货币制度中的基本通货，它是国家法定的计价、结算的单位。主币具有无限清偿能力，主要用于大宗商品交易和劳务供应的需要。主币在一国经济生活中起主导作用。

辅币，是指本位币单位以下的小额货币，其辅助大面额货币的流通，供日常零星交易或找零之用。它的特点是面额小、流通频繁、磨损快，故多用铜及其合金等贱金属铸造，也有些辅币是纸质的。

辅币一般是有限清偿货币，即每次交付的辅币数量有一定的限制，超过限额，收款方可以拒收。

现代，不少国家规定辅币和主币一样具有无限清偿的能力，我国也采取了这种做法。人民币除了有主币和辅币之外，还有一种为纪念币。所谓纪念币，是国家纪念国内外重大事件、重要历史人物或根据特殊需要，有选择、有控制发行的铸币。

（四）货币发行准备制度的规定

货币发行准备制度是指发行者必须以某种金属或某几种形式的资产作为其发行货币的准备，从而使货币的发行与某种金属或某些资产建立起联系和制约关系。

在实行金本位制的条件下，准备制度主要是建立国家的黄金储备，这种黄金储备保存在中央银行或国库。黄金储备主要有三项用途：第一，作为国际支付手段的准备金，也就是作为世界货币的准备金；第二，作为时而扩大、时而收缩的国内金属流通的准备金；第三，作为支付存款和兑换银行券的准备金。目前，各国均实行不兑现的信用货币流通制度，金银已退出流通领域，黄金储备的后两个作用已经消失。黄金作为国际支付准备金的作用依然存在，形式却发生了变化，已不再像金本位制时期那样，按货币含金量用黄金作为最后弥补国际收支逆差的手段，而是当一个国家出现国际收支逆差时，可以在国际市场上抛售黄金，换取自由外汇，以平衡国际收支。

目前，各国中央银行发行的信用货币虽然不能再兑换黄金，但仍然保留着发行准备制度。各国准备制度不一样，但归纳起来，作为发行准备金的有黄金、国家债券、外汇等。

二、货币制度的演变

（一）银本位制

银本位制是出现最早的货币制度。银本位制是以白银作为本位币币材的一种货币制度，规定银铸币的重量、成色、形状及货币单位。银币具有无限法偿能力，可以自由铸造和熔化，其名义价值与实际价值相等。

在银本位制盛行的时代，大多数国家实行银币本位，只有少数国家实行银两本位。例如，我国于 1910 年宣布银本位制，但实际上是银圆和银两混用。

银本位制主要适用于商品生产不够发达的资本主义社会初期。从 16 世纪后半叶起，英国发生了资本主义工业革命，随后席卷欧洲，商品生产迅速发展，贸易规模不断扩大，白银体积大但价值低，因此不能适应经济发展的客观需要。随后，在巴西发现了丰富的金矿，黄金开采量也随之增加，大量黄金从美洲流入欧洲。为适应经济发展的需要，许多国家因此放弃了银本位制，黄金也开始进入流通领域，和白银一起共同充当货币材料，从而出现了金银复本位制。

（二）金银复本位制

金银复本位制是以金和银同时作为币材的货币制度。在这种制度下，金银两种铸币都是本位币，均可以自由铸造，两种货币可以自由兑换，并且两种货币都是无限法偿货币。按照金银两种贵金属的不同关系，金银复本位分为如下三种形式。

1. 平行本位制

金币和银币按照它们所包含的实际价值进行流通，即金币和银币按市场比价进行交换。国家对金银两种货币之间的交换比例不加固定，按照各自所包含的金和银的实际价值流通，因此市场上出现了以金银表示商品的双重价格。由于违背了货币独占性原则，金银比价因各种原因而变动频繁，造成交易的混乱，给商品交易带来很多的不便。

2. 双本位制

双本位制即金币和银币是按国家法定比价流通，与市场上黄金和白银比价变化无关。双本位制试图克服平行本位制下金币和银币比率频繁变动的缺陷，但实际上违背了价值规律的要求，当金银的法定比价与市场比价不一致时，就产生了“劣币驱逐良币”，这一规律又被称为“格雷欣法则”。

3. 跛行本位制

为了解决“劣币驱逐良币”现象，资本主义国家又采用了跛行本位制，即金币和银币都是本位币，但国家规定金币能自由铸造，而银币不能自由铸造，并限制每次支付银币的最高额度，金币和银币按法定比价进行交换。这就解决了银币在现实流通中无法起到的本位币的作用而仅仅充当辅币的角色。严格地说，跛行本位制已经不是复本位制，而是由复本位制向金本位制过渡的一种形式。

由于金银复本位制是一种不稳定的货币制度，对资本主义经济发展有阻碍作用，甚至导致货币制度事实上的倒退,为了保证货币制度的稳定性,更好地发挥货币制度对商品经济的促进作用,西方各资本主义国家先后过渡到金本位制。

扩展阅读 1-3

格雷欣法则——劣币驱逐良币

"劣币驱逐良币"是经济学中一个古老的原理。这一现象最早在 16 世纪被英国的财政大臣格雷欣(1533—1603)发现,故称为"格雷欣法则",即消费者保留、贮存成色高的货币(贵金属含量高),使用成色低的货币进行市场交易、流通。

在银和金同为本位货币的情况下,一国为金币和银币之间规定价值比率,并按照这一比率无限制地自由买卖金银,金币和银币可以同时流通。由于金和银本身的价值是变动的,这种金属货币本身价值的变动与两者兑换比率相对保持不变产生了"劣币驱逐良币"的现象,使复本位制无法实现。

比如说当金和银的兑换比率是 1∶15,由于银的开采成本降低而导致银价值下降时,人们就按上述比率用银兑换金,将金贮藏,最后使银充斥于货币流通,排斥了金。如果相反,即银的价值上升而金的价值降低,人们就会用金按上述比例兑换银,将银贮藏,流通中就只会是金币。这就是说,实际价值较高的"良币"渐渐为人们所贮存离开流通市场,使得实际价值较低的"劣币"充斥市场。

当然,在纸币流通中也有这种现象。大家都会把肮脏、破损的纸币或者不方便存放的劣币尽快花出去,而留下整齐、干净的货币。这种现象在现实生活中也比比皆是。比如说,平日乘公共汽车或地铁上下班,规矩排队者总是被挤得东倒西歪,几趟车也上不去,而不守次序的人倒常常能够捷足先登,争得座位或抢得时间。最后遵守秩序排队上车的人越来越少,车辆一来,众人都争先恐后,搞得每次乘车如同打仗,苦不堪言。

(三) 金本位制

金本位制是以黄金作为货币币材的货币制度。金本位制又包括金铸币本位、金块本位和金汇兑本位三种不同的形态。

1. 金铸币本位制

金铸币本位制是最典型的金本位制。在这种制度下,国家法律规定以黄金作为货币金属,即以一定重量和成色的金铸币充当本位币。在金本位制条件下,金铸币具有无限法偿能力。最早英国从 1813 年确立金铸币本位制并一直实行到 1925 年左右。

金铸币可以做到以下三个自由:

(1) 金币可以自由铸造,同时,人们也可以自由地将金铸币熔成金块。

(2) 价值符号可以自由地按票面面额与等量的黄金相兑换。

(3) 黄金可以自由输出输入国境。

第一次世界大战期间,各国为了阻止黄金外流,先后停止了金币流通、自由兑换和黄金的自由输出与输入。随着资本主义经济的发展,对黄金需求也日益增加,但黄金的开采由于种种原因不可能相应地快速增长,使得供给满足不了需求。这在一定程度上也影响了金铸币本位制在资本主义社会的发展。因此,金块本位制和金汇兑本位制相继出现。

2. 金块本位制

金块本位制又称生金本位制，是指国家规定黄金的本位币，但在本国内部不铸造和流通金币，只发行代表一定黄金量的银行券来流通的制度。而且，黄金集中储存于政府，银行券只能按一定条件向发行银行兑换金块。

英国在 1925 年规定银行券每次至少兑换 400 盎司黄金；法国于 1928 年规定至少需要 21.5 万法郎才能兑换黄金。这种兑换力显然不是一般公众所能具备的，从而限制了黄金兑换范围。金块本位的实行使得流通中的黄金极大减少，节约了黄金的使用，对于缓解一国流通中黄金不足的矛盾起到了一定的作用，可是并未从根本上解决问题。

金块本位制实行的条件是保持国际收支平衡和拥有大量的平衡国际收支的黄金储备。一旦国际收支失衡，大量黄金外流或黄金储备不够，就会削弱金块本位制。1930 年以后，英国、法国、比利时、荷兰等国在世界性经济危机的冲击下，先后都放弃了金块本位制。

3. 金汇兑本位制

在金汇兑本位货币制度下，市场上没有金币流通，货币单位规定含金量，国内流通纸币或银行券，但它们在国内不能直接兑换黄金，只能换取外汇，然后用外汇到国外才能兑换黄金。实行这种制度的国家必须把外汇和黄金存于国外作为外汇基金，然后以固定定价买卖外汇以稳定币值和汇率。

实行这种货币制度的优点之一在于，实行这种制度的国家其货币准备金可以不是黄金，而是外币债权，而外币债权往往是以国外有价证券或银行存款方式持有的，能够获得一定的利息收入。但这种货币制度缺乏独立性，导致一些经济不发达国家的本币依附于一些经济实力雄厚的外国货币，从而使该国在经济上受这些强国的影响和控制。我国在民国时期的法币制度就是典型的金汇兑本位制。

无论是金块本位制还是金汇兑本位制，都是很不稳定的货币制度，由于没有足够的货币发行准备，货币的价值经常波动。金铸币本位、金块本位和金汇兑本位都属于金单本位，但金块本位和金汇兑本位是残缺的金单本位，实行的时间并不长，在 1929—1933 年世界性经济危机的冲击下都相继崩溃。从此，除了个别国家外，资本主义世界都纷纷告别金本位制，实行不兑现的信用货币制度。

（四）不兑现信用货币制度

不兑现信用货币制度又称纯粹的信用货币制度，是以纸币为本位币，且纸币不能兑换黄金，也不可以以黄金作担保的货币制度。

不兑现的纸币一般是由中央银行发行，国际法律赋予其无限法偿能力。由于纸币与黄金毫无联系，货币的发行一般根据国内的经济需要由中央银行控制。信用货币是银行对持有人的负债。不兑现的信用货币制度具有自身的特点：

（1）现实经济中货币都是信用货币，主要是由现金和银行存款构成。

（2）现实中的货币都是通过金融机构的业务投入流通中去的。

（3）国家对信用货币的管理调控成为经济正常发展的必要条件。

不兑现信用货币本位制的历史很短，就其本身而言，仍有许多不完善之处，但是这种货币制度创造了货币对经济调节的“弹性作用”，适应商品生产与交换的发展，显示出了较为优越的特性，因而具有强大的生命力。

扩展阅读 1-4

让人“疯狂”的比特币

比特币是2009年由软件开发师中本聪(Satoshi Nakamoto)设计出来的一种新型电子货币。比特币有去中心化的特性,它不受中央银行等任何一家实体机构控制,用户利用计算机来校验或者推动比特币交易就可以生成新的比特币,这个过程被称作“挖矿”。一些技术爱好者将比特币看作未来的货币形式。但是比特币是否满足货币的三个关键功能?也就是说,它可以履行交易媒介、记账单位和价值储藏功能吗?

比特币可以很好地充当交易媒介。它在交易中有两个特别受欢迎的特征:首先,比特币的交易费用远远低于信用卡和借记卡等其他方式;其次,由于比特币执行的交易是匿名的,这非常符合那些对私密性要求比较高的人的需求。

但比特币在履行记账单位和价值储藏这两个功能时并不尽如人意。比特币的价格具有高度的波动性,据估计,它的波动性是黄金的7倍以上,是标准普尔500指数等股票市场指数的8倍以上。例如,2011年,比特币的价格在30美元～32美元的区间内波动,之后迅速上升,到2013年4月10日,攀升到了255美元的高点,4月17日又掉落到55美元,2013年11月30日,比特币的价格高达1 125美元,但到2014年5月,又返回到了500美元以下的水平。

比特币价格的高度波动性意味着它无法担当价值储藏手段,因为它的风险太大。由于波动性大,比特币也不能作为记账单位使用。事实上几乎没有人将商品的价格用比特币表示。

虽然比特币受到大肆吹捧,但它无法履行货币三大功能中的两个,因此作为货币使用可能会受到很大的限制。此外,政府非常担心比特币被使用在毒品交易和洗钱活动中,2013年5月,美国联邦调查局(FBI)关闭了一个名为“丝绸之路”的毒品交易网站,该网站就是以比特币作为交易媒介。比特币还会遭遇到明目张胆的盗窃,2014年2月,全球最大的比特币交易所之一MtGox价值5亿美元的比特币被盗一空,导致该交易所破产。此后,国土安全部冻结了MtGox交易所的比特币资产。中国等国家则立法,禁止将比特币作为货币使用。

根据对货币功能的理解,我们可以推测比特币不可能是未来的货币,但比特币中隐含着某些可以降低电子交易成本的技术,可以作为未来的电子支付体系的重要特性。

第四节　中国的货币制度

我国现行的货币制度较为特殊。1997年和1999年香港和澳门相继回归祖国,由于我国目前实行“一国两制”的方针,这两个地区继续维持原有的货币金融体制,从而形成了“一国多币”的特殊货币制度。

一、中国的货币历史

我国使用货币已经有几千年的历史了。海贝在中国的新石器时代就已经取得了实物货币的地位。在中国殷商时代的中晚期,已经有了原始的金属铸币——青铜仿制的海贝。

唐代以自然经济为主,商品经济处于复苏阶段,实行了“钱帛兼行”的货币制度——钱即铜钱,帛则是丝织物的总称,包括棉、绣、绫绢等,实际上是一种以实物货币和金属货币兼行之的多元的货币制度。在这种情况下,“钱帛兼行”的货币制度既有多种实物货币,又有单位价值较小的铜钱,从而较好地适应了小额商品交易的需要。

中国的纸币产生于北宋时期,称为“交子”。北宋仁宗天圣元年(1023 年),政府正式发行官交子,以取代私子,这便是由政府发行的最早的纸币。

我国用白银作为货币的时间很长,唐宋时期白银已普遍流通,仁宗景佑年间(1034—1037)银锭正式取得货币地位。金、元、明时期确定了银两制度,白银是法定的主币。1933 年 4 月,国民党政府“废两改元”,颁布《银本位铸造条例》。1935 年 11 月实行法币改革,在我国废止了银本位制。

二、人民币制度

中国人民银行于 1948 年 12 月 1 日在河北省石家庄市成立,并于同一天发行人民币,这是新中国货币制度的开端。

人民币是我国大陆的法定货币,人民币主币“元”是我国经济生活中法定定价、结算的货币单位,具有无限法偿能力;辅币的名称是“角”和“分”。主币和辅币都具有无限法偿能力。人民币由国家授权的中国人民银行统一发行与管理。

国家规定,人民币是规定含金量、不兑现的信用货币。人民币以现金和存款货币两种形式存在,现金由中国人民银行统一发行,存款货币由银行体系通过业务活动进入流通领域。中国人民银行依法实施货币政策,对人民币总量和结构进行管理和调控。

三、香港、澳门和台湾地区的货币制度

人民币在香港、澳门和台湾地区不是法定货币。香港、澳门和台湾地区按基本法自行决定发行港币和澳门币以及台币。

(一) 中国香港地区的货币制度

港元,又称港币,是中华人民共和国香港特别行政区的法定流通货币。港元的纸币绝大部分是在香港金融管理局监督下由三家发钞行发行的。三家发钞银行分别为:汇丰银行、渣打银行和中国银行香港分行,另有少部分新款 10 元钞票,由香港金融管理局自行发行。硬币则是由香港金融管理局负责发行。

1997 年香港回归,政府开始逐渐收回旧硬币,以背面上为香港市花紫荆花的新硬币代替。但铸有英皇头像的硬币仍为合法货币,与新硬币同时流通。

自 1983 年起,香港建立了港币发行与美元挂钩的联系汇率制度。发钞行在发行任何数量的港币时,必须按当时的美元与港币的兑换汇率兑换美元,向金融管理局交出美元,记入外汇基金账目,领取了负责证明书后才可印钞。这样,外汇基金所持的美元就为港币纸币的稳定提供支持。

(二) 中国澳门地区的货币制度

澳门元,又称澳门币,是中华人民共和国澳门特别行政区的法定流通货币。澳门的货币政策由澳门金融管理局管理。

现在,澳门币的纸币由澳门金融管理局授权大西洋银行与中国银行澳门分行发行,硬币则由澳门金融管理局负责发行。澳门与港币之间实行联系汇率,澳门币与港币挂钩。由于港币与美元实行联系汇率制度,所以澳门币也间接与美元挂钩。澳门现在对澳门币与外币的进出境都没有管制,游客可以在澳门的酒店、银行、兑换店等地自由兑换货币。

(三) 中国台湾地区的货币制度

1949 年 6 月 15 日,台湾决定实施币制改革,其内容包括:第一,新台币的发行机构为台湾银行;第二,实行与美元联系的汇率制度;第三,新台币以黄金、白银、外汇及可以换取外汇的物资作十足准备。

目前,台湾地区流通的纸币有 50 元、100、500 元和 1 000 元 4 种;硬币有 5 角、1 元、5 元和 10 元 4 种。

以上各种货币之间可以兑换,人民币与港币、澳门币之间是以市场供求决定的汇率进行兑换,澳门币与港币直接挂钩,新台币主要与美元挂钩。未来一旦人民币实现了在资本项目下的完全自由兑换,“一国多币”的特殊现象就会逐步消失。

本章小结

1. 在商品交换过程中,商品的价值表现经历简单的价值形式、扩大的价值形式、一般价值形式、货币形式。其中,货币价值形式是价值形式的最高阶段。

2. 人类发展史上的货币形态十分繁杂。其货币形式主要有实物货币、代用货币、信用货币、电子货币。

3. 货币的五大职能是价值尺度、流通手段、贮藏手段、支付手段和世界货币。其中价值尺度、流通手段是基本职能,贮藏手段、支付手段和世界货币是基本职能的派生职能。

4. 货币制度的构成主要有货币材料、货币单位、货币的铸造、发行和流通程序、货币发行准备制度等。货币制度自产生以来,经历了一个不断发展和演变的历史过程。从其形态上来看,货币制度主要经历了银本位制、金银复本位制、金本位制和不兑现的信用货币制度。

核心概念

货币　　信用货币　　货币职能　　货币制度　　区域本位币

复习思考题

一、选择题

1. 货币的两个基本职能之一是(　　)。

A. 交易媒介　　B. 支付手段　　C. 价值尺度　　D. 价值贮藏

2. 在下列经济行为中,货币执行支付职能的是(　　)。

A. 发放工资　　B. 交纳税款　　C. 银行借贷　　D. 分期付款

3. 金银复合本位制的主要缺陷是(　　)。

A. 造成价值尺度的多重性　　B. 违反独占性和排他性
C. 引起兑换比率的波动　　D. 导致币材的匮乏

4. 货币在执行(　　)职能时,可以是观念上的货币。
A. 交易媒介　　B. 价值贮藏　　C. 支付手段　　D. 价值尺度

5. 中国最早的铸币金属是(　　)。
A. 铜　　B. 银　　C. 铁　　D. 贝

6. 货币的本质特征是(　　)。
A. 特殊等价物　　B. 一般等价物　　C. 普通商品　　D. 特殊商品

二、简答题

1. 简述货币的职能。
2. 简述现代经济生活中,货币如何发挥它的作用。
3. 简述货币制度构成要素。

实训练习

【实训内容】

1. 收集 2015 年和 2019 年发行的第五套人民币。
2. 对比 2015 年和 2019 年发行的第五套人民币的区别。
3. 如何查看人民币的真伪并进行辨别?

第二章
信　用

教学目标

1. 理解信用的概念、信用的种类和信用产生的原因。
2. 熟知信用在经济生活中的作用。
3. 掌握信用的构成要素、信用工具的含义、特征及类型。

章前引例

在美国普遍使用以商业征信公司为基础的社会信用管理方式，遍布美国的个人征信公司、追账公司等都是从营利目的出发，向社会提供有偿服务，包括资信调查、资信评级、资信咨询、账追收等，完全实行市场化运作。

在美国，每个人都有一个"社会安全号"SSN，这个安全号可以把一个美国人一生几乎所有的信用记录串在一起，包括个人的银行账号、税号、信用卡号、社会医疗保障号等都与之挂钩。自20世纪30年代美国成立社会安全管理局后，联邦政府下令，所有合法公民和居民必须持有有效社会安全号，该号由国家社会安全管理局统一赋予。只要把某个人的社会安全号码输入全国联网的计算机，任何人均可查到自己的背景资料，既包括年龄、性别、出生日期等这些自然状况，也包括教育背景、工作经历，以及与税务、保险、银行打交道时的信用状况、有无犯罪记录等。如果一个人有过不良纳税记录，那么这一记录将永远伴随着他，几乎无论他做什么，无论他到哪个州，这一污点都无法抹去，他将因此而四处碰壁。

在美国，社会安全号码就如同中国的居民身份证号码，每人只有一个，并且终身不变、终身使用。美国是个联邦国家，即使是作为"身份证"的驾驶执照，也是每州不同。所以唯一跟着他一生不变的，唯有社会安全号。

在美国，几乎每个成年人都离不开信用消费，要申请信用卡、分期付款、抵押贷款等，都需要对消费者的信用资格、信用状态和信用能力进行评价，这种评价集中表现为信用报告。美国的个人信用报告由三大信用机构提供，对个人的借款习惯进行详细记录和分析。如果一个人有了不良记录，可能没人再愿意贷款给他。这时，信用修复机构会帮他解除顾虑，给他提供建议，包括如何清理、重组债务，如何加强理财，以便分批偿还债务等。还清贷款后再对他观察两三年，如果没有污点，就可以消除记录。

案例讨论：从美国的个人信用管理制度中能够得到什么样的启示？

第一节 信用概述

一、信用的含义

信用是指以偿还为条件的价值运动的特殊形式，多产生于货币借贷和商品交易的赊销或预付之中。理解信用的含义要把握以下三点：

(1) 信用是一种借贷行为，信用关系即债权债务关系；

(2) 在信用活动中出让的是使用权，并不出让所有权，有借有还；

(3) 信用是价值单方面转移，不是对等转移。

信用是商品经济发展到一定阶段的必然产物。最早的信用活动为实物借贷，如种子、牲畜等。随着物物交换被以货币为媒介的商品流通所取代，信用形式日益多样化，其不仅存在于商品的信用购销中，而且更多地表现为货币的借贷。一方面，在某些人手中有多余的货币，需要寻找运用的场所；另一方面，有些人需要货币，但手中缺少，因而，客观上要求通过借贷活动进行货币的余缺调剂。商品经济越发展，货币余缺调剂的要求就会越多，信用逐步成为商品社会的一种普遍的经济活动。

二、信用的产生

信用是伴随着人类社会分工的深化和市场的扩大，随着货币的产生与演化，交易方式与规模的变化而产生的。信用产生于商品交换之中，如果没有商品买卖，就不会有赊欠，没有赊欠就谈不上信用。

(一) 信用产生的一个前提条件是私有制的出现

在原始社会末期和奴隶社会初期，出现了贫富的差别，产生了私有制家庭和阶级。私有制的出现造成了财富占有的不均和分化，从而出现了贫富差别，贫困家庭缺少生产资料和生活资料，为了维持生产和生活被迫向富裕家庭借债，这样就产生了信用。

(二) 实物借贷和货币借贷

1. **实物借贷**

人类最早的信用是实物借贷。实物借贷不可避免地会遭到像物物交换时所遇到的重重困难，而使信用关系难以获得广泛的发展。货币的产生与发展克服了物物交换的困难，并逐渐在信用领域里成了主要的借贷工具。

但在自然经济占主导地位的前资本主义社会里，货币借贷一直未能全然排除实物借贷，因此，信用很长一段时间以来一直以实物借贷和货币借贷两种形式存在。只有当资本主义生产关系确立并不断渗透到城乡经济生活的各个角落，商品货币关系在经济生活中无所不在的时候，实物借贷才被货币借贷取代。

2. **货币借贷**

货币借贷有一个量的界定，其规模大小不是取决于有多少可供借贷的货币，而是取决于有多少可供借贷的资源。从一个社会来考察,不是有了货币就一定能够借贷。货币借贷只是整个信用活动的表现形式,有没有可供借贷的资源才是整个信用活动的结果或内容。

(三) 形成金融的范畴

信用和货币在很古老的时候就有密切的关系,但在发达的资本主义制度形成以前,两者还是各自独立发展的。

一方面,货币在经济生活中的广泛运用为信用的发展提供了条件,货币的余缺需要信用进行调节,单一的货币作为借贷的对象使约束信用关系的规则易于形成;而信用关系的发展促进了货币的发展,信用使债权人手中的闲置货币流动起来,使金属货币的不足可由信用货币的创造得到补充,促进了信用货币的出现。

另一方面,通过金属货币制度长期独立信用关系之外可以看出,金属货币制度的发展,不同本位制的更替主要原因在于制度本身的缺陷,而非不适应信用的发展。因此,信用的发展对货币的运动是独立的。

随着资本主义经济的确立,信用货币的普遍使用,由于信用货币本身就是以信用为基础的,货币借贷又独占了信用领域,这就使信用和货币不可分割地连在了一起。在这种情况下,任何独立于信用活动之外的货币制度已不复存在。相应的,任何信用活动也同时都是货币的运动。

信用的扩张意味着货币供给的增加,信用的紧缩意味着货币供给的减少。当货币和信用两者不可分割地联系在一起时,则产生了一个由原来独立的范畴相互渗透所形成的新范畴——金融。所以说,现代金融就是信用关系发展的产物。

三、信用的特征

信用含有信任和借贷两层含义,分为社会学和经济学范畴,决定信用具有下列基本特征。

(一) 偿还和付息是信用的基本特征

经济学和金融学范畴中的信用,其基本特征是偿还和付息,即信用是一种借贷行为,借贷的条件是到期要按时偿还本金,并支付使用资金的代价——利息。在这里,信用是价值运动的特殊形式,所有权没有发生转移,而改变了资金使用权。首先,通过信用方式融通资金,促成了资金的再分配和利润率的平均化。其次,生产资金固定在特定的自然形态上,只用于一定的用途,不能自由转移。

(二) 信用具有社会性

信用的社会性体现在社会心理因素上。信用是以信任为前提和基础的。对受信人的信任实际上是授信人对信用关系所具有的安全感,它是一种社会心理因素,因为安全感并非凭空产生,而是依赖于受信人的资信,取决于授信人的理性判断,因此,它是一种特殊的社会心理现象。

(三) 信用具有伦理和文化特征

信用属于伦理学范畴,体现为一种约束人们行为的道德准则。信用不仅仅是一种社会关系，不仅仅是一种交易方式，它更是人类社会的一种价值观。诚实守信得到社会的推崇和信任，失信则将受到谴责和孤立。当人们都认同并遵守这种价值观和道德准则的时候，社会信用环境就会优化，失信的行为就会减少。

四、信用在经济中的作用

（一）集中和累积社会资金

在国民经济运行过程中，客观上会出现资金的暂时闲置和临时需要两种情况。通过信用活动就可以把社会经济运行中暂时闲置的资金聚集起来，投入需要补充资金的单位，从而使国民经济更有效地运行。

（二）分配和再分配社会资源

信用通过特有的资金运动形式把集中和积累的社会资金分配出去，其分配职能主要是指生产要素的分配，特别是对社会暂时闲置的生产要素的分配。如果借贷是实物，则是直接地对生产要素分配；如果是货币借贷，则是间接地对生产要素的分配。因为货币是一般等价物，谁取得货币，谁就取得购买商品的权利。所以，调剂货币的余缺实际上就是对社会生产要素进行再分配。

除了对生产要素进行分配外，信用还能对生产成果进行分配，这主要是指在信用关系中所产生的利息范畴。由于信用具有偿还性这一特点，因此闲置资金和货币收入的让渡者有权索取利息，而其使用者则有义务支付利息，这种利息的支出就改变了国民收入原有的分配格局，从而也就改变了社会总产品的既定分配结构。

（三）加速资金周转职能

由于信用能使各种闲置资金集中起来，并投放出去，使大量原本处于相对静止状态的资金运动起来，这对于加速整个社会资金周转，无疑起到了重要的作用，并且利用各种信用形式，还能节约大量的流通费用。这是因为：首先，利用信用工具代替现金，节约了与现金流通有关的费用；其次，在发达的信用制度下，资金集中于银行和其他金融机构，可以减少整个社会的现金保管、现金出纳以及簿记登录等流通费用；再次，信用能加速商品价值的实现，有助于减少商品储存以及与此有关的商品保管费用的支出。

（四）调节经济运行职能

信用不仅能够准确、及时地反映国民经济的运行状况，还能够对国民经济的运行积极地干预，对宏观经济与微观经济进行适时、适度的调节。

在宏观上，通过信用活动调节货币流通，在银根吃紧时放松信用，在通货膨胀时则收缩信用；通过信用活动调整产业结构，对国民经济发展中的瓶颈部门、短线行业和紧俏产品多供资金，对长线部门、衰退行业和滞销产品则减少供应资金甚至收回原已供应的资金，迫使其压缩生产或转产。

在微观上，通过信用的供或不供，供多或供少、供长或供短、早供或晚供、急供或缓供等来促进或限制某些企业或某些产品的生产与销售，扶植或限制某些企业的发展。

扩展阅读 2－1

“信用城市”的产生

支付宝芝麻信用说：10 年后，中国所有城市都将成为信用城市。那么什么是“信用城市”呢？未来的信用城市中，“先享后付”将成为一个标配，老百姓的生活方式也将发生很大改变。比如，现在我们习惯先买票再乘车，以后将变为先乘车、下车后自动扣费；现在的停车场排队缴费，以后将变成车辆离场后自动扣费；手机套餐将从预存话费送手机变为承诺在网就可送手机；公共事务也将可以先办事后补资料，无数证件将不用随身携带。

事实上，在过去两年中，支付宝芝麻信用一直推动信用城市建设，在酒店、租房、租车等很多领域推出凭信用减免押金的服务。现在，很多人都习惯凭信用借雨伞、充电宝、租房、租车、住酒店。一个被广泛提及的例子是：2016 年 3 月，芝麻信用和广州市妇女儿童医疗中心在全国率先推出“先诊疗、后付费”模式。患者不需缴费，可在医院挂号诊疗、检查检验、取药，之后再付钱，平均节省患者 60%的就诊时间，缓解了排队付费难的问题。而且一年来，没有出现一名患者违约。

信用城市有 4 个基本特征：一是信用信息流通顺畅，打破信息“孤岛”，成为未来信用城市高效运营的基础；二是信用评价体系健全，人人拥有信用记录；三是信用便利人人可享，先享后付处处可见；四是人人遵守信用的机制。守信激励，失信惩戒的信用机制将成为信用社会的通行规则，真正做到守信者一路畅通，失信者寸步难行。

资料来源：http://k.sina.com.cn/article_1708763410_65d9a91202000cun9.html。

第二节　信用形式

信用形式是表现信用关系的具体形式。随着商品经济的发展，为了满足各种融资需要，出现了多种信用形式。信用种类很多，根据发出信用的主体和表现形式不同可以分为以下几种形式。

一、高利贷信用

（一）高利贷信用的产生

高利贷在人类社会中存在已久，极高的利率是其最明显的特征。它是一种通过发放实物或货币而收取高额利息为特征的借贷活动。

高利贷信用产生于原始社会末期，发展于奴隶社会，盛行于封建社会，并成为当时占统治地位的信用形态。因为封建社会是典型的自给自足的自然经济或小农经济社会，商品经济不发达。在小农经济下，个人仍有简单的生产资产，以家庭为生产单位从事简单的劳动，偶遇自然灾害或意外事故，简单再生产和家庭生活就很难正常维持。为了生计，为了支付地租及其苛捐杂税，他们不得不承受高额利息去求助高利贷，甚至没有计较自身偿还能力的余地。

高利贷最初以实物形式为主，随着商品货币经济的发展，逐渐被货币形式和货币实物混合形式所替代。在自热经济占优势、商品经济不发达的地区，高利贷较普遍，而且以实物形式为主;在商品货币经济比较发达的地区,由于现代信用尚不能覆盖,高利贷也很猖獗,而且以小额的货币借贷为主,并经常伴有实物形式或货币实物混合形式的出现。

(二) 高利贷信用的特点

在前资本主义社会,高利贷信用主要是有以下特点:

(1) 高利率。高利贷的放贷利率之高,经常出乎人们的意料,几乎不受任何限制,甚至不受借款人负担能力或偿还能力的限制。

(2) 非生产性。高利率的特性决定了高利贷不可能服务于生产。

(3) 寄生性、保守性和破坏性。高利贷的暴力直接产生了一批食利阶层,他们寄生于社会的非生产环节,并阻碍了高利贷资本向产业资本的转化,对生产具有保守性和破坏性。因为小生产经济是高利贷生存发展的最好土壤,因此他们极力保护旧有的生产方式,从而维护高利贷生存的社会基础。

(三) 现代资本主义信用

在封建社会末期,随着自然经济的逐渐解体,小商品生产者的分化以及商品货币关系进一步发展,高利贷已经越来越成为社会生产力发展的阻碍。

在资本主义制度即将诞生的前期,高利贷事实上已经自掘"坟墓":其一,由于高利贷的残酷剥削,大批的小生产者和部分封建主变得一无所有,从而成为确立资本主义生产方式所需条件之一,即大批有人身自由而无生产资料的劳动雇佣者形成;其二,高利贷食利者积蓄的大量资财成为确立资本主义生产方式的所需要条件之二,即为资本主义的原始积累提供了一定的物质基础。

尽管高利贷信用的高利率、寄生性加速了资本主义生产方式的产生,但它对生产方式进步的保守性和破坏性,及其经营规模的狭小,决定了高利贷不可能适应以社会化大生产为特征的资本主义生产方式。因此,客观上迫切需要建立起既能汇集社会闲置货币资金,又能以较适度的利率向资本家提供贷款的现代资本主义信用。现代资本主义信用由此产生了,且其最主要的形式是银行信用。

现代资本主义信用与高利贷信用相比,一定是低利率的、生产性的,当然也可以是消费性的,而且现代资本主义信用是资本主义商品经济发展的结果,必将继续服务于资本主义商品经济。

到目前为止,现代资本主义信用应该是信用发展的最高阶段。社会主义信用也不可能是零利率,社会主义国家不同经济主体之间的资金活动也应是有偿的。

二、商业信用

商业信用(Commercial Credit)是指企业之间以赊销商品和预付款等形式提供的信用。商业信用产生的时间最早,它是当代信用的基础,这种信用的具体表现形式很多,如赊销商品、预付货款、预付定金等。

(一) 商业信用的特点

1. 商业信用的债权债务人都是企业经营者

由于商业信用是以商品形式提供的信用,是在商品交易中产生的。因此,其债权债务人都是从事商品生产和流通活动的企业经营者。

2. 商业信用贷出的资本是商品资本

商业信用是一种直接信用,有利于加强企业之间的联系。企业赊销的商品是处在流通阶段、待实现价值的商品,一个企业把这些商品赊销给另一个企业时,商品贷出了,使用权发生了转移,由于商品的货款没有支付,形成了以货币形式存在的买卖双方的债权债务关系。

3. 商业信用的规模一般与产业资本动态是一致的

商业信用来源于社会再生产过程。经济繁荣,社会生产与商品流通规模扩大,商业信用规模也随之扩大。

由于商业信用具有以上特点,因而其优点在于方便和及时。商业信用的提供,既解决了资金融通的困难,也解决了商品买卖的矛盾,从而缩短了融资和交易时间。同时,商业信用是商品销售的一个有力竞争手段。

(二) 商业信用的局限性

商业信用虽然有其优点,但由于其本身具有的特征,又决定了它的存在和发展具有局限性。

1. 规模和数量上的局限性

商业信用是企业间买卖商品时发生的信用,以商品交易为基础。因此,信用的规模受商品交易量的限制,生产企业不可能超出自己所拥有的商品量向对方提供商业信用。商业信用无法满足由于经济高速发展所产生的巨额资金需求。

2. 方向上的局限性

因为商业信用的需求者也就是商品的购买者,这就决定了企业只能和与自己的经济业务有联系的企业发生信用关系,通常只能由卖方向买方提供信用,而且只能用于限定的商品交易。

3. 信用能力上的局限性

相互不了解信用能力的企业之间一般不容易发生商业信用。

4. 信用期限的局限性

商业信用期限较短,受企业生产周转周期的限制,所以只能解决短期资金融通的需要。

(三) 商业信用的工具

1. 商业票据的含义

商业票据是工商企业之间随着商品和劳务交易而签发的一种借债凭证,它以商品或劳务的买方为债务人,签发承诺在日后一定时间,由买方向卖方支付一定的金额。

2. 商业票据分类

(1) 商业期票。商业期票又称为商业本票,是债务人向债权人开出的承诺在一定日期支付一定金额的书面凭证。它有两个当事人:一是出票人;二是受票人。本票必须记载以下事项表明本票的字样:无条件支付承诺;确定的金额;收款人名称;出票日期;出票人签章。

(2) 商业汇票。商业汇票简称汇票,是商品交易债权人通知债务人在一定日期支付一定金额给持票人的书面凭证。它是由债权人向债务人发出的支付命令书,命令他在一定期限内支付一定款项给第三人或持票人。

商业汇票有三个当事人:一是出票人;二是付款人;三是收款人,即持票人。由于商业汇票是由债权人签发给债务人，所以商业汇票必须经过债务人承认后才能生效，这种票据行为称为承兑，即付款人在票据上签名盖章，承诺票据到期付款的行为。由债务人自己承诺到期付款的汇票，称作商业承兑汇票；由债务人委托银行承兑的汇票，称作银行承兑汇票。

3. **商业票据的特征**

商业票据具有三个特征：第一，抽象性。票据载明票据当事人对票据本身的权利和责任，如收付款项的金额、期限等，不说明票据产生和转让的原因。第二，无条件支付性。付款人对自己签发或承兑的到期票据，必须无条件支付，不得以任何借口拒付。第三，流通性。票据可以转让流通。商业票据转让时，转让者必须在票据的背面签字，称为“背书”。经过“背书”的票据，可以充当流通手段和支付手段，用来购买商品或偿还债务。

扩展阅读 2-2

霍英东生平得意之作：卖楼花

霍英东始创“买楼花”筹集资金，创下了中国商业融资的一个经典案例。霍英东是香港的传奇人物，祖籍广东番禺，生于香港。12 岁进香港皇仁英文书院，因抗日战争爆发而辍学。当过渡轮加煤工、机场苦力、修车学徒、铆工等。20 世纪 50 年代，香港人口激增、工商业兴起，对土地和楼宇的市场需求日趋旺盛。他审时度势，创立立信置业有限公司，开始经营房地产业。

霍英东做的第一笔生意，就是收购位于铜锣湾的使馆大厦。这是一幢高级公寓楼，租客大部分是各国驻港领事馆的外交官员。这回霍英东不打算像其他大厦那样，买来收租，他没有耐心等上七八年时间，才收回投资。于是，霍英东利用分层出售的方法，卖掉了收购的使馆大厦。

尽管分层出售已大大降低了买楼的门槛，但霍英东认为还不够，经过认真研究，发现普通人买不起楼，主要受制于“一手交钱，一手交屋”的售楼方式，不管以整幢楼还是分层出售，买家都必须一次付清楼价，既不能少一毫一分，也不能拖一时半刻。因此，能够出入物业市场的，非得腰缠万贯不可，普通市民根本拿不出这么大一笔钱。

1953 年年底的一天，霍英东找来高露云律师楼的律师和一些职员，一起商量怎样推销四方街新楼。霍英东问：“有无比分层出售楼宇更好的卖楼方法?”对此，霍英东提出一个方法，在新楼正式动工兴建前，公司先收取买家的一部分订金，余款分期支付，像交租那样，到新楼落成时，收齐买家的钱，买家就拥有了自己的物业，做业主。

律师最后也认为这是好主意，就继续将这个想法再构思得完善一些。四方街还没动土，霍英东就在售楼说明书上向市民推荐分期付款的买楼新方法：“第一期先交订金百分之五十，第二期落妥楼面交百分之十……第六期余款百分之十于领到入伙纸时清缴。”楼宇开售的第一天，市民就蜂拥而来，前来交订金买楼的市民排成长龙。随后，霍英东又不断完善这种售楼方法，把第一期的订金降低到总楼价的百分之十至三十，以吸引更多的市民前来买楼。后来，香港人就把正在兴建中或还没有动工兴建的楼宇或其中的单元，形象地喻为“楼花”。

“卖楼花”是香港地产行业经营手法的一次革命性的突破。于买家而言，此方法减轻了他们一次性支付所有楼款的压力，使得许许多多的市民也能介入房地产买卖市场，购房者只要先交一笔不算太多的钱，就可以预购新楼的单元，等到楼宇建成时补足余款，就可拥有自己的房产。对地产开发商来说，“卖楼花”加速了楼宇的销售，加快资金回收。且收足买楼者预付的订金后才动工兴建楼宇，也避免了投资风险，确保万无一失。

“卖楼花”在今天当然已不算是什么新鲜事，但在四十多年前，当霍英东第一次提出这个新方法时，地产界和社会的反响可以用“石破天惊”四个字来形容。香港是全世界最先推行“卖楼花”方法的地方，这一方法现在也早已在世界各地推行使用，成为地产商推销新楼盘的必然方法。

三、银行信用

银行信用(Bank Credit)是指银行及其他金融机构，通过存款、贷款等业务活动所提供的信用。银行信用是商业信用发展到一定阶段的产物，它是一种间接的信用形式，它的产生对商品经济的发展起到巨大的推动作用，标志着信用制度更加完善。

银行一方面将社会再生产过程中游离出来的暂时闲置的货币资金筹集起来，形成巨额资金；另一方面，通过贷款方式将筹集的资金贷放出去，满足社会各界对资金的需求。银行通过信用活动调剂社会资金余缺，成为整个社会的信用中介。银行信用是现代经济中最主要的信用形式之一。

(一) 银行信用特点

银行信用相对于其他信用形式，具有自己的特点：

(1) 银行信用是以银行为中介开展活动的信用形式。在所有银行信用的借贷活动中，银行是信用活动的中心，起着社会信贷运动中枢的作用。

(2) 银行信用具有很大程度的灵活性。由于银行信贷放出去的资本不是处于产业资本循环周转过程中任何阶段上的资本，而是从产业资本循环周转中暂时游离出来的货币资本以及居民的储蓄，它既不受个别企业所拥有的资本数量的限制，也不受个别资本循环周转在时间上的限制。同时，因为它是以货币形态提供的信用，适用于任何一个生产部门，可以提供给任何一个企业，所以在流通规模、范围、期限上有很大的灵活性，可以根据工商企业的不同需要，提供期限、数量上不同类型的信用。

(3) 银行信用具有广泛的接受性和活动范围。相对于众多的工商企业，金融组织的信誉更好，它的债务凭证被视为货币，充当流通手段和支付手段，较之商业票据具有更大的流通空间，具有广泛的接受性。实际上，商业票据也需要依赖于银行信用支持，才能流通并发展。

(4) 在产业周期的各阶段上，银行信用的动态和产业资本的动态不一致。因为银行信用贷出的货币资本是处于个别资本循环周转以外的独立的借贷资本。因此，无论是繁荣阶段，还是危机阶段，银行信用都与产业资本的动态不尽相同。

(二) 银行信用和商业信用的关系

(1) 商业信用始终是信用制度的基础。历史上商业信用产生在先，它直接与商品的生产和流通相关联，直接为生产和交换服务。

(2) 只有商业信用发展到一定程度才出现银行信用。资本主义的银行信用体系，正是在商业信用广泛发展的基础上产生与发展的。

(3) 银行信用的出现又让商业信用进一步完善。因为商业信用工具、商业票据都有一定期限，当商业票据未到期而持票人又急需要现金时，持票人可到银行办理票据贴现，及时取得急需的现金，商业信用就转化为银行信用。由于银行办理的以商业票据为对象的贷款业务，如商业票据贴现、票据抵押贷款等，使商业票据及时兑现，商业信用得到进一步发展。

可见，二者之间是互相促进的关系，而不存在互相取代的问题。我们应该充分利用这两种信用形式促进经济发展。

扩展阅读 2－3

海南发展银行倒闭

1995 年 8 月 18 日，在特意选择的吉利日子里，在一片喜庆的氛围中，注册资本 16.77 亿元人民币的海南发展银行(以下简称“海发行”)创立大会暨第一次股东大会在海口召开，海发行宣告正式成立。海发行由海南省政府控股，一共有包括中国北方工业总公司、中国远洋运输集团公司、北京首都国际机场等在内的 43 个股东。

刚成立的一年，海发行的日子特别艰难，因为它除了要保证正常的银行业务运营外，还要处理一桩又一桩的债务纠纷。在开业庆典的第二天，法院的传票就来了，要求行长出庭应诉。在如此困境下，海发行还是走出低谷，成为当地银行业的后起之秀。海发行当时的大部分员工都是从全国各地招聘而来的金融业界的精英，其中一些人在金融界有着很好的人脉关系，较为灵活的运作机制也最大限度地激发了员工的工作热情。

但是，令海发行人没想到的是，一次政策性的兼并，竟酿成了巨大的危机。在海南房地产泡沫时期，多家信用社通过高息揽存的方式开展业务。这也直接造成了多家城市信用社高进低出，只有靠新的高息存款支付到期的存款，然后再吸入高息存款，由此进入了严重违背商业规律的恶性循环。

到 1997 年年底，已经有几十家信用社资不抵债、无法兑付到期存款，导致了多起挤兑事件。对于这些单位如何处置，各方意见不一，但最终达成了“让海发行背起来”的意见。1997 年 12 月，28 家信用社并入海发行。兼并信用社后，海发行宣布，只能保证给付原信用社储户本金及合法的利息。因此，许多在原信用社可以收取高额利息的储户在兼并后只能收取正常的利息。

于是，1998 年春节过后，不少客户开始将本金及利息取出，转存其他银行，并表示因为利息降低，不再信任海发行。当时的海口街头出现了一个怪现象：凡是街道上有海发行营业网点的地方，等候取款的人排成长队，心急地往网点内探头。随后，未到期的储户也开始提前取走存款，并且同时出现了各种各样的谣言，最终引发了大规模的挤兑。1998 年 6 月 21 号，中国人民银行宣布关闭海南发展银行的公告。

四、国家信用

国家信用(National Credit)又称为政府信用，是以国家和地方政府参与的一种信用形式，即国家作为债权人或债务人的信用。

(一) 国家信用的特点

(1) 国债发行主体是国家，可见，国家信用无疑是信用等级最高的一种。

(2) 国债是特殊的财政范畴，是一种财政收入。

(3) 用途具有专一性。利用国家信用筹集资金，都是为了特定的财政支出需要，或为国家的地方重点建设项目举债，或为社会公益事业建设借款，是取之于民，用之于民。因此，必须专款专用，不能随意用于其他开支。

（二）国家信用的基本形式

（1）国家公债。这是一种长期负债，一般在 1 年以上、10 年或 10 年以上。发行这种公债筹来的资金一般用来进行国家大型项目的建设。

（2）国家重点建设债券。这是一种在发行时指明用途并将筹集来的资金专项使用的债券。

（3）国库券。国际上的国库券一般都是短期债务，多在 1 年期以下，以 1 个月、3 个月、6 个月居多。

扩展阅读 2－4

冰岛的“国家破产”

冰岛是一个美丽富饶的北欧温泉岛国，国土面积仅 10.3 万平方千米，人口约 32 万，是欧洲人口密度最小的国家，号称“世界最富裕的国家”“最宜居的国家”“最幸福的国家”。2005 年冰岛人均国内生产总值达到 54 975 美元，位居世界第三，其福利几乎无所不包。除了人均国内生产总值高之外，冰岛还是世界第二长寿的国家。但是，就是这样一个国家，在 2008 年席卷全球的金融危机中迅速坠入国家破产的深渊。

“国家破产”这个概念是国际货币基金组织提出来的，它是指一个国家对外资产小于对外负债，即资不抵债的状况。国际上通常的国家破产是指一个国家的金融财政收入不足以支付其进口产品所必需的外汇，或是其主权债务大于其 GDP。例如，2008 年冰岛的主权债务为 1 300 余亿美元，而它的年 GDP 仅为 190 余亿美元。

冰岛破产是由金融业与实体经济的发展严重失衡引起的。冰岛银行的私有化开始于 1998 年，农业银行、国家银行和冰岛银行等银行在 2005 年底前完成了私有化。自此，冰岛银行业如脱缰野马，迅速从商业性银行扩展为商业投资银行，业务范围和规模成倍增长。银行私有化后，商业银行迅速扩展为商业投资银行，冰岛的银行在国内、国际市场急剧扩张，尽兴“狂赌”，其操作手段类似对冲基金，通过大量借贷而不是国内储备，扩展银行融资、商业投资及炒作业务，获利大，时间短，风险极大。资料表明，2007 年年末，冰岛三大银行的资产累计达1 800 亿美元，这几乎是该国 GDP 的 10 倍，其中 80%是海外贷款。

之后，冰岛为它的经济冒进付出了沉重代价。美国爆发次贷危机后，冰岛银行国际融资陷入困境，很多投资机构面临资金链断裂的风险，国内企业和家庭也由于借贷出现问题陷入危机，房地产市场萎缩，克朗大幅贬值，经济发展持续下滑，失业率上升，人民生活水平下降，社会不稳定，国家地位降低。

“冰岛破产”带来的启示是：国家要加强对金融业的监管，避免金融业的过度扩张，重视经济的平衡发展；对银行来说，要加强银行内部监管，合理调整资产负债结构。

五、消费信用

消费信用（Consume Credit）是工商企业、银行和其他金融机构对消费者提供的信用。目的是解决消费者支付能力不足的困难，主要用于耐用消费品、支付劳务费用和购买住宅等。

（一）消费信用的特点

（1）扩大需求，提高消费能力。通过消费信用形式，可以刺激经济发展，缓解消费者有限的购买力与不断提高的生活需求的矛盾；消费信用是一种有利的促销手段，可开拓销售市场，促进商品生产和流通。

（2）给经济增加了不稳定因素，容易造成需求膨胀。经济繁荣时，消费信用扩大，商品销量增加；经济萧条时，消费信用萎缩，商品销售更加困难，经济更加恶化。

（二）消费信用的方式

1. 信用卡

信用卡是银行或信用卡公司对个人提供的，为资信可靠的客户提供直接消费信用凭证，可以凭其向指定商店或其他服务性企业购买商品或享受其他服务的凭证。消费者持有信用卡，可以先消费后付款。

2. 分期付款

消费者购买商品后，先支付部分现款，然后根据签订的合同，分期加息支付余下贷款。

3. 消费信贷

银行或其他金融机构采用信用放款或抵押放款的形式，直接或间接对消费者提供信用。

消费信用在前资本主义社会已有萌芽，如古老的高利贷中有一部分消费信用的性质。从20世纪40年代后半期起，消费信用开始发展。新中国成立以来，我国银行基本上是以企事业单位为服务对象，几乎没有开展服务个人的消费信用业务。中国建设银行于1997年首次承办居民住房抵押贷款，北京市商业银行于1999年首次推出个人耐用消费品贷款。继住房贷款、耐用消费品信贷之后，银行开始陆续推出汽车贷款、助学信贷、装修信贷等形式。

扩展阅读 2－5

校园贷“套牢”大学生

2017年，中国人民大学信用管理研究中心调查了全国252所高校的近5万名大学生，并撰写了《全国大学生信用认知调研报告》。调查显示，在弥补资金短缺时，有8.77%的大学生会使用贷款获取资金，其中网络贷款几占一半。经北青报记者梳理，花样繁多的学生网贷途径大致有三类：一是单纯的P2P贷款平台，比如名校贷、我来贷等；二是学生分期购物网站，如趣分期等；三是京东、淘宝等电商平台提供的信贷业务。

校园贷的参与者往往是90后、00后的大学生，他们出入校园，面对花花世界，对于金钱没有观念。

（1）小迪因为在10多个网贷平台借款了20多万元，因无力偿还又不敢告诉家人，最终选择了割腕自杀，留下父母尝尽白发人送黑发人的苦楚。这个21岁的男孩，生于1995年，死于校园贷。

（2）19岁的小李，生前从22家网贷平台借款了25万多元，手机中都是借款软件和上百条催款短信和催款电话，内容无不是恐吓威胁。这个胆小的孩子选择了上吊自杀，留下崩溃的父母。

如此种种，不知道因为校园贷而走上绝路的大学生有多少，但从各类媒体报道中我们仿佛看到一个个年轻而鲜活的生命离去。

资料来源：http://business.sohu.com/20160324/n441818702.shtml。

第三节 信用工具

一、信用工具的概念

信用工具是证明债权债务关系的合法书面凭证。在早期的信用活动中，借贷双方仅凭口头协议或记账而发生信用关系，因无法律上的保障，很容易产生纠纷，并且不易将债权和债务转让。信用工具的产生和发展克服了口头信用和记账的缺点，使信用活动更加规范化，而且信用工具的流通转让促进了金融市场的形成。在现代经济中，人们融通资金往往需要借助信用工具，因此信用工具又称为金融工具。金融工具对买进或持有者来说就是金融资产。

二、信用工具的特征

信用工具种类繁多，但各种信用工具一般都具有以下四个特点。

（一）流动性

流动性是指信用工具在短时间内转变为现金而在价值上又不受损失的能力，又称变现能力。信用工具可以买卖和交易，可以换得货币，即为具有变现力或流通性。在短期内，在不遭受损失的情况下，能够迅速出卖并换回货币，称为流动性强；反之则称为流动性差。

（二）偿还性

偿还性是指债务人按期还本付息的特征。信用工具一般都载明期限，债务人到期必须偿还信用凭证上记载的债务，但也存在例外，如股票的偿还期是无限的。

（三）风险性

风险性是指投资人的本金和预期收益遭受损失的可能性。任何信用工具都有风险，程度不同而已。其风险主要有违约风险、市场风险、政治风险及流动性风险。

（四）收益性

收益性是指信用工具（特别是有价证券）定期或不定期给持有者带来收益。信用工具的收益有三种：① 固定收益，是投资者按事先规定好的利息率获得的收益，如债券和存单在到期时，投资者即可领取约定利息。固定收益在一定程度上就是名义收益，是信用工具票面收益与本金的比例。② 即期收益，又叫当期收益，就是按市场价格出卖时所获得的收益，如股票买卖价格之差即为一种即期收益。③ 实际收益，指名义收益或当期收益扣除因物价变动而引起的货币购买力下降后的真实收益。在现实生活中，实际收益并不真实存在，而必须通过再计算。投资者所能接触到的是名义收益和当期收益。

三、短期信用工具

短期信用工具是指融通期限在一年以内(含一年)的信用工具,包括票据、国库券、回购协议、同业拆借等。

(一) 票据

票据包括商业票据、银行票据和支票。商业票据在前面已经介绍了,以下重点介绍银行票据和支票。

1. 银行票据

银行票据可分为银行本票、银行汇票。

(1) 银行本票。银行本票是申请人将款项交存银行,由银行签发给申请人凭证在同城范围内办理转账结算或支取现金的票据。它有两个当事人:一是出票人,即银行;二是受款人,即持票人。银行本票见票即付,信用很高,所以客户愿意接受,票据持有者可以按票据的票面价值去流通、购买和支付。

(2) 银行汇票。银行汇票是银行开出的回款凭证。它由银行签发、交由汇款人自带或寄给外地收款人,凭此向异地银行兑取现款。银行汇票有四个关系人:一是汇款人;二是出票人,即汇出银行;三是收款人,即出票人;四是付款人,即汇入银行。

2. 支票

支票是存款户签发,要求银行从其活期存款账户上支付一定金额给指定人或持票人的凭证。凡在银行开立活期往来账户的,银行均给其空白支票簿,存户凭此在存款金额内签发支票。

支票的特征表现在:其一,支票是委付证券,但支票的付款人比较特殊,必须是有支票存款业务资格的银行或非银行金融机构。其二,我国的支票只有即期支票,支票无承兑制度。

按是否记载收款人姓名划分,支票可分为记名支票和不记名支票;按支付方式,支票可分为现金支票和转账支票。现金支票可以由存款人签发用于到银行为本单位提取现金,也可以签发给其他单位和个人用来办理结算或者委托银行代为支付现金给收款人;转账支票只能用于转账,不能提取现金。转账支票可以背书转让;现金支票不得背书转让。

(二) 国库券

国库券是指国家财政当局为弥补国库收支不平衡而发行的一种政府债券。因国库券的债务人是国家,其还款保证是国家财政收入,所以它几乎不存在信用违约风险,是金融市场风险最小的信用工具。中国国库券的期限最短的为一年,而西方国家国库券品种较多,一般可分为 3 个月、6 个月、9 个月、1 年期四种,其面额起点各国不一。国库券采用不记名形式,无须经过背书就可以转让流通。

四、长期信用工具

长期信用工具是指股票和各种期限在一年以上的有价债券,包括股票和债券。长期信用工具均具有良好的自由转让性,并形成资本市场。

(一) 股票

股票是股份公司发行的所有权凭证,是股份公司为筹集资金而发行给各个股东作为持股凭证并借以取得股息和红利的一种有价证券。每股股票都代表股东对企业拥有一个基本单位的所有权。每家上市公司都会发行股票。

股票是股份公司资本的构成部分,可以转让、买卖,是资本市场的主要长期信用工具,但不能要求公司返还其出资股东所拥有的所有权为一种综合权利,如参加股东大会、投票表决、参与公司的重大决策、收取股息或分享红利差价等,但也要共同承担公司运作失误所带来的风险。获取经常性收入是投资者购买股票的重要原因之一,分红派息是股票投资者经常性收入的主要来源。

(二) 债券

债券是一种有价证券,也是一种金融契约,是政府、金融机构、工商企业等直接向社会借债筹借资金时,向投资者发行,同时承诺按一定利率支付利息并按约定条件偿还本金的债权债务凭证。债券的本质是债的证明书,具有法律效力。债券购买者或投资者与发行者之间是一种债权债务关系,债券发行人即债务人,投资者(债券购买者)即债权人。

第四节　征信与社会征信体系

社会信用表现在借贷、纳税、消费、商贸、劳务等各个方面,涉及全社会人员和经济组织,关系到各行各业,其信用度的好坏由谁来评价,如何评价是一项极其庞大而复杂的系统工程。这也就引出了"征信"的概念。

一、征信的含义

征信,中文之"征"即证、验、求、信;"信"即信用、诚实、信任之意。狭义的征信是指调查、验证、评价他人的信用;而广义的征信,还有"求取他人对自己的信用"之意。

一般所说的征信是指狭义的概念,就是以征信机关为主体所进行的对所调查主体信用信息的收集、利用、提供、维护和管理的活动,也指信用信息的征集、披露和使用。征信活动是将经济主体的信用信息进行搜集、整理和加工,对其信用状况进行各项客观的描述、分析、评价和预测,供有关方面进行参考的一种行为。

征信是伴随着社会信用经济的发展而产生的,其基本功能是了解、调查、验证他人的信用,使赊销和信贷活动中的授信方能够比较充分地了解信用申请方的真实资信状况和如期还款能力。征信概念既有防患于未然、降低信用风险、确保授信人合法权益的作用,也有提高社会道德水准,维持市场秩序和社会稳定的功能。同时可以活跃金融经济、促进生产消费的增长,提高政府的工作效率。

二、征信和信用的关系

信用主要体现的是一种债权债务经济关系;征信则指的是专业化的信用信息服务,为了让大家更方便借钱，通过第三方机构将每个人的信用信息集中起来，在需要的时候供信贷机构及各相关主体使用。这是信用与征信的主要区别。

信用既然是一种能力，它是可以度量的，也必须对其进行科学的度量和评价，使信用交易各方权利得到保障，维护健康的经济秩序和社会稳定，因此有必要建立一套完善的社会信用体系。

征信体系则是其中最重要也是最关键的一个组成部分。反过来，完善的征信体系和制度有助于社会信用体系的建立和发展，维系社会各种信用关系的良性循环，而社会信用关系的和谐与改善又有助于人们之间形成更为默契的心理契约，促进互助合作，增强人与人之间的信任感，从而有效降低交易成本，防范投机行为，而且也能降低对未来的不确定性，促进资源合理配置。因此，这两者的关系是相辅相成、共同促进、相互影响的。

三、征信体系

征信体系是指由与征信活动有关的法律规章、组织机构、市场管理、文化建设、宣传教育等共同构成的一个体系。征信体系的主要功能是为借贷市场服务，但同时具有较强的外延性，也服务商品交易市场和劳动力市场。

社会信用体系是市场经济发展的必然产物。经过上百年的市场经济发展，发达国家形成了相对比较完善的社会信用体系。从发达国家的信用体系看，征信体系的模式主要有三种。

（一）市场主导型模式

"美国模式"是典型的市场主导型，征信业以商业性征信公司为主体，由民间资本投资建立和经营。它们是独立于政府和金融之外的第三方征信机构，按照市场经济的法则和运作机制，以营利为目的，向社会提供有偿的商业征信服务。

美国的征信服务机构具有一些很明显的特征。在机构组成上，主要由私人和法人投资组成。它们的信息来源广泛，除来自银行和相关的金融机构外，还来自信贷协会和其他各类协会、财务公司或租赁公司、信用卡发行公司和商业零售机构等，而信息内容也较为全面，不仅征集负面信用信息，也征集正面信息。

（二）政府主导型模式

政府主导型模式，又称公共模式或中央信贷登记模式。这种模式是以中央银行建立的"中央信贷登记系统"为主体，兼有私营征信机构的社会信用体系。其征信系统由两部分组成，一部分是由各国中央银行管理，主要采集一定金额以上的银行信贷信息，目的是为中央银行监管和商业银行开展信贷业务服务；另一部分由市场化的征信机构组成，一般从事个人征信业务。

政府主导型征信模式与美国的市场化模式的差别体现在三个方面：

(1) 信用信息服务机构是被作为中央银行的一个部门建立，而不是由私人部门发起设立；

(2) 银行需要依法向信用信息局提供相关信用信息；

(3) 中央银行承担主要的监管职能。

（三）会员制征信模式

这种模式由行业协会为主建立信用信息中心，为协会会员提供个人和企业的信用信息互换平台，通过内部信用信息共享机制实现征集和使用信用信息的目的。信息中心的信息来源于会员银行，会员银行在与个人签订消费贷款合同时，均要求个人义务提供真实的个人信息。这些个人信息中心负责对消费者个人或企业进行征信。该中心在收集与提供信息服务时要收费，以维持中心的运行与发展，但不以营利为目的。

日本是采用这种社会信用体系模式的国家。1988 年，日本国内的信息中心统一起来，建立了全国银行个人信息中心。同时日本征信业还存在一些商业性的征信公司，如“帝国数据银行”，它拥有亚洲最大的企业资信数据库，有 4 000 户上市公司和 230 万户非上市企业资料，占 70%以上的日本征信市场份额。

四、我国征信体系建设

随着我国市场经济的发展，征信在经济中的作用也日益重要。中国的社会信用体系构建模式以市场为主，政府为辅，政府进行宏观调控，构建社会信用体系环境。

经过十几年的努力，我国的征信体系建设已取得了很大的进展。目前我国已形成多层次化、覆盖面广、功能逐步完善的征信体系，同时我国征信的法律法规建设也有了突破性进展。

第一个层次，由人民银行建设并管理的企业信用信息基础数据库和个人信用信息基础数据库。1997 年人民银行开始筹建银行信贷登记咨询系统，主要采集企业的基本信息及在银行借款、担保等信息。2005 年银行信贷登记咨询系统将地市、省市及全国的三层数据库升级为全国统一的企业信用信息基础数据库。我国个人信用信息基础数据库最早是 1999 年由上海资信有限公司试点开始。2004 年由 15 家全国性商业银行及 8 家城市商业银行在全国 7 个城市联网试运行，2006 年我国个人信用信息基础数据库正式开始运行。到 2018 年 8 月末，数据库累计收录信贷信息 33 亿多条，为 2 500 多万户企业和其他组织、9.7 亿自然人建立统一的信用档案。

第二个层次，由政府的一些职能部门在自己的管辖范围内，不同领域、不同行业的建立社会信用信息数据系统。比如像工商部门建立的“市场主体不良行为警示记录系统”，税务部门建立的“信用等级信息系统”，以及像法院、商务部、海关等都各自有自己的信息数据库。

第三个层次，专门从事信用信息调查、搜集、加工，同时提供信用信息产品的专业征信机构。这些机构主要包括：

（1）中资的征信企业，如新华信商业风险管理有限公司、上海中商商业征信有限公司等。

（2）在我国设有分支机构的外国征信企业，如美国的邓白氏公司。

（3）由地方政府部门成立的征信机构，如上海信用管理公司、北京信用管理公司。

随着我国征信体系不断完善，无疑给失信者一记“重拳”，随着 2016 年国家发改委和最高人民法院牵头，人民银行等 44 家单位联合签署《关于对失信被执行人实施联合惩戒的合作备忘录》，这记“重拳”变得更具威力。未来失信者在经济、社会生活、就业等方面将处处受限：第一，比如失信者再要向银行贷款，相当不方便，要么借不到款，要么利率很高；第二，失信者在社会生活方面就会受到很多约束，比如将来要跟别人做生意，对方一看其信用报告不好，买卖就做不成。如果有严重违规的恶意逃债，将来他要高消费，包括出国旅游等，都会处处受到限制。虽然，近几年我国征信体系建立有了突破性进展，但是我国征信体系目前仍然存在如下一些问题：

(1) 信息数据条块分割，信息共享难；

(2) 我国征信法律法规建设尚不完善；

(3) 我国征信机构技术落后，征信产品研发创新不足；

(4) 我国征信业行业自律不足，缺乏行业协会管理。

总体来说，我国征信业正处于发展的初级阶段，我们应该积极学习西方国家的宝贵经验，同时结合本国的经济现状，从信息管理、技术开发、行业监管、法制建设等多方面发展我国的征信体系。我们应建立一个完善且高效的市场征信体系，从而规范我国的经济金融秩序，促进市场经济高效、稳定、健康运行。

扩展阅读 2-6

信用卡逾期不还的后果

使用信用卡消费后一定要记得按时还。央行 2017 年发布的数据显示，信用卡的坏账风险正在悄然上升，截至 2016 年年末，信用卡逾期半年未偿信贷同比增逾四成。

据中国经济网记者了解，信用卡透支逾期还款将带来很多不良后果，不仅要支付逾期利息、滞纳金、超限费，还会产生不良信用记录，更严重的是还有可能面临承担刑事和罚金双重处罚。

不良后果多，恶意透支属犯罪

据央行报告显示，截至 2016 年年末，全国人均持有信用卡 0.34 张，较上年年末增长 17.24%。信用卡逾期半年未偿信贷总额 357.64 亿元，较上年年末增加 105.72 亿元，增长 41.97%。信用卡逾期半年未偿信贷总额占期末应偿总额的 1.53%，占比较上年年末上升 0.16 个百分点。信用卡累计发卡 4.55 亿张，较上年末增长 16.45%，增速放缓 1.58 个百分点。

那么，信用卡逾期会有什么严重后果呢？首先逾期还款会导致信用卡罚息，利息按照日息 0.5‰来收取，成本很高；此外，还会产生滞纳金，滞纳金通常为逾期金额的 5%。不但如此，最让人头疼的就是逾期所导致的个人不良信用记录，一旦产生个人不良信用记录，首先会影响到贷款的申请。据了解，一般信用卡逾期还款不超过 3 次，可申请信用卡但额度很小，也可以贷款，但利率很高，而逾期还款 6 次以上或有一次逾期不还款的都会被列入人民银行个人征信系统的黑名单(全国联网的)，上了黑名单就不能办信用卡和贷款了。

值得注意的是，恶意透支银行卡就是犯罪！“恶意透支”是指持卡人以非法占有为目的，超过规定限额或者规定期限透支，并且经发卡银行两次催收后超过三个月仍不归还的，恶意透支属于信用卡诈骗犯罪行为。刑法规定，恶意透支信用卡 5 000 元以上就构成信用卡诈骗罪，可能被判处 3 年以下有期徒刑；恶意透支 5 万元至 20 万元之间就属于数额巨大，可能被判处 5 年至 10 年有期徒刑；20 万元以上属于数额特别巨大，刑期在 10 年以上。

莫让信用卡逾期影响个人信用

如果信用卡已经逾期了怎么办呢？普通信用卡逾期还款，所产生的不良信用记录会在征信系统里保存两年。业内人士提醒，在这个时候，千万不要销卡，如果信用卡终止，对应的信用记录不再滚动,会长时间保存下来。只有继续保持卡片的长期良性使用,才能通过未来的良好信用交易还个人信用记录以"清白"。

据中国经济网记者了解,现在不少号称能"消除不良信用记录"的生意悄然兴起,收费动辄上千。但其实这类所谓通过央行内部系统删除不良记录的代办,都是骗局。只有经过法院判决撤销的或各银行主动撤销的不良记录,才可以通过各银行总行系统消除。

此外,信用卡并不是多多益善,应该根据实际需要和偿付能力办卡,避免因信用卡过多而造成过大的还款压力,也可避免混淆还款日期。通常信用卡不激活就不会产生年费。但也有例外情况,一些信用卡或是白金卡,即使不激活也有年费,一不留神也会造成信用卡逾期,从而导致不良信用记录。理财人士建议,信用卡最好不要超过 3 张,可开通"约定账户还款"功能,在信用卡到期还款日当天,银行自动从个人结算账户中扣除信用卡欠款,这样就能避免个人因为忘记还款而留下负面记录。

资料来源:https://www.csai.cn/creditcard/1288231.html。

本章小结

1. 信用是指以偿还为条件的价值运动的特殊形式,多产生于货币借贷和商品交易的赊销或预付之中。

2. 高利贷信用是促使自然经济解体和商品经济发展的因素之一,商业信用和消费信用是西方国家信用制度的基础和重要方式,而银行信用是现代信用的主要形式。国际信用是国际间的借贷行为,它本质上是资本输出的一种方式。

3. 信用工具是证明债权、债务关系的合法书面凭证。具有以下四个特点:偿还性、流动性、收益性和风险性。短期信用工具包括汇票本票、支票。长期信用工具主要有股票和债券。

4. 在信用经济中,授信人为避免受信人即债务人由于经营不善或故意赖账等原因的影响而蒙受损失,必须设法在交易之前了解对方的信用,这成了征信产生的动因。其基本功能是了解、调查、验证他人的信用,使赊销和信贷活动中的授信方能够比较充分地了解信用申请方的真实资信状况和如期还款能力。

核心概念

信用　商业信用　银行信用　国家信用　消费信用　信用工具　征信

复习思考题

一、选择题

1. 以金融机构为媒介的信用是(　　)。

A. 银行信用　B. 国家信用　C. 消费信用　D. 商业信用

2. 商业信用的主要表现形式有(　　)。

A. 商品交易　B. 预付定金或货款　C. 货币借贷　D. 分期付款

3. 下列关于票据说法正确的是(　　)。

A. 汇票又称为期票,是一种无条件偿还的保证

B. 本票是一种无条件的支付承诺书

C. 商业汇票和银行汇票都是由收款人签发的票据

D. 商业承兑汇票与银行承兑汇票只能由债务人付款

4. 信用的基本特征是(　　)。

A. 无条件单位价值单方面让渡　　B. 以偿还为条件的价值单方面转移

C. 无偿的赠与或援助　　D. 平等的价值交换

5. 个人获得住房贷款属于(　　)。

A. 消费信用　　B. 民间信用　　C. 银行信用　　D. 商业信用

6. 现代消费信用的主要类型有(　　)。

A. 民间提供的消费品互借

B. 企业对个人提供的商品赊销

C. 金融机构向消费者提供的住房抵押贷款

D. 政府向消费者提供的耐用消费品贷款

二、简答题

1. 简述商业票据的含义以及分类。
2. 简述现代信用形式。
3. 简述信用在经济生活中发挥的作用。

实训练习

【实训内容】

通过不同信用形式交易过程的模拟,深入理解各种信用形式的特点。

【实训步骤】

1. 将学生分组;
2. 各组选定不同的信用形式;
3. 各组信用交易过程设计及具体模拟;
4. 各组总结不同信用交易的特点,分析其过程和结果。

第三章 利息与利率

教学目标

1. 理解利息及本质、利率的含义。
2. 熟知利率的分类，利率管理体制，利率市场化。
3. 掌握影响利率变化的因素。

章前引例

1929 年之后，美国经历了一场经济大萧条，金融市场随之也开始了一个管制时期，与此同时，美国联邦储备委员会颁布了一系列金融管理条例，并且按照字母顺序为这一系列条例进行排序，如第一项为 A 项条例，其中对存款利率进行管制的规则正好是 Q 项，因此该项规定被称为 Q 条例。后来，Q 条例成为对存款利率进行管制的代名词。其主要内容是：禁止联邦储备委员会的会员银行对它们吸收的活期存款(30 天以下)支付利息，并对上述银行所吸收的储蓄存款和定期存款规定了利率上限。当时，这一上限规定为 2.5%。

Q 条例的实施，对 20 世纪 30 年代维持和恢复金融秩序、40 至 50 年代初美国政府低成本筹措战争资金、战后美国经济的迅速恢复，起到了一定的积极作用。

然而到 20 世纪 50 年代中后期，特别是进入 60 年代之后，这一条例的弊端便暴露出来。依据当时的情形，美国通货膨胀率曾一度高达 20%，而 Q 条例执行的结果是银行存款利率上限受到管制。这一方面使银行存款对投资者的吸引力急剧下降，公众对存款越来越没有兴趣；另一方面，银行的吸存能力受到很大影响，以致存款性金融机构的生存岌岌可危。

于是，商业银行不得不开始进行金融创新，货币市场基金便随之应运而生，这种基金规避了银行存款的许多限制，又保留了银行存款的许多特性。比如，货币市场基金具备了活期存款的许多特征，可以提现，可以转账结算，甚至可以转入资本市场的其他基金。货币市场基金的收益虽然不保底，但实际上由于其投资风险较小，获得了极大的成功，客户可以通过投资这种基金获得远远高于 Q 条例所规定的最高存款利率的收益，因而至今在发达国家仍占有最大比重。

1986 年 1 月取消了定期储蓄存款利率上限，美国实现了完全的利率市场化。

案例讨论：Q 条例实施背景及其影响是什么？

第一节 利息与利率概述

一、利息的含义及其本质

(一) 利息的含义

利息是指借款者为取得货币资金的使用权,支付给贷款者超过借贷货币额的那一部分代价;或者说,是贷款者因暂时让渡货币资金的使用权,从借款者那里取得的超过借贷货币额的那一部分报酬。

早在远古时代,伴随着借贷行为,利息作为一种占有使用权的报酬出现了。但真正意义的利息到了资本主义时期才出现。

(二) 利息的本质

1. *西方经济学家关于利息本质的理论*

(1) 资本生产力论。由萨伊提出,他认为资本、劳动、土地是生产的三要素,在生产中它们各自提供了服务,资本具有生产力,利息是资本生产力的产物。资本生产力论否定了劳动价值论。

(2) 利息报酬论。由威廉·配第提出,是古典经济学中颇有影响的一种理论。他认为利息是因为所有者暂时放弃货币使用权而给贷出者带来不方便的报酬。利息报酬论描述了借贷的现象,但是没有真正理解剩余价值的本质。

(3) 灵活偏好论。灵活偏好论也叫流动性偏好论,是由凯恩斯提出的著名理论。他认为利息是在一个特定的时期内人们放弃货币周转灵活性的报酬,是对人们放弃流动性偏好,即不持有货币而进行储蓄的一种报酬。

2. *马克思关于利息本质的理论*

马克思认为,利息是财富的分配形式。在一定意义上利息可以称为是借贷资本。这种特殊商品的价格,任何时候都是由供求决定。利息的本质取决于利息的来源。利息来源不同,则本质不同。

在前资本主义社会,利息来源于小生产者与奴隶劳动,本质是其创造的剩余劳动产品甚至是必要劳动产品。它反映着高利贷者与奴隶主或封建主共同剥削小生产者与奴隶的生产关系。在资本主义社会,利息来源于雇佣工人的劳动,本质是雇佣工人创造的剩余价值的一部分,是职能资本家因使用借贷资本而让渡给借贷资本家的那部分利润即剩余价值,它反映着借贷资本家和职能资本家共同剥削雇佣工人的生产关系。

二、利率的含义及其种类

(一) 利率的含义

利息率,是指借贷期内所形成的利息额与所贷资金额的比率,日常简称为利率。利率是衡量利息数量大小的尺度，也体现了生息资本增值的程度。

（二）利率的种类

按不同的分类标准，利率可以划分为不同种类。

1. 按计息时间长短

按计息时间长短分类，可以分为年利率、月利率和日利率。年利率是以年为单位计算利息，通常以百分比表示；月利率是以月为单位计算利息，通常以千分表示；日利率也称为“拆息”，是以日为单位计算的利息。它们三者的关系是：

$$日利率=月利率\div 30=年利率\div 360$$

2. 按是否剔除通货膨胀的影响分类

按是否剔除通货膨胀的影响分类，可分为名义利率和实际利率。实际利率是指物价不变从而实际购买力不变条件下的利率，实际利率对经济起实质性影响。名义利率则是包含了通货膨胀因素的利率。报刊公布的利率、银行公布的利率都是名义利率。理论上，我们所讲的名义利率，就是在实际利率的基础上，把通货膨胀因素考虑进去。

扩展阅读 3－1

通货膨胀对购买力的影响

假定某年度物价没有变化，甲从某乙处取得 1 万元贷款，年利息额为 500 元，实际利率就是 5%。但是在物价不断上涨的情况下，如果某一年的通货膨胀率为 3%，贷款者年末收回的 1 万元本金实际上仅相当于年初的 9 707 元，本金损失率接近 3%。为了避免通货膨胀给本金带来损失，假设仍然要取得 5%的利息，就必须把贷款利率提高到 8%，才能保证收回的本金和利息之和无损失。

用 r 表示名义利率，i 表示实际利率，P 表示通货膨胀率，名义利率和实际利率的关系式为：

$$r=i+P$$

但是，通货膨胀对于利息部分也有使其贬值的影响。考虑到这一点，名义利率还应向上调整。这样，名义利率的计算公式可以写成：

$$R=(1+i)(1+P)-1$$

3. 按在借贷期内是否调整可分为固定利率和浮动利率

固定利率由国家规定，是在一定时期内不受社会平均利润率和资金供求变化所影响的一种利息率。贷款合同中约定的在整个贷款期间都不予变更的利率。

浮动利率是指在借贷期限内利率随物价或其他因素变化相应调整的利率。借贷双方可以在签订借款协议时就规定利率可以随物价或其他市场利率等因素进行调整。浮动利率可避免固定利率的某些弊端，但计算依据多样，手续繁杂。

4. 按利率不同的决定方式可分为官定利率与市场利率

官定利率是由政府金融管理部门或中央银行确定的利率。官定利率也可以是法定利率，任何部门和个人都不能违背。它反映了非市场力量对利率的干预。

市场利率是根据借贷资金供求状况，由借贷双方协商自行确定的利率。许多国家规定了存款利率的上限，以防存款利率上浮太多扰乱金融秩序。而贷款利率则不必担心，因为利率太低，贷者无利可图是不会贷出的。市场利率大致包括两部分：一是金融市场上自发形成市场利率；二是民间高利率。市场利率一般指前者，后者多发生在经济落后的国家。

5. **按利率地位不同可分为基准利率与一般利率**

基准利率又称为中心利率，是带动或影响市场利率的利率，一般由中央银行决定。以前，大多数国家把中央银行的再贴现率作为基准利率，而目前，不少国家以公开市场业务作为主要的货币政策工具，因而采用国债利率作为基准利率。

一般利率是金融机构按照一般标准发放贷款或吸收存款所执行的利率。比如存款利率和贷款利率。

以上是各种利率的简介，其实各类利率之间或各类利率内部都有相应的联系，它们之间保持着相对的结构，共同构成一个有机整体，从而形成了一国的利率体系。

三、影响利率变化的因素

（一）社会平均利润率

社会主义市场经济中，利息仍作为平均利润的一部分，因而利息率也是由平均利润率决定的，即利率的高低首先取决于社会平均利润率的高低。根据中国经济发展现状与改革实践，这种制约作用可以概括为利率的总水平要适应大多数企业的负担能力。

也就是说，利率总水平不能太高，太高了大多数企业承受不了；相反，利率总水平也不能太低，太低了不能发挥利率的杠杆作用。

（二）借贷资金供求状况

在平均利润率既定时，利息率的变动则取决于平均利润分割为利息与企业利润的比例。而这个比例是由借贷资本的供求双方通过竞争确定的。

一般地，当借贷资本供不应求时，借贷双方的竞争结果将促进利率上升；相反，当借贷资本供过于求时，竞争的结果必然导致利率下降。在中国市场经济条件下，由于作为金融市场上的商品的"价格"——利率，与其他商品的价格一样受供求规律的制约，因而资金的供求状况对利率水平的高低仍然有决定性作用。

（三）物价变动幅度

由于价格具有刚性，变动的趋势一般是上涨，因而怎样使自己持有的货币不贬值，或遭受贬值后如何取得补偿，是人们普遍关心的问题。

这种关心使得从事经营货币资金的银行必须使吸收存款的名义利率适应物价上涨的幅度，否则难以吸收存款；同时也必须使贷款的名义利率适应物价上涨的幅度，否则难以获得投资收益。所以，名义利率水平与物价水平具有同步发展的趋势，物价变动的幅度制约着名义利率水平的高低。

（四）国家经济政策

利率对社会再生产具有调节作用，因此，国家把利率作为调节经济的一种重要工具。利率不能完全随着借贷资金的供应状况自由波动，而必须受到国家的调节，因此而产生的一些代表国家意向的经济政策就对利率产生直接地干预和影响。世界各国政府都根据本国的经济状况和经济政策目标，通过中央银行制定的金融政策影响市场利率，进而达到调节经济、实现其经济发展目标的目的。

（五）国际利率水平

国际利率水平对国内利率的变化具有一定影响作用，因为国内利率水平的高低直接影响本国资金在国与国之间的移动，进而对本国的国际收支状况产生影响。一个国家开放程度越高，国际利率水平对其国内利率的影响就越大。国际利率水平对国内利率水平的影响是通过国际资本流动实现的。当国际利率水平高于国内利率水平时，资本会外流，资本外流造成本国资本供给减少，在需求不变的前提下，国内利率水平上升；相反，国内利率水平下降。

第二节　利率的功能和作用

一、利率的功能

利率作为“经济杠杆”，具有五个方面的经济功能，对经济发挥着重要作用。

（一）中介功能

该功能具体表现在三个方面。首先，它联系着国家、企业和个人三个方面，其变动将导致三方利益的调整。其次，它沟通金融市场与实物市场，特别是两个市场上不同利率之间的联动性，使金融市场和实物市场之间相互影响、紧密相关。最后，它连接着宏观经济和微观经济，利率的变动可以把宏观经济信息传达到微观经济活动中。

（二）分配功能

利率具有对国民收入进行分配与再分配的功能。第一，利率从总体上确定了剩余价值的分割比例，使收入在贷者和借者之间进行初次分配；第二，利率可以对整个国民收入进行再分配，调整消费和储蓄的比例，从而使盈余部门的资金流向赤字部门。

（三）调节功能

利率调节功能主要是通过协调国家、企业和个人三者的利益来实现的。它既可以调节宏观经济活动，又可以调节微观经济活动。对宏观经济的调节，主要是调节供给和需求的比例，调节消费和投资的比例关系等。对微观经济的调节，主要是调节企业和个人的经济活动等，使之符合经济发展的需要和国家政策意图。

（四）动力功能

实现一定物质利益是推动社会经济发展的内在动力。利率通过全面、持久地影响各经济主体的物质利益，激发其从事经济活动的动力，从而推动整个社会经济走向繁荣。

(五) 控制功能

利率可以把那些关系到国民经济全局的重大经济活动控制在平衡、协调、发展所要求的范围之内。例如，通过利率额调整，影响投资规模、物价等。总之，合理的利率有利于进行有效的宏观控制，从而保证国民经济良性循环。

二、利率在经济中的作用

(一) 利率在宏观经济活动中的作用

1. 调节社会资本供给

一般情况下，利率提高，会导致国民储蓄率上升，借贷资本增多，最后增加社会资本供给；反之，社会资本供给就会减少。

2. 调节投资

利率对投资在规模和结构两方面都具有调节的作用。企业进行投资使用借贷资本时，如利率降低，企业贷款成本降低，投资成本相对减少，就会增加投资，从而使整个社会投资规模扩大；反之，会导致社会投资规模萎缩。

3. 调节社会总供给

利率对供求总量的平衡具有一定的调节作用。这是因为，总需求与市场价格水平、利率之间相互联系、相互作用的机制。由于生产者和消费者进入市场从事经济活动，市场机制便能够通过价格水平和利率水平的变动在一定程度上调节企业和消费的投资与储蓄活动，从而实现总供给和总需求的平衡。

(二) 利率在微观经济活动中的作用

对企业来说，利率能够促进企业加强经济核算、提高经济效益。因为：企业利润收入＝销售收入－(产品成本＋利息＋税金)。在通常情况下，产品成本和税金是相对稳定的。企业利润取决于应付利息的多少，而利息的多少，又与企业占有信贷资金的多少、占有的时间长短以及利率高低有关。

对个人而言，利率影响其经济行为。一方面，利率能够诱发和引导人们的储蓄行为；另一方面，利率可以引导人们选择金融资产。在保证金融商品安全性与流动性的前提下，人们重点考虑的往往是主要由利率决定的收益率的高低。

扩展阅读 3－2

近几年中国的利率水平一直在降低

人民银行货币政策司司长孙国峰于 2019 年 7 月 12 日在上半年金融统计数据新闻发布会上介绍，对于中国的利率水平，主要看两个重要利率。

一是整体市场利率水平。从去年开始一直在下行，截至 2019 年 6 月末，DR 007 是 2.56％，同比下降 45 个基点；十年期国债收益率是 3.23％，同比下降 25 个基点。

二是贷款实际利率。2019 年 5 月企业贷款平均利率 5.34％，同比下降 17 个基点，尤其是小微企业贷款利率明显降低。

“所以，中国的利率水平，其实一直在降低。”孙国峰指出。对于下一步，孙国峰指出，下一阶段人民银行将实施稳健的货币政策，密切监测国内外经济金融形势的变化，在统筹好内外均衡的前提下，坚持以我为主的原则，根据中国的经济形势、价格变化及时进行预调微调，保持市场流动性合理充裕，保持利率水平合理稳定。

资料来源：https://news.sina.cn/gn/2019－07－13/detail－ihytcerm3336100.d.html。

第三节　我国利率体制及改革

一、利率市场化的含义

利率市场化是指利率的决定权交给市场、由市场主体自主决定利率的过程。在利率市场化的条件下，如果市场竞争充分，则任何单一的经济主体都不可能成为利率的单方面制定者，而只能是利率的接受者。换言之，所谓利率市场化，是指金融机构在货币市场经营融资的利率水平由市场来决定。

利率市场化是一个国家金融深化的标志，是提高金融市场化程度的重要一环，它不仅是利率定价机制的深刻转变，而且是金融深化的前提条件和核心内容。利率市场化首先是一个过程，是一个逐步实现利率定价机制由政府或货币当局管制向市场决定转变的过程，是一个利率体制和利率决定机制变迁的过程。随着这一过程的不断深化，整个利率体系由借贷双方根据市场供求关系决定的利率的比例越来越多，由政府或货币当局直接干预的成分越来越少。

二、我国利率制度的沿革

(一) 1949—1978 年实行高度集中的利率管理体制

在 1949—1978 年期间，一切利率都由国家计划制定，这一时期的利率管制主要有以下特点：

(1) 利率决定和调整权高度集中于政府与中国人民银行。

(2) 利率种类少，结构不合理。不仅存在存贷款利率倒挂的现象，而且存在长短期利率倒挂的现象。

(3) 利率不能发挥调节经济的杠杆作用。在 1949—1982 年期间，银行存款贷款利率进行过 6 次大面积调整。

(4) 利率传导机制是完全的行政机制。

(二) 1978 年至今实行利率管制下的有限浮动利率制度

1978 年以后，随着经济建设中心地位的确立，国民经济逐步由实物管理转向价值管理，调控方式逐步由以指令性计划为主的直接控制转向以经济手段为主的间接调控，利率在国民经济宏观调控中的重要性显现出来，利率管理体制也不断得到完善和发展。

三、我国利率市场化改革

(一) 利率市场化的必要性

利率是整个金融市场和金融体系中最能动、最活跃的因素。利率市场化是我国金融产业走向市场的重要步骤之一，也是国民经济运行体制转变到社会主义市场经济上来的基本标志之一。随着我国市场经济的不断发展和壮大，金融体制改革的深化发展以及和国际市场的逐步接轨，原有的利率管理体制已成为我国改革进程中的"瓶颈"，利率市场化问题显得日益突出和重要，迫切需要改革现行的利率管理体制，完善利率体系，为利率杠杆更好地发挥作用提供保证。当前，积极推行利率市场化具有十分重要的现实意义和深远的历史意义。

1. 符合与世界经济接轨的要求

随着我国加入 WTO，国际金融资本加入我国国内竞争中来的趋势已不可避免。按照国际公认的共同市场规则运行已成为金融资产业务改革的迫切需要。

2. 利用货币政策调控宏观经济运行状况的需要

一方面，随着向社会主义市场经济转变的改革进程不断加快，政府的宏观调控手段日益更多依赖于价值杠杆与市场机制；另一方面，20 世纪 90 年代末期为扭转通货紧缩形势所采取的一系列积极财政政策，要求有更灵活、更有效的货币政策及货币手段与之相配合。

3. 发展与改革过程中资源优化配置的需要

一方面，从发展角度看，结构调整、产业升级、西部开发等诸多重大战略措施的实施要求信贷资金成为优化选择的重要机制力量；另一方面，从改革的角度看，国有经济有进有退的战略性调整、产权关系重组、社会资金从间接投资转变为直接投资、各种要素市场发育等都要求金融资本以市场化的方式介入其中。简而言之，利率市场化不是我们想不想或愿不愿意的战略方向，而是一个无可避免的、必定要出现的趋势。

(二) 我国利率市场化改革进程

(1) 1996 年 6 月开放银行间同业拆借市场利率。

(2) 1997 年 6 月开放银行间债券市场回购和现券交易利率。

(3) 1998 年 3 月改革再贴现利率及贴现利率的生成机制，放开了贴现和再贴现利率；9 月放开了政策性银行发行金融债券的利率。

(4) 1999 年实现了国债在银行间债券市场利率招标发行；10 月对保险公司大额定期存款实行协议利率。

(5) 2000 年 3 月实现了中外资金融机构在外币利率政策的公平待遇，统一中外资外币利率管理政策。

(6) 2002，人民银行开始对县市级农村信用联社进行浮动利率试点，存款利率最大幅度限制在 30%，贷款利率最大幅度限制是 100%。

(7) 2004 年 1 月，人民银行扩大贷款利率浮动区间。商业银行，城市信用社贷款利率浮动区间的上限扩大到贷款基准利率的 1.7 倍，农村信用社贷款利率浮动区间的上限扩大到贷款基准利率的 2 倍。

(8) 中国人民银行灵活运用公开市场操作,调控货币市场利率。公开市场利率目前已成为货币市场的基准利率。

四、我国利率市场化改革益处和效应

首先,利率市场化强化了我国货币传导机制的作用。市场化利率对整个货币传导机制起到润滑作用。一方面,各个经济主体对利率的敏感程度得以提高,每个商业银行根据市场的资金供求状况以及自身的资产负债情况在基础利率的基础上自主制定存贷利率;另一方面,央行对金融市场的控制力加大,利率政策的效果更为显著。

其次,利率市场化推动了我国金融市场的发展。利率市场化有利于资金流动,有利于上市公司的快速发展。同时利率变化对证券市场中的资金流动有一定的导向性作用。

再次,利率市场化有利于推进银行进行商业化改革。因为一旦贷款利率放开以后,商业银行的激励和约束、利益和责任都会增强,既可以推行不同的贷款组合方式,也可以按客户的风险等级实施不同的利率,进而加强资产负债管理,形成较为合理、规范的市场行为和资产结构。

最后,利率市场化有利于各类金融市场的发展及其功能的发挥。一旦放开贷款利率,拆借市场和回购市场的限制就只剩下准入资格的限制,其交易规模就会进一步扩大,市场机制就会进一步完善并发挥作用。

扩展阅读 3-3

利率市场化比加息减息更重要

作为重要的货币政策工具,利率是各国中央银行在宏观调控中普遍青睐的手段。但我国的利率调整,亦即加息或降息,与成熟市场经济国家相比有着本质的不同。其根本原因在于我国利率形成机制尚未完全市场化,尽管金融市场上债券等利率已市场化,但银行存贷款利率仍受到管制。

将美国和中国的利率调整加以比较,可以发现,无论调整方式还是调整对象都存在着根本的不同。

美联储利率调整是通过间接方式操作的,调整的联邦基金利率是货币市场上的隔夜拆借利率这一基准利率。每次宣布加息或降息时,都是通过公开市场买卖债券,增加或减少货币供应,促使联邦基金利率的升降。各商业银行的存贷款利率水平,则是根据基准利率及其经营情况自行确定的。

我国央行调整利率则是通过下发文件的行政方式,直接规定商业银行存贷款利率水平,是将一年期存贷款利率作为影响其他利率的基准。

可以看出,市场化条件下的加息减息,直接引起基础货币投放量的减少或增加,收缩或扩张流动性的作用显著。它与上调或下调准备金率,收缩或扩张流动性的功效是一致的,只不过一个从价格上、一个从数量上进行调控。

我国加息或减息改变的是银行存贷款这一投融资价格水平,与回收或投放流动性的联系较远,传导的"链条"相当长。因此,加息或减息并不必然伴随流动性的减少或增加,很可能起不到紧缩或扩张的效果。

从我国目前的情况看,比加息或减息更重要的是加速推进利率市场化改革。因为只有利率机制的转变，才能保障利率水平调整的传导更顺畅，紧缩或扩张效果更显著。改变目前管制利率与市场化利率“双轨”运行的现状，加速利率市场化改革的必要性日益凸显。

本章小结

1. 利息是贷款者因暂时让渡货币资金使用权从借款者那里取得的超过借贷货币额的报酬。马克思认为利息的本质是剩余价值。

2. 利率是指借贷期内所获得的利息额与借贷资本金的比率。影响利率的因素有平均利润率、资金的供求关系、汇率水平、国际利率水平、利率管制、经济周期等。

3. 利率市场化是指利率的决定权交给市场，由市场主体自主决定利率的过程。我国利率市场化改革的思路是先外币、后本币，先贷款、后存款，先长期、后短期。

核心概念

利息　　名义利率　　实际利率　　市场利率

复习思考题

一、选择题

1. 一般来说，当物价水平上升时，名义利率将（　　）。

A. 上升　　B. 下降　　C. 不变　　D. 不确定

2. 如果名义利率为3%，通货膨胀率为5%，则实际利率为（　　）。

A. 13%　　B. 8%　　C. 2%　　D. −2%

3. 利息率是指（　　）。

A. 利息额与利润的比率

B. 利息额与货币供应量的比率

C. 借贷期内所形成的利息额与所贷金额的比率

D. 利息额与金融资产的比率

4. 目前我国商业银行的储蓄存款利率属于（　　）。

A. 市场利率　　B. 公定利率　　C. 官定利率　　D. 实际利率

5. 货币的时间价值通常体现为（　　）。

A. 股票收益　　B. 风险价值　　C. 利息　　D. 节俭观念

6. 按是否包含通货膨胀因素可将利率分为（　　）。

A. 名义利率与实际利率　　B. 基准利率与一般利率

C. 固定利率与浮动利率　　D. 官定利率与市场利率

二、简答题

1. 简述利息的含义及本质。

2. 简述利率的作用。

3. 简述影响利率变化的因素。

实训练习

【实训内容】

通过对我国利率调整的分析,了解我国利率调整的现状,分析利率调整对我国经济的影响。

【实训步骤】

1. 查找最近3年我国利率调整的数据;
2. 分组进行数据整理,分析我国利率调整的原因;
3. 判断我国利率调整的趋势;
4. 分析利率调整对我国经济的影响。

第四章

金融市场

教学目标

1. 理解金融市场的含义与功能。
2. 熟知金融市场的构成要素、金融市场的分类。
3. 掌握货币市场、资本市场。

章前引例

纽约国际金融中心的地位在第二次世界大战后得以确立和加强。美国凭借在战争时期膨胀起来的强大经济和金融实力，建立了以美元为中心的资本主义货币体系，使美元成为世界最主要的储备货币和国际清算货币。

西方资本主义国家和发展中国家的外汇储备中的大部分是美元资产并存放在美国，由纽约联邦储备银行代为保管。世界各地的美元买卖，包括欧洲美元、亚洲美元市场的交易，都必须在美国，特别是通过纽约的商业银行办理清算，因此纽约成为世界美元交易的清算中心。

此外，美国外汇管制较松，资金调动比较自由，许多大的商业银行、储蓄银行、投资银行、证券交易及保险公司等金融机构云集纽约，众多的外国银行也在纽约设有分支机构，这些都为纽约金融市场的进一步发展创造了条件，加强了它在国际金融领域中的地位。

纽约金融市场按交易对象划分，主要包括外汇市场、货币市场和资本市场。纽约外汇市场是美国，也是世界上最重要的外汇市场之一。纽约外汇市场并无固定的交易场所，所有的外汇交易都是通过电话、电报和电传等通信设备，在纽约的商业银行和外汇经纪人之间进行的。这种联络就组成了纽约银行的外汇市场。纽约大银行与世界各地外汇市场可以24小时保持联系，因此国际间的套汇活动几乎可以立即完成。

纽约货币市场即纽约短期资金的借贷市场，是资本主义世界主要货币市场中交易量最大的一个。除纽约本地的金融机构、工商业和私人在这里进行交易外，每天还有大量短期资金从美国及世界各地流进和流出。和外汇市场一样，纽约资本市场是世界最大的经营中长期借贷资金的资本市场，其可分为债券市场和股票市场。美国有10多家证券交易所按证券法注册并列为全国性的交易所，其中纽约证券交易所、NASDAQ和美国证券交易所这三家最大的交易所均设立在纽约。

案例讨论：如何评价美国的金融市场？

第一节　金融市场的含义与功能

一、金融市场的含义

金融市场是资金供求双方借助金融工具进行各种货币资金交易活动的市场，是以金融资产为交易对象而形成的供求关系及其机制的总和。具体来讲，金融市场泛指资金供求双方运用各种金融工具，通过各种形式进行的全部金融性交易活动，包括金融机构与客户之间，各金融机构之间，资金供求双方所有以货币资金为交易的金融活动，如存款、贷款、票据抵押与贴现、金融信托与租赁、保险，以及证券发行、承诺与买卖，黄金外汇交易等。

金融市场更深层次的含义具体包含以下三个层次：

(1) 金融市场是金融资产进行交易的一个有形和无形的市场。有形的场所如证券交易所，无形的场所如外汇交易员通过电信网络构成的看不见的市场进行资金的调拨。

(2) 金融市场反映了金融资产的供应者和需求者之间所形成的供求关系，揭示了资金从集中到传递的过程。

(3) 金融市场包含了金融资产交易过程中所产生的各种运行机制，其中最主要的是价格机制，它揭示了金融资产的定价过程，说明了如何通过这些定价过程在市场的各个参与者之间合理地分配风险和收益。

二、金融市场的基本要素

(一) 金融市场的主体

金融市场主体也是金融市场的参与者，按照与资金关系可以分为两大类：

(1) 资金的供给者，即投资人，也是金融工具的购买者。他们通过购买金融工具，将自身暂时不用的闲置资金提供给资金短缺的筹资人。

(2) 资金需求者，即筹资人，也是金融工具的发行者和出售者，通过发行金融工具来筹集资金，解决资金短缺的问题。

金融市场的参与者按照部门可以分为以下几类：

(1) 企业。在资本市场上，作为资金短缺者主要是发行股票和债券；作为资金盈余者主要是持有股票和债券以及其他金融资产。

(2) 政府。政府在一国金融市场上具有双重身份：第一，资金的需求者；第二，市场的监管者和调节者。

(3) 个人、家庭。个人或者家庭投资者也是金融市场上的资金供给者和需求者。

(4) 金融机构。在金融市场上具有特殊的作用，首先是最重要的中介机构，其次是资金的供给者和需求者。

(5) 金融监管机构。金融监管机构是根据法律规定对一国的金融体系进行监督管理的机构。我国目前的金融监管机构包括“一行两会”，即中国人民银行、银保监会和证监会。

(二) 金融市场的客体

金融市场的客体是金融市场的交易对象，即通常所说的金融工具。它是在信用活动中产生的，是能够证明金融交易金额、期限、价格的书面凭证。它对于融资双方所应承担的义务与享有的权利均有法律约束意义。金融工具最初又称信用工具，因为自从有了商业信用，融资活动就已经展开。随着银行信用和金融市场的发展，信用工具有了广泛的流动性，成为金融市场上的交易对象。表 4-1 列出了主要的金融市场工具。

表 4-1 金融市场工具

货币市场	资本市场
A. 固定收益货币市场工具	B. 固定收益资本市场工具
国库券	国债和国库票据
存单	中央政府机构债券
商业票据	市政债券
银行承兑汇票	公司债券、企业债券
回购协议	公司中期票据
央行票据	抵押支撑债券
短期融资券	C. 权益市场工具
联邦基金	普通股
同业拆借市场	优先股
	D. 衍生市场工具
	远期和期货
	互换和期权

(三) 金融市场交易中介

金融市场交易中介是指那些在金融市场上充当交易媒介，从事交易或促使交易完成的组织、机构或个人。收取交易佣金是其参与金融活动的主要原因。金融市场中介可分为两类：一类是金融市场交易商，如货币经纪人、证券经纪人、证券承销商、外汇经纪人等；另一类则是机构中介或组织中介，如证券交易所、投资银行等。

金融机构在金融市场上具有双重身份，其既是参与者或投资主体，又是交易中介。

(四) 金融市场价格与组织形式

金融市场上的价格通常表现为各种利率和金融工具的交易价格。各种金融市场都有各自的利率，如银行同业拆借市场利率、贴现市场利率、国库券市场利率等。但不同的利率之间有着密切的联系，通过市场机制相互影响，某一种金融资产利率水平的变动会引起其他金融资产利率水平的同时变化。金融市场的价格形成非常复杂，并且处于不断的波动当中。

金融市场的组织形式是金融交易所采取的方式。金融市场的组织形式分为集中竞价交易方式和协议定价方式两种。前者有固定的场所,众多交易者自行决策,自行报价,竞价成交;协议定价方式多发生在交易双方,以分散的无形市场形式进行。

三、金融市场交易活动的形式

(一) 直接融资

直接融资是指货币资金直接从资金供给者(盈余单位)流向资金需求者(赤字单位),是货币资金的供给者和需求者之间直接发生信用关系的融资方式。尽管金融中介机构有时也参与直接融资活动,但其主要作用是代理资金需求者进行筹资活动。在直接融资方式下,货币资金的供给者把资金的使用权转让给货币资金的需求者,同时获得一种金融资产(直接证券),这样就实现了储蓄向投资的转化。在交易中表现为货币资金供求双方直接协商或在公开市场上由货币资金供给者直接购入货币需求者发行的债券或股票,从而实现资金融通。

直接融资的主要特征是:货币需求者自身直接发行融资凭证给货币资金供给者,证券商、经纪人等中介机构只是牵线搭桥并以此收取佣金。服务于直接融资方式的金融工具,称为直接金融工具,包括由非金融机构如政府、工商企业和个人所发行或签署的国库券、股票、债券和抵押契据等各种形式的融资工具。其过程如图 4-1 所示。

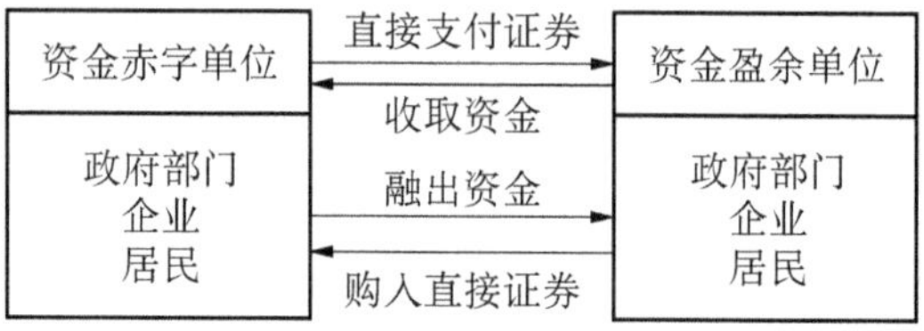

图 4-1 直接融资

(二) 间接融资

间接融资是指货币资金的供给者和货币资金的需求者之间的资金融通,通过各种金融中介的资产负债业务来进行的融资。按照这种方式,货币资金的供给者首先将货币资金的使用权转让给银行或其他金融机构,并获得一种金融资产(间接证券),然后金融机构再将资金贷放给货币资金的需求者或购买某种间接金融证券,以此实现资金的融通。

间接融资的主要特征是:金融中介自身发行间接证券,将货币资金供给者的货币资金集中起来并提供给货币需求者。服务于间接融资方式的金融工具,称为间接融资工具,包括由金融机构所发行的存款账户、可转让存单、人寿保单等各种形式的借据。其过程如图 4-2 所示。

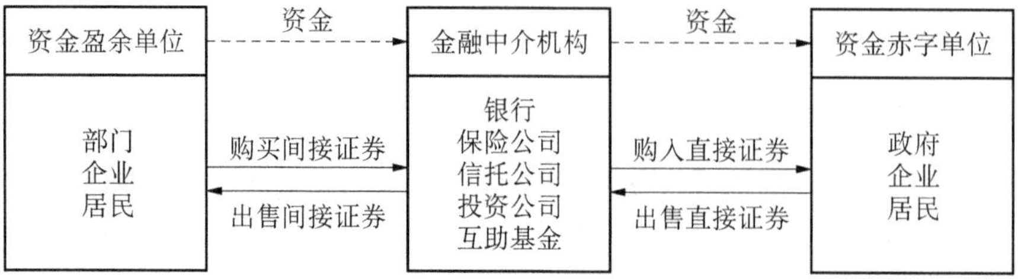

图 4-2 间接融资

四、金融市场的功能

(一) 融通资金功能

融通资金是指储蓄转化为投资，是金融市场最基本的功能，通过这个功能可以有效地筹集和调剂资金。金融市场是一种多渠道、多形式、自由灵活地筹资与融资的场所，通过各种金融商品的买卖，为融资双方提供了各种可供选择的机会，以适应广大公众不同的金融投资和融资的需求。

在金融市场上，金融工具多种多样，能适应不同资金供应者在利率、期限、方式等方面的要求，具有高度选择性。因此，通过金融工具的交易既能使资金增强流动性，调节货币资金的余缺，又可增加收益性；对资金需求者来讲，它可以根据生产经营活动状况(如季节性、临时性的变化和资金需求的数量大小、期限长短)，在金融市场上通过贷款和发行证券等方式去筹措资金；对金融机构来讲，它为金融机构之间的资金相互融通，交换金融票据或银行同业拆借、调剂金融机构的头寸提供了方便。这样，金融市场不仅起到了广泛动员、筹集调剂资金和分配社会闲散资金的功能，也有利于社会经济的发展。

(二) 资源配置功能

在金融市场上，随着金融工具的流动，相应地发生了价值和财富的再分配。金融是物资的先导，随着金融资产的流动，带动了社会物质资源的流动和再分配，将社会资源由低效部门向高效部门转移。金融市场中的供求双方通过竞争决定了金融资产的价格，或者说确定了金融资产要求的收益率。显然，公司获取资金的动力取决于投资者要求的回报率。而公司所发行的金融资产，其回报越是丰厚，金融资产的价格也就越高；营运效率越高的公司，其股价也就越坚挺。金融市场的这一特点引导着资金在金融资产间进行分配。金融市场能够将资源从低效率利用的部门转移到高效率利用的部门，从而实现稀缺资源的合理配置和有效利用。

市场信息的变化和金融工具价格的起落都给人以启示，引导人们放弃一些金融资产而追求另一些金融资产，使资源通过金融市场不断进行新的配置。随着资源配置，金融市场上的风险也在发生新分配。风险和收益并存，有的人在转让风险追求安全的同时，也就转让了收益；而另一些人在承受风险的同时，也就获得了收益。金融市场实现资金转移功能有着其他融资方式所不可比拟的优势。

(三) 流动性提供功能

金融市场为投资者出售金融资产提供了便利。由这个特点，它对被迫或主动出售金融资产的投资者有很大的吸引力。如果缺乏流动性便利，投资者将被迫持有债务工具直至其到期或者持有权益工具直至公司自愿或破产清算，那么损失可能非常大。

金融市场所提供的流动性便利在两个方面体现得尤为突出：第一方面是为股东提供了“用脚投票”来监控公司的机制。对于股东来说，由两种监控机制，首先是“用手投票”参与公司决策的主动型监控，再者是用“用脚投票”，即抛售所持有股份的被动型监控。在成熟的金融市场上，“用脚投票”的监控机制往往对公司影响巨大，通常情况是：公司股票的大量甩卖会使股价急剧下降，既会影响管理层与股票挂钩的收入，也容易被外部接管。金融市场所提供的流动性便利的第二个方面的表现是这种便利能加快信息的流通。金融市场配置资金的效率依赖于价格信息的准确性。只有当金融资产的价格如实反映了该公司所有基本面的信息，金融市场才是有效率的，它对资金的配置才是有效率的。因此，金融市场的流动性便利可以使信息尽快地反映到价格中去，提高市场的资金配置效率。

（四）风险分散功能

在市场经济中，经济主体面临各种各样的风险，无论是投资于实业还是投资于金融资产，都可能面临价格风险、通货膨胀风险、汇率风险、经营风险，是客观存在的现象，人们无法消灭风险，但可以利用金融市场分散风险、回避风险。金融市场为它的参与者提供了分散、降低风险的机会，利用组合投资，可以分散投资于单一金融资产所面临的非系统性风险，如金融衍生工具已成为各类经济主体进行风险管理的重要工具。

（五）信息反映功能

金融市场之所以有信息反映功能，是因为金融市场产生于高度发达的市场经济，是一国整个市场体系的枢纽。首先，金融市场是反映微观经济运行状况的指示器。由于证券买卖大部分都在证券交易所进行，人们可以随时通过市场了解各种上市证券交易行情，并据此制定投资决策。在一个有效的市场中，证券价格的涨跌实际上反映着发行企业的经营管理情况和发展前景。一个健全、有序的市场要求证券上市公司定期或不定期地公布其经营信息和财务状况，以帮助投资者及时、有效地了解及推断上市公司及其相关企业、行业的发展前景。其次，金融市场交易直接和间接反映国家货币供应量的变动。货币是宽松还是紧缩均是通过金融市场为媒介而实现的，实施货币政策时，金融市场通过出现相应的波动来反映货币放松或紧缩的程度。再次，金融市场有大量专门人才长期从事商情研究和分析，他们与各类工商企业保持着不间断的直接接触，能及时、充分了解企业的发展动态。同时，金融市场有着广泛而及时收集和传播信息的通信网络，使人们可以及时了解世界经济的变化情况。

（六）宏观调控功能

宏观调控功能是指金融市场作为政府宏观调节机制的重要组成部分，具有宏观控制经济的作用。在现代市场经济中，货币像一根无形的纽带，把众多的分散的局部经济运行联合起来，形成社会经济的整体运动。国家对国民经济运行的计划调控，转换成一系列金融政策，通过中央银行传导到金融市场，引起货币流量和流向的变动。货币流量和流向变动产生的一系列金融信号又通过金融市场传导到国民经济各部门，引起国民经济的局部变动或整体变动。中央银行正是利用金融市场宏观调控功能，通过公开市场业务，在金融市场上购买有价证券，增加货币供应量，从而使货币供给与需求相适应。中央银行货币政策对各个金融市场的影响如表 4－2 所示。

表 4-2　中央银行货币政策对各个金融市场的影响

金融市场类型	受货币政策影响的因素	主要的机构参与者
货币市场	目前货币市场工具在二级市场的价值;货币市场新发行证券的收益率	商业银行、储蓄机构、货币基础基金、信用社、保险公司、金融公司、养老基金
债券市场	债券二级市场的价值;正在发行债券的收益率	商业银行、储蓄机构、货币基础基金、信用社、保险公司、金融公司、养老基金
股票市场	股票预期收益率进而影响其市场价值;公司的收入预期进而影响其价值	股票共同基金、保险公司、养老基金
抵押贷款市场	住房需求进而影响住房抵押贷款需求;住房抵押贷款在二级市场的价值;新的住房抵押贷款利率;住房抵押贷款的溢价	商业银行、储蓄机构、信用社、保险公司、养老基金
外汇市场	货币需求影响货币价值,进而影响货币衍生产品价格	受到汇率风险影响的金融机构

扩展阅读 4-1

金融业对北京经济增长贡献率超两成

据初步核算,2016 年北京市金融业实现增加值 4 266.8 亿元,同比增长 9.3%,占地区生产总值的比重为 17.1%,对经济增长的贡献率达 23.8%,继续稳居北京市第一大支柱产业地位,成为首都经济平稳增长的“压舱石”。

2016 年首都金融市场发展态势稳中有进,货币信贷市场、多层次资本市场、保险市场、新兴金融业等领域多点开花,取得亮眼成绩。北京市的资本市场表现活跃。数据显示,截至 2016 年年末,北京共有 A 股上市公司 281 家,总股本 2.3 万亿股,占全国 4.54%,总市值 12.2 万亿元,占全国 24.1%,居全国第一。新三板挂牌公司 1 479 家,四板累计服务中小微企业 4 199 家。北京地区 17 家新增的 A 股上市公司全年在 A 股市场通过首次公开发行股份(IPO)募集资金 130.3 亿元,占全国 8.2%。

值得一提的是,作为创新潮涌之都,以科技创新驱动的新兴金融业蓬勃发展,实现亮眼增长。数据显示,2016 年北京市非金融机构支付服务业资产总额同比增长 36.4%,营业收入同比增长 30.6%。金融信息服务业资产总额同比增长 29.8%;营业收入同比增长 63.6%。

此外,保险市场发展迅猛。据统计,北京市全年实现保费收入 1 839 亿元,同比增长 31%,保险深度和保险密度分别为 7.5%和 8 359 元/人,继续保持全国第一。

货币信贷市场运行平稳。截至 2016 年年末,本外币存款余额 13.8 万亿元,同比增长 7.7%;贷款余额 6.4 万亿元,同比增长 8.8%。

随着首都功能疏解和京津冀协同发展等重大战略不断推进,首都金融业为北京特色产业、重大民生项目提供源源不断的动力支撑。据北京市金融局统计,截至 2016 年 10 月末,国家重点支持的高新技术领域中的电子信息技术、新材料技术、新能源及节能技术、高新技术改造传统产业贷款余额增速分别为 31.3%、51.9%、11.2%、32.1%。

作为支撑首都经济发展的“钱袋子”,底气十足的背后离不开金融业自身“苦练内功”。据统计,2016 年 1 至 12 月,北京市金融业资产总计 127.4 万亿元,同比增长 13.3%;营业收入同比增长1.4%。同时,北京正在通过自身的区位优势,像"磁石一般"吸引优质金融资源加速聚集,首都金融的队伍也在随之不断壮大。

资料来源:http://finance.sina.com.cn/roll/20140220/005918269835.shtml。

第二节　金融市场的分类

在金融市场上交易的金融工具种类繁多。从不同的角度来看,金融市场有不同的种类。

一、按金融交易的期限长短划分

按金融交易的期限长短来划分,可分为货币市场和资本市场。

(一) 货币市场

货币市场是指交易期限在一年以内的、主要满足交易者流动性需求的短期金融市场。

货币市场的主要功能是保持金融资产的流动性,将金融资产转换成现实的货币。货币市场主要进行国库券、商业票据、银行承兑汇票、可转让定期存单、回购协议等短期金融工具的买卖,交易量庞大。政府、金融机构、工商企业等是货币市场的主体。货币市场是无形市场,交易量巨大,因此也是批发市场。货币市场又是公开市场,按照市场价格进行交易,具有很强的竞争性。

(二) 资本市场

资本市场是专门融通期限在一年以上的中长期资金的市场。资本市场包括两大部分:银行中长期贷款市场和有价证券市场。证券市场是资本市场中最重要的部分。资本市场与货币市场相比,除了期限不同和交易的金融工具各异之外,融资目的、风险程度、收益水平、资金来源等方面也不相同。同时,二者又在很多方面相互联系、相互影响,如资金的相互流动、利率同向变动趋势、资金存量相互影响、金融工具相互重合等。

我国资本市场自1990年沪、深两市开办至今,已形成了主板、中小板、创业板、三板(含新三板)市场、产权交易市场、股权交易市场等多种股份交易平台,初步建立了多层次资本市场。

扩展阅读 4-2

资本市场的"新成员"——科创板

科创板,英文是Sci-Tech innovAtion boaRd (STAR Market),是由国家主席习近平于2018年11月5日在首届中国国际进口博览会开幕式上宣布设立,是独立于现有主板市场的新设板块,并在该板块内进行注册制试点。

创立科创板并试点注册制是提升服务科技创新企业能力、增强市场包容性、强化市场功能的一项资本市场重大改革举措。通过发行、交易、退市、投资者适当性、证券公司资本约束等新制度以及引入中长期资金等配套措施,增量试点、循序渐进,新增资金与试点进展同步匹配,力争在科创板实现投融资平衡、一二级市场平衡、公司的新老股东利益平衡,并促进现有市场形成良好预期。

2019年1月30日,证监会发布《关于在上海证券交易所设立科创板并试点注册制的实施意见》。3月1日,证监会发布《科创板首次公开发行股票注册管理办法(试行)》和《科创板上市公司持续监管办法(试行)》。

2019年6月13日,科创板正式开板。科创板首批公司于7月22日上市。

二、按金融工具的发行和流通特征来划分

按金融工具的发行和流通特征来划分,可分为发行市场和流通市场。

(一) 发行市场

发行市场也称为初级市场或一级市场,是票据和证券等金融工具从发行者手中转到投资者手中的市场,以投资银行、经纪人和证券商为经营者,承担政府和公司企业新发行证券的承销和分销业务。证券的发行是证券交易、流通的前提。证券发行者与证券投资者的数量多少,是决定一级市场规模的关键因素。

(二) 流通市场

流通市场也称为次级市场、二级市场或交易市场,是已发行的票据和证券等金融工具流通转让的场所。主要由证券商和经纪人经营已上市的股票和证券。二级市场为一级市场发行的证券提供流动性,并向一级市场反馈信息。二级市场的规模和发展程度是衡量金融市场发达与否的重要标志。

三、按金融交易的交割期限来划分

按金融交易的交割期限来划分,可分为现货市场和期货市场。

(一) 现货市场

现货市场是指必须在交易协议达成后的若干个交易日内办理交割的金融交易市场。现货交易是金融市场上最普遍的一种交易方式,包括现金交易、固定方式交易及保证金交易。现金交易是指成交日和结算日在同一天的交易;固定方式交易是成交日和结算日相隔7天以内的交易;保证金交易也叫垫头交易,是在投资者资金不足但又想获得较多投资收益时,采取交付一定比例的现金,其余资金由经纪人贷款垫付买卖金融工具的交易方式。目前,现货市场上主要是固定方式交易。

(二) 期货市场

广义上的期货市场包括期货交易所、结算所或结算公司、经纪公司和期货交易员;狭义上的期货市场仅指期货交易所。期货交易所是买卖期货合约的场所,是期货市场的核心。比较成熟的期货市场在一定程度上相当于一种完全竞争的市场,是经济学中最理想的市场形式。因此,期货市场被认为是一种较高级的市场组织形式,是市场经济发展到一定阶段的必然产物。期货市场是交易双方达成协议或成交后,不立即交割,而是在未来的一定时间内进行交割的场所。

四、按金融交易的地理区域来划分

按金融交易的地理区域来划分,可分为国内金融市场和国际金融市场。

(一) 国内金融市场

国内金融市场是指金融交易的作用范围仅仅限于一国之内的市场，包括全国性的以本币计价的金融资产交易市场和一国范围内的地方性金融市场。国内金融市场又可分为两部分：本国证券市场和外国证券市场。居住于本国的发行人发行的证券及其交易市场称为本国证券市场；外国证券市场是指证券的发行人不居住在本国，但在本国发行和交易证券的市场。外国证券的发行遵守所在国监管当局法令的限制，如美国的外国证券市场被称为“扬基市场”，日本的外国证券市场被称为“武士市场”等。

(二) 国际金融市场

国际金融市场是金融资产的交易跨越国界、进行国际交易的场所。该市场上的证券的显著特点是：它们同时向许多国家的投资者发行，且不受一国法令的制约。国际金融市场有广义和狭义之分。

广义的国际金融市场又称传统的国际金融市场，是指进行各种国际金融业务的场所，包括货币市场、资本市场、外汇市场、黄金市场以及衍生产品市场等。

狭义的国际金融市场是指同市场所在国的国内金融体系相分离，主要是由市场所在国的非居民从事境外交易，既不受所使用货币发行国政府法令的管制，又不受市场所在国法令管制的金融市场，又称离岸金融市场或欧洲市场。离岸金融市场是无形市场，只存在于某一城市或地区而不在一个固定的交易场所，由所在地的金融机构和金融资产的国际性交易形成。欧洲市场并不只局限于欧洲，由于该类型市场在欧洲产生，因此是习惯称谓。

第三节　货币市场

一、货币市场的含义

货币市场是一年期以内的短期金融工具交易所形成的供求关系及其运行机制的总和。货币市场的活动主要是为了保持资金的流动性，以便随时可以获取现实的货币。

二、货币市场的特点

(一) 交易期限短

这是由金融工具的特点决定的。货币市场中的金融工具一般期限较短，最短的期限只有半天，最长的期限不超过 1 年，这就决定了货币市场是短期资金融通市场，即筹资者只能在此市场中筹集短期临时性资金。

(二) 流动性强

此特点与货币市场的上一个特点紧密相连。货币市场金融工具偿还期限的短期性决定了其较强的流动性。此外，货币市场通常具有交易活跃的流通市场，这意味着金融工具首次发行后可以很容易地找到下一个购买者，进一步增强了货币市场的流动性。

(三) 安全性高

货币市场是个安全性较高的市场，主要的原因在于货币市场金融工具发行主体的信用等级较高，只有具有高资信等级的企业或机构才有资格进入货币市场来筹集短期资金，也只有这样的企业或机构发行的短期金融工具才会被主要追求安全性和流动性的投资者所接受。

(四) 交易额大

货币市场是一个批发市场，大多数交易的交易额都比较大，个人投资者难以直接参与市场交易。

三、货币市场的分类

(一) 同业拆借市场

1. 同业拆借市场的含义

同业拆借市场也叫同业拆放市场，是银行及其他金融机构之间短期资金融通的市场，主要用于解决金融机构之间资金临时不足或多余的调剂问题。

同业拆借市场产生于存款准备金制度的实施。根据存款准备金制度，商业银行必须按存款金额计提一定比例的存款准备金作为不生息的支付准备存入中央银行。但商业银行并不能时刻保留恰好为中央银行所规定比例的存款准备金。有时有超额准备金，有时又不足。这样，有超额准备存款准备金的商业银行为了盈利需要把多余的资金运用出去，而存款准备金不足的商业银行则需要拆入资金以弥补准备金。正是在这种情况下，出现了同业拆借市场。

2. 同业拆借市场的内容

(1) 头寸资金拆借。它是指参加拆借市场的金融机构为了轧平头寸，补足存款准备金和票据清算资金而进行的短期融资活动。银行在扎平当日票据交换差额时，对缺乏资金头寸的银行来说，可以在拆借市场补足头寸，以保证清算正常进行。这种方式比向中央银行申请再贴现或再贷款获取资金更快捷得多，拆借资金银行也可获得利差收益。

(2) 同业借贷。它不以调剂短期头寸资金为目的，而是以调剂一段时间中季节性、临时性需要为目的。拆入银行根据自己业务经营的季节性、临时性需要借入资金，用于短期存款或投资获利；拆出银行为自己的短期闲置资金找到出路，增加收益。与头寸拆借不同的是，同业借贷期限较长，赢利要求较高。

3. 同业拆借市场的特点

(1) 市场准入较为严格。

对进入同业拆借市场的主体，各国都有严格的规定和准入限制。通常，进入同业拆借市场的必须是金融机构甚至只能是指定的某类金融机构。非金融机构，甚至非指定的金融机构，均不能进入此市场。

(2) 融资期限较短，基本是信用拆借，一般不需担保。

同业拆借一般是1天、2天或一个星期，最短为几个小时或隔夜。严格的市场准入条件使金融机构可以凭借其信誉参与拆借交易，在同业拆借市场上进行资金借贷，没有单位交易额限制，一般也不需要担保或抵押，完全是一种协议和信用交易，双方都以自己的信用担保，都严格遵守交易协议，通常也不限制资金的用途。

(3) 交易手段先进，交易手续简便。

参与拆借的金融机构基本上都在中央银行开立存款账户，拆借双方主要是通过电话、电传等通信方式进行联系、协商，达成协议后，就可以通过各自在中央银行的存款账户自动划账清算；或者向中介机构提出供求并进行报价，中介机构进行撮合成交，并进行资金交割划账。

(4) 利率较低，由供求双方协定。

一般来说看，同业拆借利率是以中央银行再贷款和再贴现率为基准，再根据社会资金的松紧程度和供求关系由拆借双方自由协定的。由于拆借双方都是商业银行或其他金融机构，其信誉比一般工商企业更高，拆借风险较小，加之拆借期限较短，因而利率水平较低。

同业拆借利率是市场化程度最高的利率，能够充分灵敏地反映市场资金供求的状况及变化。国际金融市场上所形成的著名同业拆借利率有 LIBOR、SHIBOR 和 HIBOR。

4. 我国同业拆借市场的历史沿革

我国同业拆借市场经历了一个曲折的发展过程。1984 年中国人民银行专门行使中央银行职能后，鼓励金融机构利用资金的行际差、地区差和时间差进行同业拆借。1986 年 1 月，国务院颁布《中华人民共和国银行管理暂行条例》，规定专业银行之间的资金可以相互拆借。其后，同业拆借市场开始发展起来。1990 年，中国人民银行下发了《同业拆借管理试行办法》，第一次用专门的法规形式对同业拆借市场管理做了比较系统的规定，拆借市场有了一定的规范和发展。

1996 年 1 月中国人民银行建立了全国统一的银行间同业拆借市场，同年 6 月放开了对同业拆借利率的管制，拆借利率由拆借双方根据市场资金供求状况自行决定，初步形成了全国统一的同业拆借利率(CHIBOR)。随着全国银行间同业拆借市场的建立和逐步完善，金融机构直接进行拆借交易的渠道已经开通，1997 年下半年中国人民银行决定停办各地融资中心业务，清理收回逾期拆出资金，撤销相应的机构。

(二) 票据市场

票据有广义和狭义之分。广义的票据是指商业上的权利单据，是持有人对不在其实际占有下的货币或商品的所有权的凭证。狭义票据则是以支付资金为目的的证券。狭义的票据可分为汇票、本票和支票三种。如无特殊说明，本书所谈及的票据指的是狭义的票据。票据市场指的是商品交易和资金往来过程中产生的以汇票、本票和支票的发行、担保、承兑、贴现、转贴现、再贴现来实现短期资金融通的市场。

作为货币市场子市场，票据市场是短期资金融通的主要场所，是直接联系产业资本和金融资本的枢纽。票据市场可以把“无形”的信用变为“有形”，把不断流动的挂账信用变为具有高流动性的票据信用。票据市场的存在与发展不仅为票据的普及推广提供了充分的流动性，还集中了交易信息，极大地降低了交易费用，使得票据更易为人所接受。

由于银行承兑汇票和商业票据是投资者进行短期投资和进入机构进行流动性管理的重要工具，银行承兑汇票市场和商业票据市场成为票据市场最主要的两个子市场。

1. 银行承兑汇票市场

在商品交易活动中，售货人为了向购货人索取贷款而签发的汇票，经付款人在票面上签上承诺到期付款的“承兑”字样并签章后，就成了承兑汇票。经购货人承兑的汇票称为商业承兑汇票;经银行承兑的汇票称为银行承兑汇票。由于银行承兑汇票由银行承诺承担最后付款责任,实际上是银行将其信用出借给企业,因此,企业必须缴纳一定的手续费。以银行承兑汇票作为交易对象的市场即为银行承兑汇票市场。银行承兑汇票市场的主要环节:

(1) 出票。出票是指出票人签发汇票并将汇票交付给收款人的行为。出票是最基本的票据行为。

(2) 承兑。承兑是指银行作为汇票的付款人明确表示同意按出票人的指示,于到期日付款给收款人或持票人的行为。由于银行承兑汇票以银行信用代替商业信用,在安全性、流动性等方面都大大高于一般的商业票据,因此成为短期资金融通市场上一种优良的金融工具。经过承兑的汇票,具有法律效力,付款人到期必须足额支付票款。

(3) 背书。背书是指持票人将票据权利转让给他人的票据行为。背书时背书人要在汇票背面签字,以承担保证后手所持汇票承兑和付款责任,并证明前手签章的真实性和背书的连续性,以证明票据权利的正当。如果被背书人向付款人要求付款时遭到拒绝,有权向背书人追索还款,因此,汇票的背书人越多,责任人就越多,持票人的权利就越有保障。

(4) 贴现。贴现是指汇票持有人以未到期的票据向银行换取现金,并贴付自贴现日至汇票到期日的利息的一种票据行为。从性质来看,贴现是银行以现款买入未到期票据上的债权,等票据到期后再获得自买入票据日至票据到期日这一段时间的利息。因此,对银行来讲,实质上是一种票据买卖行为,也是银行向持票人融通资金的一种方式。

(5) 转贴现。商业银行在资金临时不足时,将已经贴现但仍未到期的票据,交给其他商业银行或贴现机构给予贴现,以取得资金融通。

(6) 再贴现。再贴现是指中央银行通过买进商业银行持有的已贴现但尚未到期的商业汇票,向商业银行提供融资支持的行为。

2. 商业票据市场

商业票据是一种短期无担保的公开市场上发行的期票,它代表了发行公司应付的还债义务。最初,商业票据的发行是为公司筹集短期的季节性资金和营运资金,为信用级别高的公司提供了一种比银行借款成本更低的筹资途径。例如,一个公司需要一笔长期资金来建造厂房或购买机器设备,该公司不必马上开始筹集所需的长期资金,而是可以选择发行商业票据,从而推迟发行债券或股票的时间,直到资本市场上出现有利的融资条件。

商业票据的投资者可能面临着票据发行人到期无法偿还借款的违约风险,因此货币市场对商业票据发行人的信用等级要求十分严格,必须在公司达到一定的信用级别之后,才能够发行商业票据。世界公认的最权威的信用评级机构主要有穆迪投资服务公司和标准—普尔公司。它们根据出票人的管理水平、经营能力、风险、资金周转速度、竞争能力、流动性、债务结构和经营前景展望等对发行商业票据的公司进行评级。

(1) 商业票据的发行方式。

商业票据的发行方式有两种:一是发行者直接将商业银行票据销售给最终投资者;二是通过商业票据交易商承销发行。非金融性公司的短期信用需求通常具有季节性和临时性,建立自己的商业票据销售网络不合算,因此主要通过商业票据交易商间接销售,为此发行者需按一定的比例向承销商支付手续费。一些附属于大公司的金融公司,承担着为母公司发行商业票据、提供金融服务的职能,由于其规模较大,发行次数频繁,它们大多建有自己的销售网点,直接面向市场发售商业票据,以节约发行费用。

(2) 商业票据融资的优点。

对于发行者来说,用商业票据进行融资具有以下主要优点:

① 成本较低。商业票据一般由大型企业发行,有些大型企业的信用级别要高于某些中小型银行,商业票据的发行人可以获得成本较低的资金,又由于其中减少了银行放贷从中赚取得一部分利润,一般来说,商业票据的融资成本要低于市场上的短期借贷的成本。

② 具有灵活性。商业票据可以根据发行机构与经销商的协议,在某一段约定的时间内,发行机构根据自身资金的需要情况,以及证券市场的状况,不定期、不限次数地发行商业票据。

③ 提高发行公司的声誉。由于商业票据的成功发行都必须经过评级机构严格的审查,因此商业票据的发行本身在市场上就是发行机构信用的标志,从而提高了自己的声誉。

商业票据市场是一个巨大的融资市场,但它的二级市场并不活跃,交易规模很小。这主要是因为:第一,商业票据的期限都非常短,直接销售的商业票据平均偿还期仅为 20～40 天,经销商销售商业票据的平均偿还期通常为 30～45 天;第二,典型的商业票据的投资者都是采用购买持有的投资策略,在市场状况发生改变的时候,投资者可以把它卖给经销商,或直接由发行机构回购,大多数情况下,并不需要二级市场增强商业票据的流动性;第三,商业票据是高度异质性的票据,在期限、面值、利率等条款中均有所不同,大规模、标准化的交易难以实现。

改革开放以来,我国商业票据市场逐步得到发展。1979 年,中国人民银行批准部分企业发行商业承兑汇票。1981 年,上海试办票据贴现业务。从 1985 年起在全国开展票据承兑、贴现业务。1986 年,中国人民银行颁布《再贴现管理办法》,开始对专业银行开展再贴现业务。1988 年,为了解决企业的"三角债"问题,中国人民银行提出改革银行结算制度,推行商业票据,逐步实现商业信用关系的票据化,并对商业票据的结算、承兑和再贴现处理程序、会计手续做了明确规定。1995 年,我国正式颁布了《中华人民共和国票据法》。1999 年,中国人民银行下发文件,明确提出建立区域性票据市场,一些大型商业银行在部分中心城市设立了票据专营窗口。

(三) 国库券市场

国库券是政府发行的期限不超过一年的短期证券。发行国库券的目的主要由两个:一是满足政府部门短期资金周转的需要,调节政府收支季节性的不平衡;二是为中央银行实施货币政策提供公开市场操作的工具。国库券的特点表现在以下几个方面:

(1) 利率能灵敏反映市场利率。一国国库券利率基本反映了货币市场利率水平,它的变化可以大致反映出货币市场利率变动的趋势及银根松紧情况。

(2) 流动性强。国库券可以通过市场买卖随时变成现金,是一种仅次于现金的金融凭证,有"准货币"之称。

(3) 安全性好。国库券是由政府发行的债券,有税收保证,所以比起公司发行的短期债券来说安全性较好。

(4) 收益率较高。国库券利率一般高于同期银行存款利率,国外投资者只缴个人所得税,我国投资者不缴税,所以收益率相对较高。

(5) 交易方便。在市场经济发达的国家,国库券交易形成了计算机电子交易系统,很快可以完成一笔买卖交易。在交易品种上,按国库券的期限、面额分成几档,交易的面额有大有小,期限有长有短,能适应不同投资者的投资需求,交易非常方便。

扩展阅读 4-3

韩国在华发行“熊猫债券”

2015 年 12 月 8 日，中国人民银行表示，中国银行间市场交易商协会已接受韩国政府在我国银行间债券市场发行 30 亿元人民币主权债券的注册。这是韩国在华首次发债，也是首个境外主权国家在华发行“熊猫债券”。

“熊猫债券”是指境外和多边金融机构等在华发行的人民币债券。根据国际惯例，在一个国家的国内市场发行本币债券时，一般以该国最具特征的吉祥物命名。

一些市场分析师认为，韩国政府此举意在增加人民币储备，加大韩国外汇储备中人民币的比重。韩国政府还期待此举能帮助韩国企业拓宽筹资渠道，为韩国企业今后在中国内地发行人民币计价债券开辟道路。过去，在华韩企只能通过中国香港、台湾等地的债券市场筹集所需人民币。

据央行有关负责人介绍，韩国人民币主权债券的注册发行，是 2015 年李克强总理访问韩国期间两国达成的金融合作成果之一，将进一步丰富银行间债券市场品种，促进债券市场对外开放，也有利于加强中韩金融合作、深化中韩经贸关系。

2015 年 9 月以来，熊猫债发行出现明显升温迹象。2015 年 11 月，加拿大不列颠哥伦比亚省在银行间债券市场发行 60 亿元人民币债券，为境外政府机构首次获准在银行间债券市场发行熊猫债。

据世界银行旗下的国际金融公司预测，受人民币加入国际货币基金组织特别提款权(SDR)货币篮子影响，未来五年熊猫债市场规模有望超过 3 200 亿元。

(四) 证券回购协议市场

证券回购协议是指一些金融机构在卖出自己持有有价证券的同时，和买方订一个购回协议，约定期限按原定价格或约定价格把卖出的证券购回，以取得短期融资之便，其实就是用某种证券作抵押，取得短期资金融通。证券回购协议市场的特点如下所述。

1. 回购交易对象主要是短期国库券

美国发行的国库券期限较短，政府主要用它来弥补财政赤字，以筹措短期资金。由于它以国家信用为担保，投资风险小，流动性强，投资收入免征个人所得税，所以机构、个人持有可获得稳定收益，特别是机构需要短期资金周转时，可以随时出售及作抵押，保持营利性和流动性，所以证券回购协议常选它作交易对象。除此之外，其他金融工具如可转让大额定期存单、商业票据等证券也可以作交易对象。我国主要选择信誉较高的国库券作交易对象。

2. 以短期为主

证券回购可以分为约定到期日回购和无固定到期日回购市场。多数是约定到期日回购，它的期限较短，从几天到一个月，也有一个季度、半年的。约定期限为一天的叫隔夜回购，超过一天的，称为隔期回购。无固定到期日回购方式可以避免不断更新回购协议手续问题，只要双方认为合同有利可图，回购交易就可继续。

3. 回购有协议保障

市场资金需求方虽然把证券抵押给了资金供应方，丧失了证券所有权，但由于他们在初始交易时就达成了一个到期按原定价格或约定价格赎回证券的协议，所以到期后资金需求方归还了资金的本息，所抵押的证券按协议就能够收回。而购买和回购价格之间的差额就是回购协议利息，作为资金提供方的收益。如资金需求方的资金有剩余时，可进行反向回购协议，即买入证券，到期满卖出套利。

4. 没有二级市场

由于期限短，双方在同一协议中的债权债务一般难以或没有必要转入第三方。

由于有些资金有余的单位不是金融机构。采用回购协议方式可以避免对放款的限制；另外，它的期限可长可短，比较灵活；期限长的回购协议还可以套利；有证券作抵押融资也比较安全，而同业拆借要凭信用。所以证券回购市场也是当今发展较快、规模较大的货币市场。商业银行可利用它来实施负债管理、降低成本；证券商可利用它来调剂资金余缺投机套利；中央银行可利用它来调节市场货币供应量。

（五）大额可转让定期存单市场

可转让大额存单是由商业银行发行的一种金融产品，是存款人在银行的存款证明。可转让大额存单与一般存单不同的是，金额为正数，并且到期之前可以转让。

大额可转让定期存单产生于 20 世纪 60 年代初的美国。由于此前美国金融市场活跃，金融工具种类很多，利率不断上升，而商业银行又受美联储 Q 条例的存款利率上限的限制，活期存款又不付利息，致使不少投资人纷纷把手中的现金投资于安全性和收益性比较好的短期票据市场，引起银行存款的大量流失。为此，1961 年 2 月美国花旗银行宣布开始对大公司和其他客户发行大面额存单，统一面额和期限，利率高于同期限的定期存款，并允许持有人在存单到期前将其转让。

大额可转让定期存单面市后，商业银行增加了一种新的筹资工具。与存款负债相比，它更加具有主动性、灵活性，能够吸收数额较大、期限稳定的存款。此外，它还改变了商业银行的资产负债管理中偏重贷款、投资的资产管理思想，加强了负债调剂流动性品种，商业银行可以通过 CDS 主动增加负债，控制资金来源，利用所筹资金达到自己的经营目标。

第四节 资本市场

一、资本市场的含义

资本市场工具是指期限在 1 年及 1 年以上的中长期债务和股权工具。与货币市场工具相比，资本市场工具的价格波动幅度更大，是风险较高的投资工具。资本市场工具是世界上持有最为广泛的金融资产之一，因此对全球经济具有重要而深远的影响。其主要包括股票、公司债券、政府债券等。

二、资本市场的特点

（1）交易期限长，至少在 1 年以上，最长可达数 10 年。

（2）交易目的主要是解决长期投资性资金供求矛盾，充实固定资产。

(3) 资金借贷量大,以满足大规模长期项目的需要。

(4) 作为交易工具的有价证券,与短期金融工具相比,收益率高,但流动性差,风险也较大。

三、股票市场

(一) 股票的概念及其起源

1. 股票的概念

股票是一种有价证券,是股份公司在筹集资本时向出资人发行的股份凭证,代表着其持有者(即股东)对股份公司的所有权,购买股票也是购买企业生意的一部分,即可和企业共同成长发展。

这种所有权为一种综合权利,如参加股东大会、投票表决、参与公司的重大决策、收取股息或分享红利等,但也要共同承担公司运作错误所带来的风险。

2. 股票的起源

股票至 2019 年已有将近 400 多年的历史,它伴随着股份公司的出现而出现。世界上最早的股份有限公司制度诞生于 1602 年在荷兰成立的东印度公司。股份公司这种企业组织形态出现以后,很快为资本主义国家广泛利用,成为资本主义国家企业组织的重要形式之一。伴随着股份公司的诞生和发展,以股票形式集资入股的方式也得到发展,并且产生了买卖交易转让股票的需求。这样,就带动了股票市场的出现和形成,并促使股票市场完善和发展。1611 年,东印度公司的股东们在阿姆斯特丹股票交易所就进行着股票交易,并且后来有了专门的经纪人撮合交易。阿姆斯特丹股票交易所形成了世界上第一个股票市场,现在股份有限公司已经成为最基本的企业组织形式之一;股票已经成为大企业筹资的重要渠道和方式,亦是投资者投资的基本选择方式;股票市场(包括股票的发行和交易)与债券市场成为证券市场的重要基本内容。

(二) 股票的特征

1. 不可偿还性

投资者认购股票后,不能再要求退股,只能在二级市场上将股票卖给第三者,因此股票是一种无偿还期限的有价证券。

2. 参与性

股票持有者的投资意志和享有的经济利益通常是通过行使股东参与权来实现的。股东有权出席股东大会,选举公司董事会,参与公司重大决策。股东参与公司决策的权利大小,取决于其所持有的股票数额占公司总股本的比例。

3. 收益性

股票的收益性体现在两个方面。首先,股东凭其所持有的股票,有权从公司领取股息或红利,这主要取决于公司的盈利水平和盈利分配政策。其次,通过低价买入和高价卖出股票、投资者可以赚取价差,实现投资收益。

4. 流通性

股票的流通性是指股票在不同投资者之间的交易性,通常以可流通的股票数量、股票成交量以及股价对交易量的敏感程度来衡量。可流通的股数越多,成交量越大,价格对成交量越不敏感，股票的流动性就越好；反之就越差。通过股票的流通和股价的变化，可以看出人们对相关行业和上市公司的发展前景和盈利潜力的判断。

5. 价格波动性和风险性

由于股票价格受到公司经营状况、供求关系、银行利率、大众心理等多种因素的影响，其波动有很大的不确定性，因此投资者会面临遭受损失的风险。价格波动的不确定性越大，风险就越大。因此，股票是一种高风险的投资产品。

（三）股票的分类

1. 按股东享有的权利分类

按股东享有的权利分类，股票分为普通股和优先股。普通股是股份有限公司资本结构中最重要、最基本的股份，也是风险最大的一种股份，日常所见到的股票大都是普通股。持有普通股的股东充分享有股份有限公司的经营管理权、监督权、盈利分配权、剩余财产索取权、优先认购权等。普通股的基本特点是其投资利益（股息和分红）不是在购买时约定，而是事后根据股票发生公司的经营实绩来确定。公司的经营实绩好，普通股的收益就高；而经营实绩差，普通股的收益就低。

优先股是指股份公司发行的，在分配红利和剩余财产时比普通股具有优先权的股份。优先股的优先权主要表现在两个方面：

（1）股息领取优先权。股份公司分派股息的顺序是优先股在前，普通股在后。股份公司不论其盈利多少，只要股东大会决定分派股息，优先股股东就可按照事先确定的股息率领取股息，即使普通股减少或没有股息，优先股亦应优先分派股息。

（2）剩余资产分配优先权。股份公司在解散、破产清算时，优先股具有公司剩余资产的分配优先权。不过，优先股的优先分配权在债权人之后，普通股之前。只有还清公司债权人债务之后，有剩余资产时，优先股才具有剩余资产的分配权。

2. 按上市地点分类

按上市地点分类，股票分为A股、B股、H股、N股、S股等。这一区分主要是依据股票上市地点和所面对的投资者而定。A股的正式名称是人民币普通股票，它是由我国境内公司发行，供境内机构、组织或个人（不含中国的港澳台投资者）以人民币认购和交易的普通股股票。

B股的正式名称是人民币特种股票，它是以人民币标明面值，以外币认购和买卖，在境内（上海、深圳）证券交易所上市交易的股票。现阶段B股的投资人主要是机构投资者。

H股，即注册地在内地、上市地在中国香港的外资股。香港的英文是Hong Kong，取其首字母，在港上市外资股就叫作H股。依此类推，纽约的第一个英文字母是N，新加坡的第一个英文字母是S，纽约和新加坡上市的股票就分别叫作N股和S股。

3. 按股东投资主体分类

按股东投资主体分类，股票分为国有股、法人股和社会公众股。国有股指所有权代表国家投资的部门或机构以国有资产向公司投资形成的股份，包括以公司现有国有资产折算成的股份。由于我国大部分股份制企业都是由原国有大中型企业改制而来的，因此，国有股在公司股权中占有较大的比重。

法人股指企业法人或具有法人资格的事业单位和社会团体以其依法可经营的资产向公司非上市流通股权部分投资所形成的股份。根据法人股认购的对象，可将法人股进一步分为境内发起人法人股、外资法人股和募集法人股三个部分。

社会公众股是指我国境内个人和机构，以其合法财产向公司可上市流通股权部分投资所形成的股份。

(四) 股票市场基本结构

股票市场是上市公司筹集资金的主要途径之一，是从事股票发行与交易场所的总称。它是新股票发行、已经发行的股票按一定价格进行转让、买卖和流通的市场，由股票发行市场(一级市场)和流通市场(二级市场)组成。

1. 股票发行市场

股票的发行市场也称为一级市场，是指符合条件的发行人(公司)按照法定程序直接或通过中介机构向投资者出售新发行的股票。所谓新发行的股票，包括初次发行和再发行的股票，前者是公司第一次向投资者出售的原始股(简称 IPO)，后者是在原始股的基础上增加新的股份额。

(1) 股票的发行方式可分为公募和私募两种方式。

公募发行，又称公开发行，是指发行人通过中介机构向没有特定限制的对象公开发行股票募集资金的业务模式。为适应更广大投资者的需求，公募一般没有合同份数和起点金额的限制。因为涉及众多中小投资者的利益，监管当局对公募资金的使用方向、信息披露内容、风险防范要求都非常高。

公募发行的特点：一是公募发行以众多的投资者为发行对象，筹集资金潜力大，适合证券发行数量较多、筹资额较大的发行人；二是公募发行投资者范围大，可避免囤积证券或被少数人操纵；三是只有公开发行的证券可申请在交易所上市，因此这种发行方式过程比较复杂，登记核准所需时间长、发行费用较高。

私募发行，又称不公开发行或内部发行，是指面向少数特定投资人发行股票募集资金的方式。私募发行的对象大致有两种：一类是个人投资者，如公司老股东或发行人机构自己的员工(俗称内部职工股)；另一类是机构投资者，如大的金融机构或和发行人有密切往来关系的企业等。私募发行也有其优点，如发行有确定投资人、发行手续简单、可以节省发行时间和费用等。私募发行的不足之处是投资者数量有限、流通性较差而且也不利于提高发行人的社会信誉。目前，我国境内上市外资股(B 股)的发行几乎全部采用私募方式进行。

(2) 股票的销售方式可分为自销和承销两种方式。

自销即股票发行公司自行直接将股票销售给认购者。这方式对于股票发行公司而言，虽可节约发行费用，但耗时较长并要承担发行风险。一般只有信誉卓越、知名度高的公司才可以采用这种销售方式。

承销即股票发行公司将股票销售业务委托给证券经营机构代理。这是一种普遍采用的销售方式，我国《公司法》就规定股份有限公司向社会公开发行股票必须与依法设立的证券经营机构签订承销协议，由证券经营机构承销。

(3) 股票的发行价格可分为平价发行、溢价发行和折价发行。

平价发行，也叫面值发行，即按股票的票面金额发行。由于市价往往高于面额，因此以面额为发行价格能够使认购者得到因价格差异带来的收益，使股东乐于认购，同时又保证了股票公司顺利地实现筹措股金的目的。

溢价发行，即发行价格高于票面金额。溢价发行能使发行者以相对少的股份筹集到相对多的资本，从而减轻负担，同时还可以稳定流通市场的股票时价，促进资金的合理配置。

折价发行即发行价格低于票面金额。折价发行有两种情况：一种是优惠性的，通过折价使认购者分享权益。例如，公司为了充分体现对现有股东优惠而采取搭配增资方式时，新股票的发行价格就为票面价格的某一折扣，折价不足票面额的部分由公司的公积金抵补。另一种情况是该股票行情不佳，发行有一定困难，发行者与推销者共同议定一个折扣率，以吸引那些预测行情上浮投资者认购。目前，我国股票不允许折价发行。

2. 股票流通市场

股票流通市场是已发行股票进行转让的市场，又称“二级市场”。它一方面为股票持有者提供随时变现的机会，另一方面又为新的投资者提供投资机会。与股票发行市场的一次性行为不同，在股票流通市场上股票可以不断地进行交易。

(1) 证券交易所。

场内交易市场是股票在证券交易所上市挂牌交易的市场。证券交易所是集中交易已发行证券的场所，它是证券交易市场的核心。在证券交易所交易的大部分是股票。证券交易所本身并不参与证券的买卖，它的基本职能包括：① 为买卖双方进行交易提供一个设施齐全的场所。② 制定各项交易制度，对交易主体、交易对象和交易过程进行严格的管理。③ 收集和发布市场价格变化信息以及与证券价格相关的各类信息。④ 仲裁证券交易过程中发生的各种纠纷。

证券交易所有两种组织形式：会员制和公司制。会员制交易所是由证券经纪商或自营商自愿组成，不以营利为目的的联合体。它可以具有法人身份，如中国和日本证券交易所；也可以是非法人团体，如美国证券交易所。而公司制证券交易所是股东出资组成的、以营利为目的的股份有限公司。这两种交易所虽在组织形式上有所不同，但性质与功能是相同的，都只允许拥有交易所席位的券商进场交易，不拥有席位的券商或投资者只能委托有席位的经纪商进行交易。

(2) 场外交易市场。

场外交易市场是指没有固定交易地点的买卖，未在证券交易所上市的有价证券的交易市场，又称为柜台市场或店头市场。

在早期银行业与证券业未分离前，由于证券交易所尚未建立和完善，许多有价证券的买卖都是通过银行进行的，投资者直接在银行柜台上进行证券交易。实行分业制后，这种通过柜台进行的证券交易转由证券公司承担。随着通信技术的发展，目前许多场外市场交易并不直接在证券公司柜台进行，而是由客户与证券公司通过电话与电传进行业务接洽，故又称为电话市场。近年来，国外一些场外交易市场发生很大变化，它们大量采用先进的电子化交易技术，使市场覆盖面更加广阔，市场效率有很大提高。这方面以美国的纳斯达克市场最为典型。纳斯达克(NASDAQ)是全美证券商协会自动报价系统英文的缩写，目前已成为纳斯达克股票市场的代名词。纳斯达克始建于1971年，是一个完全采用电子交易、为新兴产业提供竞争舞台、自我监督、面向全球的股票市场。目前是全美也是世界最大的股票电子交易市场。

20世纪60年代以来，形成了两个具有特殊性质的市场：第三市场和第四市场。这两个市场严格来说是场外市场的一部分。

第三市场是指已在正式的证券交易所内上市却又在证券交易所之外进行交易的证券买卖市场。第三市场的出现是因为证券交易所内的佣金较高，加大了证券的交易成本。所以，很多投资者就在证券交易所之外进行交易上市证券的买卖活动，以减轻交易费用的负担。

扩展阅读 4-4

纳斯达克和香港创业板市场

所谓创业板市场，即为二板市场，是与主板市场相对应的概念，是指在主板市场之外为中小高成长企业的发展提供融资途径，并为风险资本提供出口的一个新市场。二板市场在上市标准、交易制度、监管机制和对保荐人的要求等方面与主板市场都有显著不同。

纳斯达克是由美国全国证券交易商协会为了规范混乱的场外交易和为小企业提供融资平台于1971年2月8日创建。纳斯达克的特点是收集和发布场外交易非上市股票的证券商报价，现已成为全球第二大的证券交易市场。

现有上市公司总计5 400多家，纳斯达克又是全世界第一个采用电子交易并面向全球的股市，在55个国家和地区设有26万多个计算机销售终端。

香港的证券交易历史悠久，早于19世纪香港开埠初期已出现，但1891年香港经纪协会成立，香港始有正式的证券交易市场。1914年，该会易名为香港经纪商会。1921年，香港股份商会注册成立，属香港第二间交易所。第二次世界大战结束后，两所于1947年合并，成为香港证券交易所。

到20世纪60年代后期，香港原有的一家交易所已满足不了股票市场繁荣和发展的需要，1969年以后相继成立了远东、金银、九龙三家证券交易所，香港证券市场进入四家交易所并存的所谓"四会时代"。1973—1974年的股市暴跌，充分暴露了香港证券市场四会并存局面所引致的各种弊端，1986年3月27日，四家交易所正式合并组成香港联合交易所。

(3) 股票交易的流程。

股票交易的过程包括4个部分：

① 开户。客户在经纪人处开立账户并存入用于交易的资金。

② 委托。当客户认为需要买卖证券时，向经纪人发出指令，经纪人则将客户的指令传递给其在交易所的场内交易员，交易员按指令进行交易。

③ 成交。证券交易所内的交易原则是"价格优先、时间优先"。

④ 过户。理论上，成交的当时就已经进行了交割，但实际上从交易完成到资金、股票在客户账户划转有一定的时间间隔。

四、债券市场

(一) 债券的概念及其特征

1. 债券的概念

债券是按照法定程序由债务人向债权人发行的承诺按约定的利率和期限向债权人支付利息并偿还本金的一种有价证券。

2. 债券的特征

(1) 偿还性。债券规定偿还期限,债券发行人在债券到期时应对投资者进行还本付息。

(2) 安全性。债券一般有固定的利率,不受银行利率变动和企业经营状况的影响,收益稳定,风险较小。

(3) 流动性。债券通常可以在金融市场上流通,变现能力强。

(4) 收益性。债券的收益主要表现在两个方面:一是债券有相对固定的利息收益,一般比银行存款利息要高;二是可以在证券市场上进行流通、转让,获取买卖的差价收入。

(二) 债券与股票的区别

1. 对公司的经营参与权不同

股票是所有权证券,对公司经营管理有着完全的参与权。债券是一种债权凭证,一般对公司经营管理不具有参与权,只有当公司债务清算时,才有有限的参与权。

2. 发行期限不同

股票是一种永久性投资证券,发行公司通过发行股票可以获得稳定的经营资本。而发行者在发行债券时,通常根据资金供求及其资金的需要确定偿还期限。

3. 收益稳定性不同

债券的收益一般比较稳定,发行人发行债券时,大多在发行章程上规定了债券利率,承诺了投资者的名义收益,而且债券利息支付通常不受发行者经济状况变化的影响。而股票则完全不同,一方面股票股息支付完全取决于公司经营状况;另一方面股票价格在证券市场上波动比较大,使投资者难以把握。

4. 发行目的不同

股票作为一种所有权证券,其发行目的比较复杂,其中主要是为了筹集自主性资本。通过发行股票可以扩大公司的资本基础、充实公司实力,但要以公司管理权的分散和部分所有权的丧失为代价。债券发行虽然也是为了筹集中长期资金,但是是一种临时借入的债权资本,发行人要承担到期偿还本金和支付利息的责任。股票的股息或红利要从公司利润中支付,而债券利息是公司财务费用,要记入公司的经营成本。

(三) 债券的分类

1. 按发行主体分类

按发行主体分类,债券可分为国家债券、地方债券、金融债券和企业债券。国家债券简称国债,是中央政府为筹集财政资金而发行的一种政府债券,它是中央政府向投资者出具的、承诺在一定时期支付利息和到期偿还本金的债权债务凭证。由于国债的发行主体是国家,所以具有最高的信用度,被公认为是最安全的投资工具。国债是国家信用的主要形式。中央政府发行国债的目的往往是弥补财政赤字,或者为一些耗资巨大的建设项目以及某些特殊经济政策乃至战争筹措资金。

地方债券又称市政债券,是指由地方政府发行的债券。其目的是为了筹集足够的资金运用于地方修造公路、开办学校、医院等公共事业。地方债券最明显的好处是税收方面的优惠,这是最能吸引投资者的地方。地方债券一般在券面上载明固定的利息率,所以收入稳定,信用比较高。

金融债券指银行和非银行的金融机构为筹集资金发行的一种有价证券。它属于银行等金融机构的主动负债。

企业债券，是企业按照法定程序发行，约定一定期限内还本付息的债券。企业债券代表着发债企业和投资者之间一种债权债务关系。企业债券与股票一样，同属于有价证券，可以自由转让。企业发行债券时，一般要对发债企业进行严格的资格审查或要求发行企业有财产抵押，以保护投资者利益。企业债券由于具有较大风险，它们的利率通常高于国债。

2. 按偿还期限不同分类

按偿还期限不同分类，债券可分为短期债券、中期债券和长期债券。短期债券是指偿还期限在1年以下的债券。短期债券的发行者主要是工商企业和政府。企业发行短期债券大多是为了筹集临时性周转资金。政府发行短期债券多是为了平衡预算开支。

中期债券一般是指偿还期限在1年或1年以上、10年以下(包括10年)的债券。

长期债券一般指偿还期限在10年以上的债券。中长期债券的发行者主要是政府、金融机构和企业。发行中长期债券的目的是为了获得长期稳定的资金。

3. 按计息方式不同分类

按计息方式不同分类，债券可分为贴现债券、零息债券和附息债券。贴现债券是指在票面上不规定利率，发行时按某一折扣率，以低于票面金融的价格发行，到期时仍按面额偿还本金的债券。

零息债券是指债券到期时和本金一起一次性付息、利随本清。其付息特点：一是利息一次性支付，二是债券到期时支付。

附息债券是指债券券面上附有息票的债券，是按照债券票面载明的利率及支付方式支付利息的债券。息票上标有利息额、支付利息的期限和债券号码等内容。持有人可从债券上剪下息票，并据此领取利息。附息国债的利息支付方式一般是在偿还期内按期付息，如每半年或一年付息一次。

4. 按债券有无担保分类

按债券有无担保分类，债券可分为信用债券和担保债券。信用债券指仅凭筹资人的信用发行的、没有担保的债券，信用债券只适用于信用等级高的债券发行人。

担保债券是指以抵押、质押、保证等方式发行的债券。其中，抵押债券是指以不动产作为担保品所发行的债券；质押债券是指以其有价证券作为担保品发行的债券；担保债券是指由第三者担保偿还本息的债券。

(四) 债券市场基本结构

一个完整的债券市场包括发行市场和流通市场。

1. 债券发行市场

债券发行市场也称为一级市场，是债券发行人向社会公众出售新券以筹集资金的市场。它由债券发行人、投资人和负债发行运作的中介服务机构共同组成，其主要作用是将政府、企业等的债券分散发行到投资者手中。只要具备发行资格，不管是国家、政府机构和金融机构，还是公司、企业和其他法人，都可以通过发行债券来融资。认购者就是投资者，主要是社会公众团体、企事业法人、证券经营机构、非营利性机构、外国企事业机构和家庭或个人。委托承销机构就是代发行人办理债券发行和销售业务的中介人，主要有投资银行、证券公司、商业银行和信托投资公司等。

按照债券的实际发行价格和票面价格的异同，债券的发行可分为平价发行、溢价发行和折价发行。平价发行，指债券的发行价格和票面额相等，因而发行收入的数额和将来还本数额相等。前提是债券发行率和市场利率相同，这在西方国家比较少见。

溢价发行，指债券的发行价格高于票面额，以后偿还本金时仍按票面额偿还。只有在债券票面利率高于市场利率的条件下才能采用这种方式发行。折价发行，指债券发行价格低于债券票面额，而偿还时却要按票面额偿还本金。折价发行是因为规定的票面利率低于市场利率。

2. *债券流通市场*

债券流通市场是指已发行债券转让、买卖的场所，也称二级市场，由两个部分构成：一是交易所市场，二是场外交易市场。

(1) 交易所市场。

交易所市场是高度组织化的市场，是债券买卖流通的中心。它有固定的交易场所和严格的立会时间；投资者不能进入场内直接买卖；参加交易的都是具有一定资格的会员单位(如证券公司)，证券公司接受和办理那些符合标准、允许上市的债券买卖、结算与交割。

(2) 场外交易市场。

场外交易市场又称为柜台交易或店头交易市场，指在交易所外由债券买卖双方当面议价成交的市场。它没有固定的场所，其交易主要利用电话进行，交易的证券以不在交易所上市的证券为主，在某些情况下也对在证券交易所上市的债券进行场外交易。

场外交易市场中的证券商兼具证券自营和代理商的双重身份。作为自营商，可以把自己持有的债券卖给顾客或者买进顾客的证券，赚取买卖差价；作为代理商，又可以客户代理人身份向别的自营商买进卖出债券。

目前，我国债券市场由发行市场和流通市场组成。流通市场由三部分构成，即沪深证券交易所市场、银行间交易市场和证券经营机构柜台交易市场。

(3) 债券价格的影响因素。

① 待偿期。债券的待偿期越短，债券的价格就愈接近其终值，所以债券的待偿期愈长，其价格就愈低。另外，待偿期愈长，发债企业所要遭受的各种风险就可能愈大，所以债券的价格也就愈低。

② 票面利率。债券的票面利率也就是债券的名义利息率，债券的名义利率愈高，到期的收益就愈大，所以债券的售价也就愈高。

③ 投资者的获利预期。债券投资者的获利预期是跟随市场利率而发生变化的。若市场利率上调，则投资者的获利预期也高涨，债券的价格就下跌；若市场的利率调低，则债券的价格就会上涨。

④ 供求关系。债券的市场价格取决于资金和债券供给间的关系。在经济发展呈上升趋势时，企业一般要增加设备投资，所以它一方面因急需资金而抛出债券，另一方面它会从金融机构借款或发行公司债，这样就会使市场的资金趋紧而债券的供给量增大，从而引起债券价格下跌。而当经济不景气时，生产企业对资金需求有所下降，金融机构则会因贷款减少而出现资金剩余，从而增加了对债券的投入，引起债券价格上涨。而当中央银行、财政部门、外汇管理部门对经济进行宏观调控时也往往会引起市场资金供给量的变化，其反映一般是利率、汇率跟随变化，从而引起债券价格的涨跌。

⑤ 物价波动。当物价上涨速度快或通货膨胀率较高时，人们出于保值的考虑，一般会将资金投资于房地产、黄金、外汇等可以保值的领域，从而引起资金供应的不足，导致债券价格的下跌。

⑥ 政治因素。政治是经济的集中反映，并反作用于经济的发展。当人们认为政治形式的变化将会影响到经济发展时，比如说在政府换届时，国家的经济政策和规划将会有大的变动，从而促使债券的持有人做出买卖决策。

五、证券投资基金市场

（一）证券投资基金及其特征

1. 证券投资基金的概念

基金是一种利益共享、风险共担的集合投资方式，即通过发行基金单位，集中投资者的资金，由基金托管人托管，由基金管理人管理和运用资金，从事股票、债券等金融工具的投资，并将投资收益分配给基金持有人的一种金融中介机构。基金投资人不仅享受证券投资基金的收益，也承担亏损的风险。

2. 证券投资基金的特征

(1) 专家理财、理性投资。基金是由专家运作、管理并专门投资于证券市场的资金。基金资产由专业的基金管理公司负责。基金管理公司配备了大量的投资专业人士，他们不仅具有投资分析和投资组合理论知识，而且在投资领域具有丰富的经验。

(2) 组合投资、分散风险。为降低投资风险，我国《证券投资基金法》规定，基金必须以组合投资的方式进行基金投资运作，从而使“组合投资、分散风险”成为基金的一大特色。中小投资者由于资金少，一般无法通过购买不同的股票分散投资风险。基金通常会购买几十种甚至上百种股票，投资者购买基金就相当于用很少的资金就购买了一揽子股票，某些股票下跌造成的损失可以用其他股票上涨的盈利来弥补，可以充分享受到组合投资、分散风险的好处。

(3) 利益共享、风险共担。基金投资者是基金的所有者。基金投资人共担风险，共享收益。基金投资收益在扣除由基金承担的费用后的盈余全部归基金投资者所有，并依据各投资者所持有的基金份额比例进行分配。为基金提供服务的基金托管人、基金管理人只能按规定收取一定的托管费、管理费，并不参与基金收益的分配。

(4) 严格监管、信息透明。为切实保护投资者的利益，增强投资者对基金投资的信心，监管部门对基金业实行比较严格的监管，对各种有损投资者利益的行为进行严厉的打击，并强制基金进行较为充分的信息披露。在这种情况下，严格监管与信息透明也就成为基金的一个显著特点。

(5) 独立托管、保障安全。基金管理人负债基金的投资操作，并不经手基金财产的保管。基金财产的保管由独立于基金管理人的基金托管人负责。这种相互制约、相互监督的制衡机制对投资者的利益提供了重要的保护。

（二）证券投资基金的分类

1. 根据运作方式不同分类

根据运作方式不同分类，基金可分为封闭式基金和开放式基金。封闭式基金，是指基金发行总额和发行期在设立时已确定，在发行完毕后的规定期限内发行总额固定不变的证券投资基金。封闭式基金的投资者在基金存续期间内不能向发行机构赎回基金份额，基金份额的变现必须通过证券交易场所上市交易。基金单位的流通采取在证券交易所上市的办法，投资者日后买卖基金单位，都必须通过证券经纪商在二级市场上进行竞价交易。

开放式基金，是指基金发起人在设立基金时，基金单位或股份总规模不固定，可视投资者的需求，随时向投资者出售基金单位或股份，并可应投资者要求赎回发行在外的基金单位或股份的一种基金运作方式。投资者既可以通过基金销售机构购买基金，使基金资产和规模由此相应增加，也可以将所持有的基金份额卖给基金并收回现金，使得资金资产和规模相应减少。目前，开放式基金已成为国际基金市场的主流品种，如美国、英国、中国香港的基金市场 90%以上是开放式基金。

2. 根据投资对象不同分类

根据投资对象不同分类，基金可分为股票基金、债券基金、货币市场基金、混合基金等。股票基金是指以股票为主要投资对象的基金。股票基金在各类基金中历史最为悠久，也是各国主要采用的一种基金类型。

债券基金是指以国债、金融债等固定收益类金融工具为主要投资对象的基金。根据投资股票的比例不同，债券型基金又可分为纯债基金和偏债基金。纯债基金不投资股票，而偏债基金可以投资少量的股票。

货币市场基金是以货币市场金融工具为投资对象的一种基金，其投资对象为期限在一年以内的金融工具，包括银行短期存款、国库券、公司短期融资券、银行承兑票据及商业票据等货币市场工具。

混合基金是指可以投资股票、债券和货币市场工具但没有明确投资方向的基金。

3. 根据投资目标不同分类

根据投资目标不同分类，基金可分为成长型基金、收入型基金和平衡型基金。成长型基金以资本长期增值为投资目标，其投资对象主要是市场中有较大升值潜力的小公司股票和一些新兴行业的股票。为达到最大限度的增值目标，成长型基金通常很少分红，而且是经常将投资所得股息、红利和盈利进行再投资实现资本增值。成长型基金主要是把股票作为投资对象。

收入型基金是指以追求稳定的经常性收入为基金目标的基金，主要投资对象是那些绩优股、债券、可转让大额存单等收入比较稳定的有价证券。收入型基金一般把所得利息、红利都分配给投资者。这类基金虽然成长性较弱，但风险也相应较低。

平衡型基金是既追求长期资本增值，又追求当期收入的基金，这类基金主要投资于债券、优先股和部分普通股，这些有价证券在投资组合中有比较稳定的组合比例，一般是把资产总额的 25%～50%用于优先股和债券，其余用于普通股投资。

一般而言，成长型基金的风险较大，收益高；收入型基金的风险小，收益较低；平衡型基金的风险，收益介于成长型基金与收入型基金之间。不同的投资者目标决定了基金的基本投向和投资策略，也适应了不同投资者的投资需求。

4. 根据投资理念不同分类

根据投资理念不同分类，基金可分为主动型基金和指数型基金。一般主动型基金是以寻求取得超越市场的业绩表现为目标的一种基金。与其对应的是被动型基金。被动型基金一般选取特定的指数成分股作为投资的对象，不主动寻求超越市场的表现，而是试图复制指数的表现，因而通常又被称为指数基金。

5. 根据募集方式不同分类

根据募集方式不同分类，基金可分为公募基金和私募基金。公募基金是指向不特定投资者公开发行受益凭证的证券投资基金，这些基金在法律的严格监管下，有着严格的信息披露制度、利润分配和运行限制等行业规范。私募基金是指通过非公开方式，面向少数投资者募集资金而设立的基金。由于私募基金的销售和赎回都是通过基金管理人与投资者私下协商进行的，因而它又被称为向特定对象募集的基金。

与公募基金相比，私募基金不能进行公开的发售和宣传推广，投资金额一般要求高，投资者的资格和人数常常受到严格的限制。和公募基金严格的信息披露要求不同，私募基金在这方面要求低很多，加之政府监管也相应较为宽松，因而私募基金的投资更具有隐蔽性，运作也更为灵活，相应获得高收益回报的机会也更多。私募基金的基金发起人、基金管理人通常也会以自有资金进行投资，从而形成利益捆绑、风险共担、收益共享的机制。

（三）证券投资基金的收益、费用

1. 证券投资基金的收益

证券投资基金的收益是基金资产在运作过程中所产生的超过基金初始投资部分的价值。基金收益的构成包括基金投资所得红利、股息、债券利息、买卖证券的价差、存款利息和法律、法规及基金契约规定的其他收入。因运用基金资产带来的成本或费用的节约计入收益，基金净收益为基金收益扣除按照有关规定可以在基金收益中扣除费用后的余额。

2. 证券投资基金的费用

证券投资基金的费用包括基金持有人直接负担和基金运作费用两大类。前者是指基金持有人在投资于证券投资基金时所支出的费用，包括买入封闭式基金所支付的佣金，开放式基金的认购费、申购费和赎回费等。基金运作费用是指证券投资基金在运作的过程中所支付的一系列费用，包括基金管理费、基金托管费以及其他的一些费用。

基金管理费是支付给基金管理人的管理报酬，其数额一般按照基金净资产值的一定比例，从基金资产中提取。基金管理人是基金资产的管理者和运用者，对基金资产的保值和增值起着决定性的作用。因此，基金管理费收取的比例比其他费用要高。基金管理费是基金管理人的主要收入来源，基金管理人的各项开支不能另外向基金或基金公司摊销，更不能另外向投资者收取。在国外，基金管理费通常按照每个估值日基金净资产的一定比例（年率）、逐日计算，定期支付。

管理费费率的高低与基金规模有关，一般而言，基金规模越大，基金管理费费率越低。但同时基金管理费费率与基金类别及不同国家或地区也有关系。我国最初的基金管理年费率为2.5％。随着市场竞争的加剧，目前我国基金大部分按照1.5％的比例计提基金管理费，债券型基金的管理费率一般低于1％，货币基金的管理费率为0.33％。

基金托管费是指基金托管人为保管和处置基金资产而向基金收取的费用。比如银行为保管、处置基金信托财产而提取的费用。托管费通常按照基金资产净值的一定比例提取，逐日计算并累计，至每月月末时支付给托管人，此费用也是从基金资产中支付，不须另向投资者收取。

目前，我国封闭式基金按照0.25％的比例计提基金托管费，开放式基金根据基金合同的规定比例计提，通常低于 0.25%；股票型基金的托管费率要高于债券型基金及货币市场基金的托管费率。

另外，证券投资基金运行中产生的费用还包括证券交易费用，基金信息披露费用，基金持有人大会费用，与基金相关的会计师、律师等中介机构费用，基金分红手续费，清算费用等。

（四）证券投资基金的净值

在证券市场中，股票债券等投资资产的市场价格每时每刻都在发生变化，所以开放式基金的资产价值必定随着证券市场的行情发生变化。基金资产净值是指在某一基金估值时点上，按照公允价格计算的基金总额资产减去负债后的价值。证券投资基金的总资产是指基金所拥有的各类证券的价值、银行存款本息、基金应收的申购基金款以及其他投资所形成的价值总和。

基金资产净值＝基金资产总值－基金负债

单位基金份额净值＝基金资产净值÷基金总份额

基金资产净值是衡量一个基金经营好坏的主要指标，也是基金份额交易价格的内在价值和计算依据。一般情况下，基金份额价格与资产净值趋于一致，即资产净值增长，基金价格也随之提高，尤其是开放式基金，其基金份额的申购和赎回都直接按基金份额资产净值来计价。封闭式基金在证券交易所上市，其价格除取决于基金份额净值外，还受到市场供求状况、经济形势、政治环境等多种因素的影响，所以其价格与资产净值常发生偏离。

本章小结

1. 金融市场既是资金融通的市场，也是金融体系的重要组成部分，是金融机制得以发挥作用的基本条件。如何有效合理地配置资金是经济发展的重要方面，而这需要依托于高效率的金融市场。各经济主体就是通过参与金融市场活动，来实现资金的余缺调剂，从而达到经济资源的有效配置。

2. 货币市场是指以融资期限不超过 1 年的短期信用工具为交易对象的金融市场。货币市场具有交易期限短、流动性强、风险性小、可控性高等特点。

3. 同业拆借市场是指由各类商业性金融机构（主体是商业银行）相互间进行短期资金借贷活动而形成的市场。

4. 资本市场主要包括股票市场、债券市场、证券投资基金市场和中长期货币借贷市场。其中股票市场和债券市场合称为证券市场，是资本市场的最主要部分。

5. 股票市场就是股票发行和流通的场所。股票行市是指股票在流通市场上买卖的价格。股票行市的最大特点在于波动性很强。股票的价格就是为取得未来股息和红利收入的请求权而付出的代价。

6. 债券是按照法定程序由债务人向债权人发行的承诺按约定的利率和期限向债权人支付利息并偿还本金的一种有价证券。债券按发行主体的不同，可分为政府债券、公司债券和金融债券。

7. 证券投资基金是指通过发售基金份额募集资金，由基金托管人托管，由基金管理人管理和运用资金投资于有价证券，为基金份额持有人的利益而进行投资活动的基金。根据基金规模是否固定，可以分为封闭式基金和开放式基金。

核心概念

金融市场　金融市场工具　货币市场　资本市场　同业拆借　回购协议
股票　债券　基金

复习思考题

一、选择题

1. 狭义的金融市场是指(　　)。
   A. 商品市场　B. 货币市场　C. 证券市场　D. 衍生产品市场
2. 下列不属于货币市场的是(　　)。
   A. 同业拆借市场　B. 商业票据市场　C. 股票市场　D. 债券市场
3. 按资金的偿还期限长短划分，金融市场可分为(　　)。
   A. 一级市场和二级市场　B. 同业拆借市场和长期债券市场
   C. 货币市场和资本市场　D. 股票市场和债券市场
4. 基金份额总数可变且投资者可在每个营业日申购或赎回基金份额的是(　　)。
   A. 公司型基金　B. 契约型基金　C. 开放式型基金　D. 封闭式型基金
5. 还本付息并以国家财政做担保的债券是(　　)。
   A. 金融债券　B. 国家债券　C. 地方政府债券　D. 公司债券
6. 股指期货交易主要用于对冲(　　)。
   A. 信用风险　B. 国家风险　C. 股市系统风险　D. 股市非系统风险

二、简答题

1. 简述货币市场以及它所包含的子市场。
2. 简述股票和债券的分类。
3. 简述影响债券价格的因素。

实训练习

【实训内容】

模拟股票交易过程。通过股票交易过程的模拟，深入理解股票市场交易的风险性和收益性，提高自己投资的分析判读能力。

【实训步骤】

1. 根据自己熟悉的领域分析一到两个行业；
2. 从行业中独立选出几只股票，说明理由；
3. 在股票模拟操作中买入并观察行情；
4. 写出每天操作心得。

第五章
金融机构体系

教学目标

1. 了解金融机构的产生与发展历史。
2. 了解金融机构体系的构成、各机构的性质及业务内容。
3. 掌握我国金融机构体系目前的架构。

章前引例

2008 年 10 月 3 日，在美国国内引起激烈讨论的《紧急经济稳定法案》经众议院表决通过。这一涉及 7 000 亿美元的救助方案计划通过授权财政部购买受困金融机构的问题抵押资产或者向银行业注入资本，以帮助美国经济迅速从全球金融危机中复苏。为了平息恐惧情绪，这一法案还将联邦存款保险的限额从 10 万美元提高到 20 万美元。

这项法案曾两次被否决最终才通过。原因是选民们认为贪婪的华尔街高管是危机的幕后推手，这项法案救助他们引起了普遍的不满和抱怨情绪，感染了众议院的议员们。选民们的犹豫将华尔街与普通公众对立了起来：许多人认为政府救助金融机构是一种伪善的姿态，向金融体系注入资本如何能够改善企业融资状况，减少失业呢？

金融体系是健康而富有活力的经济的必要条件，它实现了资金从储蓄者向具有生产性投资机会的资金需求者手中的转移。然而，金融体系如何确保将救助资金融通给生产性投资者，而不是转移给吃喝玩乐者呢？

案例讨论：金融体系的功能是什么？

第一节　金融机构概述

一、金融机构的概念和分类

金融机构是指专门从事资金融通或为资金融通提供服务的企业。凡是专门从事各种金融活动的组织，均可称为金融机构。金融市场中存在各种各样的金融机构，一般可分为银行和非银行金融机构两大类。

(1) 银行是对经营货币和信用业务的金融机构的总称。按不同的标准划分，银行可分为不同的类型。按职能不同划分，可分为中央银行、商业银行、专业银行；按银行业务的地域划分，可分为全国性银行和地方性银行；按资本来源划分，可分为股份制银行、合资银行、独资银行。

(2) 非银行金融机构主要有保险公司、证券公司、信托投资公司、租赁公司、财务公司、金融公司等。

现代金融体系中的金融结构形式种类繁多。例如，按行政隶属划分为官方金融机构、官商合办金融机构和私营金融机构；按筹建的不同组织形式划分为股份制金融机构、合资金融机构和少量的独资金融机构；按经营区域划分为全国性金融机构和地区性金融机构；按资金来源和运用方式不同划分为银行和其他金融机构等。目前，绝大多数国家都形成了以中央银行为中心，商业银行为主体，各类金融机构并存，并相互竞争的金融机构体系。

此外，如果按金融机构资金的来源划分，可将金融机构分为存款性金融机构和非存款性金融机构。主要靠吸收各类存款作为资金来源的金融机构称为存款性金融机构，包括商业银行、储蓄机构、信用合作社等。非存款性金融机构是指以接受资金所有者根据契约规定缴纳的非存款性资金作为资金主要来源的金融机构，包括保险公司、投资银行、养老基金会、金融公司等。

随着金融创新不断地发展，市场竞争日益激烈，新技术广泛应用于金融领域，各种金融机构业务不断交叉、重叠。这使得原有的各种金融机构的差异日趋缩小，相互间的界限日趋模糊，从而呈现出专业经营向多元化综合性经营发展的趋势。

二、金融机构的发展历史

金融机构的产生与发展，以银行性金融机构的产生与发展历史最为典型。

(一) 银行的发展历史

银行的产生与发展历史是与经济发展水平相适应的。中世纪欧洲的意大利已经非常繁荣，威尼斯、热那亚等地随着经济的发展与海外贸易的需求，成为银行的发源地。

1. 早期的货币兑换业是金融业务的萌芽

11 世纪的威尼斯、热那亚已经成为重要的国际贸易中心，往来的世界各地的商人非常多，交易也非常频繁。在当时的市场上货币种类比较复杂，流通手段、支付手段的多样化阻碍了国际贸易的顺利进行，为适应这一状况，一部分商人就分离出来，专门从事货币兑换业务，这是银行业务的雏形。

2. 货币经营业是早期的银行萌芽

随着商品经济的发展，新的问题又出现了：由商人自己保管货币或携带货币有一定的困难和风险，为保险和安全起见，贸易商人就委托货币兑换商同时代管货币及代理由交易引起的有关货币支付，这样货币经营业者就产生了。当然，贸易商人必须要向货币经营业者支付一定的手续费。需要注意的是，此时的货币经营业者如兑换、保管及出纳都是由货币本身的职能所引起的服务性业务活动，还没有与信用活动联系起来。

3. 与信贷活动相结合的银行业

当传统的货币经营业与信贷活动相结合，货币经营业就发展成为办理存款、放款和兑换业务的银行业了。从事货币经营业务的商人在代理保管、支付时发现，总会有一定数量的货币暂时闲置在他们手里，随着技术性业务的开展，积累的资金规模越来越大。与此同时，当地的政府、教会、私营企业主等经常需要大量的资金周转，于是，货币经营业者就将积聚起来暂时闲置的货币贷放给他们，从而收取额外的利息报酬。此时，真正意义上的银行就产生了。它们的业务已经演变成为以信用为基础，通过吸收存款和发放贷款提供一般意义上的汇兑等业务。

4. 股份制商业银行的建立是现代银行业兴起的标志

到了 17 世纪，欧洲各国纷纷通过各种方式要求高利贷资本降低利率，使生息资本从事于产业资本和商业资本，但收效甚微。1694 年，英国国王威廉三世帮助商人在英格兰建立起第一家现代银行——英格兰银行。英格兰银行以工商企业为主要业务对象，通过股份制形式建立，吸收大量资金，发放低于平均利润率的贷款，为企业主提供各种金融服务。18 世纪以后，欧洲其他国家也都效仿英国建立起现代银行，这迫使原来高利贷性质的银行业也调整放款原则而逐渐转为现代的银行。

总体来说，在银行业发展的历史中，有两个显著的特点：一是对经济发展在资金上的支配作用；另一个是与国家政治的紧密结合，使银行在国家对经济发展的干预中发挥重要作用。

扩展阅读 5 - 1

中国金融的历史和金融系统的发展

早在封建社会，中国就存在大量的当铺和高利贷机构，当铺和高利贷都是资金融通的最早的形式。当铺是为了满足资金短缺者的需求，允许资金融通短缺者通过质押物品换取资金，然后在规定的时间内，如果资金短缺者不能用资金赎回物品，物品就归当铺所有。一般情况下，当铺借出的资金都远远低于质押物品的价值。高利贷是另一种非常流行的资金融通方式，资金短缺者不需要抵押物品就可以从资金盈余者手中获得资金，但这种借贷的成本是非常高的，获得资金的一方往往要以数倍的资金还给贷出资金的一方。

19 世纪 40 年代的鸦片战争以后，在中国出现了最早的银行，是外国资本主义在中国沿海城市开设的外资银行，如英国的丽如银行。英、美、法、德、日、俄等国的银行陆续在中国设立了分支机构，这些银行除了进行贸易结算、进出口贷款业务外，还享有许多控制中国金融业的特权。到了 19 世纪末，中国出现了官僚资本的银行和民族资本的银行。1897 年成立的中国通商银行是第一家由官僚买办出资的股份制银行。1928 年，国民党政府建立了中央银行。在以后的发展中，官僚资本控制的银行占据了主要的地位。

新中国成立以后，1949 年中国人民银行成立，标志着新中国金融系统的诞生。新中国金融系统通过没收官僚资本银行、逐步改造民族资本银行和废除农村的高利贷组织逐步建立起来。从 1953 年开始，我国仿照苏联建立起了一个高度集中的国家银行体系，全国只有一家中国人民银行，具有资金融通、资源分配和结算的功能，还兼有行政机构和监督管理的职能。这种金融系统又称为“大一统”模式，是计划经济的产物，有利于国家政策的贯彻执行。

1979 年以后，经济改革和对外开放不断推进，金融系统随之进行了改革和调整。到了 90 年代初期，四大国企独资银行建立，其他金融机构也纷纷成立，金融系统逐渐出现多元化。1994 年以后，随着市场经济日益发展，多种金融中介机构并存，金融市场也不断发展壮大，银行在金融市场中发挥了越来越重要的作用。新的金融工具获得发展利用，为资金盈余者和资金短缺者创造了越来越多的机会，而金融监管也在不断完善之中。中国的金融系统在摸索中前进和发展……

(二) 保险业的发展历史

人类社会从开始就面临着自然灾害和意外事故的困扰，在与大自然抗争的过程中，古代人们就萌生了对付灾害事故的保险思想和原始形态的保险方法。

我国历代王朝都非常重视积谷备荒。春秋时期孔子"耕三余一"的思想就是颇有代表性的见解。孔子认为，每年如能将收获粮食的三分之一积储起来，这样连续积储 3 年，便可存足 1 年的粮食，即"余一"。如果不断地积储粮食，经过 27 年可积存 9 年的粮食，就可达到太平盛世。

在国外，保险思想和原始的保险雏形在古代也已经产生。据史料记载，公元前 2000 年，在西亚两河(底格里斯河和幼发拉底河)流域的古巴比伦王国，国王曾下令僧侣、法官及村长等对他们所辖境内的居民收取赋金，用以救济遭受火灾及其他天灾的人们。在古埃及石匠中曾有一种互助基金组织，向每一成员收取会费以支付个别成员死亡后的丧葬费。古罗马军队中的士兵组织，也以收取会费作为士兵阵亡后对其遗属的抚恤费用。

(三) 证券业的发展历史

16 世纪，为了筹集远航的资本和分摊经营风险，就出现了以股份集资的方法，即在每次出航之前，招募股金，航行结束后将资本退给出资人并将所获利润按股金的比例进行分配。为保护这种股份制经济组织，英国、荷兰等国的政府不但给予它们各种特许权和免税优惠政策，而且还制定了相关的法律，从而为股票的产生创造了法律条件和社会环境。

1553 年，英国以股份集资的方式成立了莫斯科尔公司，在 1581 年又成立了凡特利公司，其采取的方式就是公开招买股票，购买了股票就获得了公司成员的资格。这些公司开始运作时是在每次航行回来就返还股东的投资和分取利润，其后又改为将资本留在公司内长期使用，从而产生了普通股份制度，相应地形成了普通股股票。

与此相适应，证券交易也在欧洲的原始资本积累过程中出现。17 世纪初，为了促进包括股票流通在内的筹集资本活动的顺利开展，在里昂、安特卫普等地出现了证券交易所。1609 年，荷兰建立了世界上最早的一个证券交易所，即阿姆斯特丹证券交易所。17 世纪后半叶，经济中心转移到了英国，在荷兰创立的股份公司在伦敦得到了飞跃发展。在伦敦最古老的交易所——皇家交易所，与商品交易混在一起进行买卖交易的有俄罗斯公司(1553 年创建)、东印度公司(1600 年创建)等公司的股票。由于买卖交易活跃，所以在皇家交易所进行股票买卖的交易商便独立出来，在市内的咖啡馆里进行买卖。1773 年，在伦敦柴思胡同的约那森咖啡馆中，股票经纪商正式组织了第一个证券交易所，即当今伦敦交易所的前身，这就是现代证券市场的原型。1802 年，伦敦交易所新大厦落成开业，当时在交易所内交易的证券主要是英格兰银行、南海公司和东印度公司的股票。

随着证券交易的发展，其相应的法规及手段日益完善。美国的证券市场从费城、纽约到芝加哥、波士顿等大城市开始出现，逐步形成全国范围的证券交易局面。这些证券市场开始经营政府债券，继而是各种公司股票。1790 年，美国的第一个证券交易所——费城证券交易所诞生。1792 年，纽约的 24 名经纪人在华尔街 11 号共同组织了"纽约证券交易会"，这就是后来闻名于世的纽约证券交易所。随着股票交易的发展，在 1884 年，美国的查尔斯·亨利·道发明了反映股票行情变化的股票价格指数雏形——道·琼斯股票价格平均数。

第二节 金融机构体系的基本构成

现代金融机构种类繁多,除银行这一传统的金融机构以外,还有许多非银行金融机构,它们从事综合的或专门的金融业务和金融服务,形成相互联系、相互影响的统一体,即构成金融机构体系。世界各国金融机构体系的形成不同,其组成环节和划分方法也各有特色,但概括起来看,各国金融机构体系基本上由四个部分构成,即中央银行、商业银行、专业银行、非银行金融机构。

一、中央银行

中央银行是一个国家的金融管理机构,它是在商业银行的基础上发展形成的,是现代各国金融体系的核心,具有特殊的地位和功能。它虽叫银行,但并不以营利为目的,不直接面向社会企业、单位和个人开办信用业务,而是通过向政府和商业银行及其他金融机构提供各种信用服务来实现其管理金融的目标和任务。世界上大多数国家只设立一家中央银行,如我国只有中国人民银行是中央银行;另外,有个别国家设立多家银行来共同组成中央银行,如美国就设有 12 家联邦储备银行;还有极少数的国家根本就没有设立中央银行,如新加坡、挪威,它们采取多层次的储备管理体系,或由财政部直接代替中央银行发挥职能。

中央银行的主要职能可以概括为:垄断货币发行、为政府提供金融服务、为商业银行和其他金融机构充当最后贷款人以及管理国家金融体系。可见,中央银行更多地负有政府机构的职能。

二、商业银行

商业银行在一般意义上是指接受存款并为工商企业和其他客户提供贷款,同时从事广泛的金融服务的以营利为目的的金融机构。经过多年的发展,商业银行从最初的只吸收短期存款和为工商企业提供短期贷款发展到如今经营各种金融业务的金融大超市。在西方国家,商业银行以其机构数量多、业务渗透面广和资产总额比重大而成为金融体系中的骨干和中坚,它是最早出现的现代银行机构。

现代商业银行以经营工商业存、贷款为主要业务,并为顾客提供多种服务。其中,通过办理转账结算实现这国民经济中绝大部分货币周转,同时起着创造存款货币的作用。它始终居于其他金融机构所不能替代的重要地位。

三、专业银行

专业银行是专门经营某种特定范围的金融业务和提供专门性金融服务的银行。它是在商业银行的基础上逐渐形成和建立起来的专业化金融机构。专业银行的出现,是社会分工的发展在金融业上的反映。随着社会生产力的发展,社会分工越来越细,要求银行必须精通某一方面的业务,提供专门的、有特色的金融服务,才能更好地满足经济发展的需要,确保资金的安全和盈利。专业银行的最大特点就是不吸收活期存款。

西方国家的专业银行种类有很多,名称各异,这里介绍其中主要的几种。

(一) 投资银行

投资银行是指专门对工商企业办理投资和长期信贷业务的银行。其资金主要靠发行自己的股票和债券来筹集,有些国家的投资银行也被允许接受定期存款或从其他银行获取贷款作为资金来源。其主要业务有:对工商企业的股票和债券进行直接投资;发放中长期贷款;为工商企业代办发行或包销股票与债券,参与企业的创建和改组活动;为企业提供投资和财务咨询服务等。投资银行的名称各国有所不同,在欧美国家,它被称为投资银行、投资公司等;在日本则被称为证券公司。

(二) 开发银行

开发银行是指专门为满足长期投资需要而设立的银行,它以基本建设项目和资源开发项目为主要投资对象,如工业、农业、电信、铁路、公路、港口及公共事业、文化教育等工程项目。这类项目投资最大、投资时间长、见效慢、风险大,一般商业银行不愿意承担,所以多由国家或政府创办的开发银行来承担,开发银行不以营利为目的,以促进某一区域的经济建设的发展为目标,财政上自负盈亏,所以,一般该类银行都由国家或政府组建。

开发银行分为三种:一是国际性的开发银行,如联合国的国际复兴开发银行,又称世界银行,其主要业务是对发展中的会员国提供长期开发性贷款,解决成员国经济的复兴和开发对资金的需求。世行贷款有严格的用途限制,主要用于各种基础设施建设,贷款需要成员国政府出面担保,期限最长可达 30 年,利率较低,贷款要专款专用,审查严格。二是区域性开发银行,如亚洲开发银行、泛美开发银行等。其服务对象仅限于某一区域的会员国,也以提供长期开发性贷款为主要业务。三是本国性开发银行,一般由本国政府组建,为本国经济建设提供长期开发性贷款。

(三) 进出口银行

进出口银行是指专门提供对外贸易及非贸易结算、信贷等国际金融服务的银行。这类银行的设立主要是为了支持本国对外贸易事业的发展,促进本国产品的出口,加强国际间金融合作,广泛吸引国际资本和收集国际信息。其业务重点是为本国企业提供优惠的出口信贷,增强本国产品的出口竞争能力,同时执行政府对外经济援助及资本输出的任务。

其业务的具体形式主要有国内业务的出口信贷、对外直接借款和提供国内外投资贷款的担保等。因其职能特殊,进出口银行一般是政府组建的非营利性的官方性机构,如美国的进出口银行、日本的输出输入银行、中国进出口信贷银行等,都属于政府金融机构。其资金大部分是通过官方的投资以及向政府借款或发行债券来筹措的。也有半官方性质的,如法国的对外贸易银行就是法兰西银行与一些商业银行共同出资组建的。

(四) 储蓄银行

储蓄银行是指专门以吸收居民储蓄存款为资金来源的专业银行,储蓄银行的名称各国不同,如美国称为互助储蓄银行、储蓄贷款协会等;在英国称为信托储蓄银行。储蓄银行的资金来源主要是靠吸收小规模的居民储蓄存款和定期存款,这种资金来源相对稳定,所以储蓄银行的资产业务主要用于中长期贷款或投资,如向居民个人发放中长期不动产抵押贷款,购买政府债券和公司债券等。近年来，储蓄银行面临竞争的压力越来越大，如商业银行也在办理储蓄业务，多种金融工具的不断涌现，都在一定程度上分流了储蓄银行的资金来源。所以，储蓄银行的业务也在不断拓新，如涉足商业贷款以及从事融资租赁等非传统的业务。

（五）抵押银行

抵押银行也称为不动产抵押银行，是指专门从事土地、房屋及其他不动产等抵押贷款的长期放款银行。它一般不办理存款业务，资金来源主要靠发行不动产抵押证券以及短期票据贴现来筹集，其贷款对象主要是以土地或房屋作抵押的土地所有者、购买者和建筑商。在很多国家，这类银行十分发达，如法国的房地产信贷银行、德国的私人抵押银行、美国的联邦全国抵押贷款协会均属于此类银行。它们的贷款业务均占据了抵押贷款市场的较大份额。

（六）农业银行

农业银行是指专门经营农业信贷的银行。由于农业受自然条件影响比较大，农户分散，对资金需求数额小、期限长，利息负担能力有限；抵押品集中管理困难，大多数贷款者只凭个人信誉，故农业信贷风险大、期限长、收益低。一般商业银行和其他金融机构不愿经营农业信贷。为此，西方许多国家专门设立以支持和促进农业发展为主要职责的农业银行，以满足政策性融资需要。农业银行的资金来源主要有政府拨款、吸收存款、发行各种股票和债券。农业银行的贷款业务范围很广，几乎所有包括农业生产过程中的一切资金需要。由于农业贷款风险大、期限长、收益低，大多数西方国家对农业银行贷款给予贴息或税收优待。农业银行在不同国家有不同的名称，如美国的联邦土地银行、法国的农业信贷银行、德国的农业抵押银行、日本的农林渔业金融公库等。

扩展阅读 5－2

银行业真的会在 15 年内消亡吗？

2016 年 9 月下旬，世界领先的全球管理咨询公司麦肯锡，对全球各大银行经过分析得出的报告，被形象地誉为“银行业死亡笔记”：未来能活下来的银行只有五分之三。而就在近日（10 月 24 日），据美国财经网站 Business Insider 消息，美国银行大幅关闭网点，美国银行、花旗和摩根大通自去年第三季度以来，已经关闭了 389 个网点。

不止国际机构，中国银行业协会前常务副会长杨再平先生很早就预言：未来若干年中国 20 多万个银行物理性网点或不复存在。据相关数据统计，中国四大银行缩减物理网点，仅 2016 年前半年裁员近 2.5 万人。可见，在全球性金融科技大潮猛烈冲击下，传统银行物理性网点大幅度减少是没有悬念的，裁员似乎也是不可抗拒的。

四、非银行金融机构

一般将中央银行、商业银行、专业银行以外的金融机构称作非银行金融机构。因此，这一类机构比较庞杂，包括保险公司、信用合作社、财务公司、养老基金会等。

（一）保险公司

保险公司是指依法成立的、专门经营各种保险业务的经济组织，它是一种最重要的非银行金融机构。

保险公司按险种可分为人寿保险公司、财产灾害保险公司、存款保险公司、老年和伤残保险公司、信贷保险公司等，其中最为普遍的是人寿保险公司和财产灾害保险公司。人寿保险公司是为投保人因意外事故或伤亡造成的经济损失提供经济保障的金融机构。财产灾害保险公司是对法人单位和家庭提供财产意外损失保险的金融机构。

此外，按组织形式分，保险公司还可以分为：国营保险公司，即由国家经营的保险公司，主要办理国家强制保险或一些特殊险种；私营保险公司，其一般以股份公司形式出现，是西方国家保险公司中最普遍的形式；个人保险公司，即以个人名义承保业务；合作保险公司，是需要保险的人或单位采取合作组织的形式来满足其成员对保险的需要；自保保险公司，即专为本系统服务的保险公司；还有公私合营保险公司等。

保险公司的资金来源主要是保费收入，由于保费收入经常远远超过保费支付，因而形成大量稳定的货币资金。这部分稳定的货币资金就是西方国家金融市场长期资本的重要来源。保险公司的资金主要运用于长期投资，如投资债券、股票，以及发放不动产抵押贷款等。

（二）信用合作社

信用合作社是具有共同利益的人集资联合组成的互助合作性质的金融机构，其普遍存在于西方国家。信用合作社的经营宗旨是：为社员提供低息信贷，帮助经济力量弱的人解决资金困难。其经营原则是：社员入社、退社自愿；社员缴纳一定数额的股金并承担相应的责任；实行民主管理，每个社员具有平等权利，并只有一个投票权。信用合作社主要有农民信用合作社、城市手工业者信用社、住宅信用合作社、储蓄信用合作社等。此外，还有许多兼营各种金融业务的合作社。

信用合作社的资金来源是社员缴纳的股金、吸收的存款及向外借款。信用合作社主要向社员提供小额短期性生产贷款和消费贷款，但近年来也开始提供家庭住房抵押贷款、信用卡贷款以及一些为解决生产设备更新、技术改造的中长期贷款。

（三）信托公司

信托公司是以受托人身份经营信托业务的金融机构。在西方国家专门经营信托业的公司并不多，信托业大部分由大商业银行设立信托部（公司）来经营。随着社会经济的发展，信托公司的经营业务也在不断地扩展，范围非常广泛，包括一切不与本国信托法相抵触而有经济效益的项目。在信托业中，侧重中长期资金融通的则称为投资公司或信托投资公司。

信托投资公司主要是通过发行股票和债券来筹集资本，来投资其他公司的股票和债券，然后再以所持有的证券做担保增发新的投资信托证券。目前，信托投资公司的投资业务主要有两种：一种是以其他公司的股票、债券为投资对象，通过股利、债息和证券买卖价差来获取收益；另一种是直接参与对企业的投资，这种直接投资又可分为信托投资和委托投资。信托投资是信托投资公司运用自己筹集的资金直接对企业进行投资；委托投资是以受托人身份向委托人指定的企业或项目进行投资，并对项目资金使用进行监督检查。

（四）养老或退休基金会

养老或退休基金会是一种向参加养老计划者以年金形式提供退休收入的金融机构，其资金来源为雇主或雇员交纳的退休基金及投资收益。养老或退休年金是一种长期的每年逐月支付的养老金。养老或退休基金的投资主要有:第一,投资于有价证券,如政府债券、企业债券、金融债券、股票等;第二,进行委托投资;第三,对交通、能源等方面的专项投资。

(五) 共同基金

共同基金是指在人们自愿的基础上,以一定的方式组织基金,并在金融市场上进行投资,以获取高收益的金融机构。共同基金在英国和中国香港地区称为"单位信托基金",在日本、韩国和中国台湾地区称为"证券投资信托"。

投资基金共有两大类型:一类是股票市场上的共同基金,参加共同基金的是股票市场上的小额投资人,他们以购买股份的形式形成共同基金,然后投资于各类股票,从而把投资风险分散;另一类被称为货币市场共同基金,它们是 20 世纪 70 年代中期才发展起来的。货币市场共同基金由小额储蓄者以购买股份的方式形成基金,但基金的运用不是将其投向股票市场,而是投入国库券、银行大额可转让存单、高级别商业票据和其他流动性高的货币市场工具。

(六) 资产管理公司

资产管理公司是美国、日本、韩国等一些国家,对从金融机构剥离出的不良资产实施公司化经营而设立的专业金融机构。我国为处置工、农、中、建等银行存在的不良资产,也于 1999 年分别成立了四家资产管理公司,分别为华融资产管理公司、长城资产管理公司、东方资产管理公司和信达资产管理公司。

除此之外,被列为非银行金融机构的还有消费信贷机构、租赁公司等。

伴随着全球开放经济的不断深化,全球经济一体化带来金融全球化,金融机构纷纷走出国门,在其他国家或国际金融市场上开展业务经营,因此,在各国都出现或存在一定数量的外资金融机构,如花旗集团、摩根士丹利等,都建立了遍布全球的金融网络。

第三节　我国金融机构体系

目前,我国已经初步建立起在中央银行宏观调控和监督下,政策性金融与商业性金融分离,国有商业银行为主体,股份制商业银行、城市商业银行、城乡信用合作社、非银行金融机构和外资金融机构并存、分工合作、功能互补的现代金融机构体系。

一、中国人民银行

中国人民银行是我国的中央银行。中国人民银行作为国务院组成部门,是制定和执行货币政策、维护金融稳定、提供金融服务的宏观调控部门。

(一) 中国人民银行的发展历史

中国人民银行自改革开放以来,在体制、职能、地位、作用等方面都发生了巨大而深刻的变革。

1. 中国人民银行的创建与国家银行体系的建立(1948—1952年)

1948年12月1日,中国人民银行在河北省石家庄市宣布成立;1949年2月,中国人民银行由石家庄市迁入北平;1949年9月,中国人民政治协商会议通过《中华人民共和国中央人民政府组织法》,赋予其国家银行职能,承担发行国家货币、经理国家金库、管理国家金融、稳定金融市场、支持经济恢复和国家重建的任务。

2. 计划经济体制时期的国家银行(1953—1978年)

在统一的计划体制——自上而下的人民银行体制中,中国人民银行作为国家金融管理和货币发行的机构,既是管理金融的国家机关,又是全面经营银行业务的国家银行。中国人民银行担负着组织和调节货币流通的职能,统一经营各项信贷业务,在国家计划实施中具有综合反映和监督货币功能。

3. 从国家银行过渡到中央银行体制(1979—1992年)

1979年1月以后,出现了金融机构多元化和金融业务多样化的局面,迫切需要加强金融业的统一管理和综合协调,由中国人民银行来专门承担中央银行职责。从1984年1月1日起,中国人民银行开始专门行使中央银行的职能,集中力量研究和实施全国金融的宏观决策,加强信贷总量的控制和金融机构的资金调节,以保持货币稳定;人民银行分支行的业务实行垂直领导;设立中国人民银行理事会,作为协调决策机构;建立存款准备金制度和中央银行对专业银行的贷款制度,初步确定了中央银行制度的基本框架。

4. 逐步强化和完善现代中央银行制度(1993年至今)

1993年,按照国务院《关于金融体制改革的决定》,中国人民银行进一步强化金融调控、金融监管和金融服务职责,划转政策性业务和商业银行业务。

2003年,按照党的十六届二中全会审议通过的《关于深化行政管理体制和机构改革的意见》和十届人大一次会议批准的国务院机构改革方案,将中国人民银行对银行、金融资产管理公司、信托投资公司及其他存款类金融机构的监管职能分离出来,并和中央金融工委的相关职能进行整合,成立中国银行业监督管理委员会。同年9月,中央机构编制委员会正式批准人民银行的"三定"调整意见。12月27日,十届全国人民代表大会常务委员会第六次会议审议通过了《中华人民共和国人民银行法(修正案)》。

有关金融监管职责调整后,人民银行新的职能正式表述为"制定和执行货币政策、维护金融稳定、提供金融服务"。同时,明确界定"中国人民银行为国务院组成部门,是中华人民共和国的中央银行,是在国务院领导下制定和执行货币政策、维护金融稳定、提供金融服务的宏观调控部门"。

(二) 中国人民银行的机构设置

中国人民银行总行设在北京,在全国设有众多分支机构。1998年以后,中国人民银行在全国范围内按照经济区域设置分支机构。新的人民银行组织结构分为四级:总行—九大分行和两个总行营业部—省市中心支行—县支行。九大跨区分行分别设在沈阳(辖黑龙江、吉林和辽宁)、天津(辖天津、山西、内蒙古和河北)、西安(辖陕西、青海、宁夏、新疆和甘肃)、济南(辖山东和河南)、武汉(辖湖北、湖南和江西)、上海(辖上海、浙江、福建)、南京(辖江苏和安徽)、成都(辖四川、贵州、云南和西藏)和广州(辖广东、广西和海南);两个总行营业部分别设在北京和重庆;在各地区和一些城市设置25个中心支行;市辖区设办事处;县设支行。

这些分支机构在辖区内履行中央银行的有关职责。

国家外汇管理局是中国人民银行代管的国务院直属局，代表国家行使外汇管理职能，其分支机构与同级中国人民银行合署办公。

（三）中国人民银行的主要职责

（1）发行人民币，管理人民币流通。
（2）依法制定和执行货币政策。
（3）审批、监督管理金融机构。
（4）监督管理金融市场。
（5）发布有关金融监督管理和业务的命令和规章。
（6）持有、管理、经营国家外汇储备、黄金储备。
（7）经理国库。
（8）维护支付、清算系统的正常运行。
（9）负责金融业的统计、调查、分析和预测。
（10）作为国家的中央银行，从事相关的国际金融活动。
（11）国务院规定的其他职责。

二、商业银行

我国现有的银行业机构体系包括国有商业银行、股份制商业银行、城市商业银行、信用合作机构、邮政储蓄银行、外资银行等类型。

（一）国有商业银行

国有商业银行是由国家专业银行演变而来的，包括中国银行、中国工商银行、中国建设银行和中国农业银行。国有商业银行是我国金融体系的主体。目前，这四家国有商业银行无论在人员、机构网点数量上，还是在资产规模及市场占有份额上，均处在我国整个金融领域中绝对举足轻重的地位，在世界上的大银行排名中也处于较前列的位置。

我国《商业银行法》规定国有商业银行的业务范围包括：
（1）吸收公众存款；
（2）发放短期、中期和长期贷款；
（3）办理国内外结算；
（4）办理票据贴现；
（5）发行金融债券；
（6）代理发行、代理兑付、承销政府债券；
（7）买卖政府债券、金融债券；
（8）从事同业拆借；
（9）买卖、代理买卖外汇；
（10）从事银行卡业务；
（11）提供信用证服务及担保；
（12）代理收付款项及代理保险业务；

(13) 提供保管箱服务;

(14) 经国务院银行业监督管理机构批准的其他业务。

(二) 股份制商业银行

随着金融体制改革的不断深化,我国陆续组建和成立了一批股份制商业银行,主要有交通银行、中信银行、中国光大银行、华夏银行、招商银行、平安银行、兴业银行、民生银行、渤海银行、浙商银行等。这些股份制商业银行的股本以企业法人和财政入股为主。近年来,随着我国对外开放的步伐,国外资本开始参股国有银行。比如,中国光大银行资本中就有3%是由亚洲开发银行投资入股的。这些股份制商业银行最初成立时,均明确有全国性商业银行和区域性商业银行之分,但今年来,一些区域性商业银行的经营范围已越出原来的指定范围,向其他城市和区域扩展。它们和其他商业银行之间的竞争已经在全国范围内展开。

(三) 城市商业银行

城市商业银行以提高核心竞争力为主线,以完善现代银行制度为目标,努力探索新的管理模式和运营机制,积极推进流程化、集约化和扁平化改革进程——有的城市商业银行采用科学的标准和现代化管理理念,对业务流程进行梳理和优化,增强了可操作性,提高了运营效率;有的城市商业银行从组织架构、业务流程、人员准备上稳步推进流程银行建设,通过完善总分行管理体制,理顺了业务流程,强化了线条管理。这些积极的探索和有益的尝试,提高了城市商业银行的运营管理、成本控制和风险管控能力。

(四) 中国邮政储蓄银行

中国邮政储蓄银行全称为中国邮政储蓄银行有限责任公司,于2007年3月6日经中国政府批准成立。它承继原国家邮政局、中国邮政集团公司经营的邮政金融业务及因此而形成的资产和负债,并继续从事原经营范围和业务许可文件批准、核准的业务。

组建中国邮政储蓄银行是深化我国金融体制改革的客观要求,也是邮政体制改革的重要组成部分,对于促进我国邮政事业的发展,更好地为社会提供金融服务具有积极而重大的意义。随着我国金融体制改革的不断深化,邮政储蓄的现行管理体制已不能满足银行业监管法制化、规范化的管理要求,组建中国邮政储蓄银行是为了理顺邮政储蓄管理体制,有效防范和化解金融风险,促进邮政储蓄持续健康发展。

中国邮政储蓄银行进一步拓展业务,将业务范围延伸到向城乡居民提供小额信贷、消费信贷、信用卡、投资理财、企业结算等更丰富的金融服务范围。中国邮政储蓄银行的成立是我国银行业改革取得的又一项重要成果,标志着我国邮政金融进入了一个崭新的发展阶段。

(五) 外资银行

外资银行是指在本国境内由外国独资创办的银行。外资银行的经营范围根据各国银行法律和管理制度的不同而有所不同。有的国家为稳定本国货币,对外资银行的经营范围加以限制;也有些国家对外资银行的业务管理与本国银行一视同仁。它主要凭借其对国际金融市场的了解和广泛的国际网点等有利条件，为在其他国家的本国企业和跨国公司提供贷款，支持其向外扩张和直接投资。外资银行有的是由一个国家的银行创办的，也有的是几个国家的银行共同投资创办的。

我国现在主要有以下几家外资银行：花旗银行、东亚银行、汇丰银行、渣打银行、恒生银行、美国银行等。

三、政策性银行

1994 年，我国成立了三家政策性银行——国家开发银行、中国进出口银行和中国农业发展银行，专门从事原中国建设银行、中国银行和中国农业银行的政策性业务。所谓政策性业务，是与商业银行的一般性业务相对而言的，它是指根据国家的经济政策，对某些行业、企业发放低息贷款，其目的主要是保证社会经济结构、产业结构的平衡和贯彻国家经济政策的需要。在具体的业务活动中，它们必须坚持不与商业性金融中介竞争、自主经营与保本微利的基本原则。

（一）国家开发银行

国家开发银行是将政策性业务从中国建设银行中剥离出来而成立的政策性银行，总部设在北京，注册资本为 500 亿元人民币，从国家财政逐年划拨的经营性建设基金和经营基金（含原来的“拨改贷”）回收资金中安排。其主要任务是，一方面为国家重点建设融通资金，保证关系国民经济全局和社会发展的重点建设顺利进行；另一方面把当时分散管理的国家投资基金集中起来，建立投资贷款审查额度，赋予开发银行一定的投资贷款决策权，并要求其承担相应的责任与风险，以防止我国经济中长期存在的盲目建设、重复建设现象。目前，除了资本金以外，国家开发银行的主要资金来源是靠发行政策性金融债券来解决的。由于国家开发银行主要的目的是解决制约我国经济发展中的“瓶颈”问题，故其融资项目主要集中在能增强我国综合国力的支柱产业、高新技术项目，以及跨地区的重大政策性项目上。

（二）中国进出口银行

中国进出口银行是将政策性业务从中国银行中剥离出来而成立的政策性银行，总行设在北京，注册资本为 33.8 亿元人民币，由国家财政全额拨款。它不设分支机构，但可根据需要在一些大城市设立办事处或代表处。和国家开发银行一样，中国进出口银行也发行政策性金融债券。除此之外，它还可以从国际金融市场上筹集资金。其业务范围主要是为机电产品和成套设备等资本性货物出口提供出口信贷，办理与机电产品出口有关的各种贷款、混合贷款和转贷款，以及出口信用保险和担保业务。

（三）中国农业发展银行

中国农业发展银行是将政策性业务从中国农业银行中剥离出来而成立的政策性银行，总行设在北京，注册资本为 200 亿元人民币。它在全国设有分支机构，是三家政策性银行中唯一一家存款货币银行。中国农业发展银行的主要资金来源是中国人民银行的再贷款，并发行少量的金融债券。其业务范围主要是办理粮食、棉花、油料、猪肉、食糖等主要农副产品的国家专项储备和收购贷款、办理扶贫贷款和农业综合开发贷款，以及国家确定的小型农、林、牧、水基本建设和技术改造贷款。

四、非银行金融机构

目前，我国的非银行金融机构很多，主要有保险公司、证券公司、信托投资公司等。

(一) 保险公司

中国人民保险(集团)公司是经营国内外保险和再保险业务的金融机构。其主要任务是:组织和聚集保险基金，建立社会经济补偿制度，保持生产和人民生活的稳定，增进社会福利;经营国内外保险和再保险业务以及与保险业务有关的投资活动，促进社会生产、流通和对外贸易的发展。为适应经济发展的需要，中国人民保险(集团)公司的财保业务和寿保业务现已分离。

另外，我国还设有中国太平洋保险公司、中国平安保险公司、中国人寿保险股份有限公司等。国外一些著名的保险公司(如美国友邦保险公司等)也在国内设有分支机构。

(二) 证券公司

中国对证券公司实行分类管理，分为综合类证券公司和经纪类公司。综合类证券公司可经营证券经纪业务、自营业务、承销业务。经纪类证券公司只允许专门从事证券经纪业务。我国规模较大的证券公司主要有申银万国、中信、国泰君安、中信建投等。

(三) 信托投资公司

中国的信托业起源于20世纪初期商品经济较发达的上海。1921年成立的上海通商信托公司是我国最早的信托公司。新中国成立初期，在上海、天津、广州等大城市开办了信托机构，一类是银行的信托部，如中国人民银行上海分行信托部;另一类是投资公司，如天津市投资公司。二十世纪五六十年代，这些机构陆续停办。十一届三中全会以后，信托业务逐步恢复。1979年10月，中国银行重设信托咨询部;同月，中国国际信托投资公司组建成立。如今中国国际信托公司已经发展成为能够提供金融、投资、贸易等多种服务的综合性经济实体。

扩展阅读5－3

支付宝等27家机构取得非金融机构支付业务许可证

人民网北京2011年5月26日电(陈健)　记者从中国人民银行官方网站了解到，包括支付宝、快钱等在内的27家企业及单位获得了非金融机构支付业务许可证。

5月23日，中国支付清算协会在北京举行了成立大会。中国人民银行行长周小川出席会议并讲话，主要非金融支付组织负责人参加了当天会议。

顺利获得牌照的快钱公司CEO关国光认为，许可证的颁发，在电子支付产业发展历程中具有里程碑式的意义，体现出产业各方对电子支付企业业务模式与合规措施的充分认可，是我们未来实现跨越式增长的重要基础和保障。

艾瑞分析师程善宝此前发表观点认为，牌照的发放，将促使支付市场发展格局发生深刻变化,高集中度的市场竞争格局将被打破。

本章小结

1. 金融机构是以某种方式吸收资金,并以某种方式运用资金的金融企业。金融机构分为银行性金融机构和非银行性金融机构,其中以银行性金融机构的产生和发展最为典型,并居支配地位。

2. 世界各国金融体系的形成不同,其组成环节和划分方法也各有特色,但概括起来,各国金融体系基本上由四个环节构成,即中央银行、商业银行、专业银行和非银行金融机构。

3. 我国金融机构体系由中国人民银行、四大国有商业银行及股份制商业银行、国家开发银行、中国农业发展银行、中国进出口银行三家政策性银行以及各类非银行金融机构组成。

核心概念

金融机构　　商业银行　　中央银行　　专业银行　　非银行金融机构

复习思考题

一、选择题

1. 在我国现行的金融体系中,处于主体地位的是(　　)。

A. 中央银行　　B. 国有专业银行　　C. 商业银行　　D. 政策性银行

2. 在我国,执行中央银行职能的是(　　)。

A. 中国银行　　B. 中国人民银行　　C. 中国建设银行　　D. 中国工商银行

3. 开发银行多属于一个国家的政策性银行,其宗旨是通过融通长期性资金以促进本国经济建设和发展,这种银行在业务经营上的特点是(　　)。

A. 不以营利为经营目标　　B. 以营利为经营目标

C. 为投资者获取利润　　D. 为国家创造财政收入

4. 金融机构又被称为(　　)。

A. 金融中介　　B. 金融企业　　C. 金融单位　　D. 金融组织

5. 国际货币基金组织的总部位于(　　)。

A. 伦敦　　B. 东京　　C. 温哥华　　D. 华盛顿

6. 专门对工商业办理投资和长期信贷业务的银行是(　　)。

A. 商业银行　　B. 中央银行　　C. 投资银行　　D. 储蓄银行

二、简答题

1. 简述银行性金融机构和非银行性金融机构的异同。

2. 简述金融机构体系一般由哪些要素构成。

3. 简述我国现行金融机构体系的构成及其分工情况。

实训练习

【实训内容】

认识我国现有的各种金融机构。

【实训步骤】

1. 各组进行实地考察。
2. 各组选出两种以上与个人有关的金融业务并选择金融机构进行办理。
3. 分组讨论，加深对各种金融机构的认识。

第六章

商业银行

教学目标

1. 理解商业银行的产生和发展。
2. 熟知商业银行的性质、职能与经营原则。
3. 掌握商业银行的资产负债业务、中间业务。

章前引例

2006年工商银行上市引起了世界瞩目，不仅因为这是2006年以来全球融资金额最大的首次公开发行，更重要的是，这家中国最大商业银行迈出上市步伐是中国银行业深刻变革的重要标志。

在工商银行A+H同步上市之前，我国有两家银行刚刚分别完成了这一动作，一家银行登陆H股，一家银行则回归A股。登陆H股的是招商银行。2006年9月22日10时，招商银行在香港联合交易所挂牌上市，成为第一家在上海证券交易所挂牌又到香港上市的内地企业，完成了自己的A+H之旅。反方向迈步的是中国银行。2006年7月5日，这家此前已在港交所上市的银行正式在上海证券交易所上市交易，回归A股。

中等大小的中信银行和兴业银行计划2006年内赴港上市，民生银行赴港计划也在紧张进行中。宣布上市战略的银行就更多了，北京银行已选定上市辅导投行准备上市，南京市商业银行和上海银行也启动了上市战略，2006年度是个名副其实的银行上市年。

证券业分析人士认为，2006年是银行上市比较有利的时间窗口，香港市场对内地银行估值相对较高，A股市场经过股改洗礼后焕发活力，IPO(首次公开募股)也开始重启。确实，实现A+H上市的商业银行将面临更为严格的国际监管标准要求，同时，基于境内外投资者的要求，也必须具备与市场规模相适应的基础管理能力和风险管理水平。

对于商业银行尤其是国有商业银行来说，上市仅仅是第一步。央行行长周小川就对此有清醒认识，在最近接受《财经》杂志采访时他将金融机构改革分成“快过程”和“慢过程”。他认为，重组改制和发行上市是“快过程”，就像“上班搭错公共汽车，第二天就能改过来”，而公司治理、信贷文化、内控机制的建立和完善，是“慢过程”，就像“学习一门外语，提高外语水平，不用三五年是不行的”。

案例讨论：我国国有商业银行改革到了哪一个阶段？

第一节　商业银行概述

一、商业银行的产生和发展

商业银行是现代金融体系的主体，距今已有300多年的历史，是一国金融体系中最重要的金融机构。

早在12世纪，意大利一些城市的货币经营业就相当发达，但货币经营商的工作条件比较简陋，只凭借一条长凳和一个柜台便可营业。

在我国，银行一词出现于清朝咸丰年间。我国之所以将经营货币信用业务的金融机构翻译为银行，是因为在相当长的时间内，我国以白银作为货币，而又把经商的店铺称“行”。

（一）早期银行的产生

早期银行的前身是货币经营业。货币产生后，逐渐出现了经营货币业务的行业，起初一部分商人从事货币兑换业务，就是把不同国家、不同地区的铸币兑换成金块或银块，或兑换成本国铸币和本地区铸币。以后，又开始为各国商人办理货币保管业务，同时，受商人委托，办理货币支付、结算、汇兑等业务。这就是货币经营业的主要业务活动，也是早期银行产生的基础。

随着货币经营业务的扩大，在货币经营者手中聚积大量货币，其中一部分并不需要立即支付，于是他们就将这部分货币贷出去赚取利息。同时，社会上一部分人将货币存放在货币经营者手中，以便带来利息收入。这样，在货币经营业务的基础上产生的货币存贷业务的发展使货币经营业转变为早期的银行。

根据历史考证，银行最早产生于意大利，以后扩展到欧洲其他国家。早在13世纪，意大利就出现了银行，在历史上首先以“银行”为名和比较具有近代意义的银行，是1580年建立的威尼斯银行。此后，又相继出现了米兰银行、阿姆斯特丹银行等。早期银行是高利贷性质的银行，而不是现代意义的商业银行。

（二）现代商业银行的产生

早期银行提供的贷款数量有限，难以满足资本主义工商业对信用的需求，而且由于利息高，使资本主义工商业无利可图。这就是客观上要求建立能够使工商企业有利可图，利率适度、贷款规模大、真正发挥中介作用的现代资本主义银行。现代资本主义银行是通过两条途径产生的：一是高利贷性质的银行转变为资本主义银行；二是按资本主义组织原则组建现代股份银行。起主导作用的是最后一条途径。

世界上第一家股份银行就是1694年在英国伦敦成立的英格兰银行。该行一开始就把向工商企业提供的贷款利率定为4.5%～6%，而当时的高利贷利率高达20%～30%。英格兰银行的成立，标志着现代商业银行的诞生。

英格兰银行成立后，很快地动摇了高利贷银行在信用领域的地位，也因此成了现代商业银行的典范。欧洲其他国家也先后按英格兰银行的组建模式建立了自己的现代商业银行，商业银行逐渐在世界范围内得到普及。

在历史上，商业银行最初是专门融通短期商业资金的银行，因此才获得“商业银行”的名称。目前，商业银行已经发展为多功能的综合性银行，成为“金融百货公司”。业务也远远超过了传统的范围，与其名称相去甚远。

二、商业银行的性质

商业银行是以追求最大利润为经营目标，以多种金融资产和金融负债为经营对象，为客户提供多功能、综合性服务的金融企业。商业银行的性质主要体现在以下三个方面。

（一）商业银行属于企业

它具有现代企业的基本特征。和一般的工商企业一样，商业银行也具有业务经营所需的自有资金，也须独立核算，自负盈亏，也要把追求利润最大化作为目标，就此而言，商业银行与工商企业并无区别。

（二）商业银行属于金融企业

商业银行这种金融企业的特殊性具体表现为：

(1) 商业银行经营的商品特殊。商业银行是以金融资产和金融负债为经营对象，从事包括货币收付、借贷以及各种与货币有关的或与之相联系的金融服务，经营的是特殊商品，即货币和货币资本。

(2) 商业银行对社会的影响特殊。商业银行经营得好坏可能影响到千千万万的家庭、企业的利益乃至整个社会的稳定。因此，商业银行对社会的影响比一般企业要大得多。

(3) 国家对商业银行的管理特殊。由于商业银行对社会的特殊影响，国家对商业银行的管理要比一般企业严格很多，管理范围也要广泛很多。

（三）商业银行是一种特殊的金融企业

商业银行不仅不同于一般企业，与其他金融机构相比，商业银行的业务更综合、功能更齐全，经营的既有零售业务，又有批发业务；既有传统的银行业务，又有金融创新业务。它为客户提供的金融服务更全面、范围更广，而其他金融机构只能提供一个方面或几个方面的金融服务。因此，在现代金融体系中，商业银行占有特别重要的地位。

三、商业银行的职能

（一）信用中介职能

信用中介是商业银行最基本、最能反映其经营活动特征的职能。这一职能的实质，是通过银行的负债业务，把社会上的各种闲散货币集中到银行里来，再通过资产业务，把它投向经济各部门；商业银行是作为货币资本的贷出者与借入者的中介人或代表，来实现资本的融通，并从吸收资金的成本与发放贷款利息收入、投资收益的差额中，获取利益收入，形成银行利润。商业银行成为买卖“资本商品”的“大商人”。

商业银行通过信用中介的职能实现资本盈余和短缺之间的融通，并不改变货币资本的所有权，改变的只是货币资本的使用权。

（二）支付中介职能

商业银行除了作为信用中介，融通货币资本以外，还执行着货币经营业的职能。通过存款在账户上的转移，代理客户支付，在存款的基础上，为客户兑付现款等，成为工商企业、团体和个人的货币保管者、出纳者和支付代理人。以商业银行为中心，形成经济过程中的支付链条和债权债务关系。

（三）信用创造职能

商业银行在信用中介职能和支付中介职能的基础上，产生了信用创造职能。商业银行是能够吸收各种存款的银行，用其所吸收的各种存款发放贷款。在支票流通和转账结算的基础上，贷款又派生为存款，在这种存款不提取现金或不完全提现的基础上，就增加了商业银行的资金来源，最后在整个银行体系，形成数倍于原始存款的派生存款。

长期以来，商业银行是各种金融机构中唯一能吸收活期存款，开设支票存款账户的机构，在此基础上产生了转账和支票流通。商业银行以通过自己的信贷活动创造和收缩存款，如果没有足够的贷款需求，存款贷不出去，就谈不上创造，因为有贷款才派生存款；相反，如果归还贷款，就会相应地收缩派生存款。

（四）金融服务职能

随着经济的发展，工商企业的业务经营环境日益复杂化，银行间的业务竞争也日益剧烈化，银行由于联系面广，信息比较灵通，特别是电子计算机在银行业务中的广泛应用，使其具备了为客户提供信息服务的条件，咨询服务，对企业“决策支援”等服务应运而生。工商企业生产和流通专业化的发展，又要求把许多原来的属于企业自身的货币业务转交给银行代为办理，如发放工资、代理支付其他费用等。个人消费也由原来的单纯钱物交易发展为转账结算。现代化的社会生活，从多方面给商业银行提出了金融服务的要求。

在强烈的业务竞争权力下，各商业银行也不断开拓服务领域，通过金融服务业务的发展，进一步促进资产负债业务的扩大，并把资产负债业务与金融服务结合起来，开拓新的业务领域。在现代经济生活中，金融服务已成为商业银行的重要职能。

四、商业银行的经营原则

（一）安全性原则

安全性原则，是指管理经营风险、保障资金安全的要求。银行经营与一般工商企业经营不同，其自有资本所占的比重很小，根据《新巴塞尔资本协议》的最低资本要求：8%的最低资本率，其中核心资本率是4%。目前我国也在执行这一准则。然而在资金的运行过程中存在着诸多风险。商业银行在经营活动中常遇到的风险主要包括：

(1) 信用风险。这主要源自两种状况，一是因为存款挤兑而银行无足够的现金提供时形成银行的倒闭；另一个是贷款户逾期不归，造成坏账，资金损失。

(2) 市场风险。这是一种因市场利率变化引起资产价格变动或银行业务协定利率跟不上市场利率变化所带来的风险。

(3) 外汇风险。这是因为汇率变动而出现的风险。

(4) 内部风险。这是银行内部管理出现失误、差错等造成的风险。

(二) 流动性原则

流动性原则,是指商业银行能够随时满足客户提现和必要的贷款需求的支付能力,包括资产的流动性和负债的流动性两重含义。资产的流动性是指资产在不发生损失的情况下迅速变现的能力,它既指速动资产,又指在速动资产不足时其他资产在不发生损失的情况下转变为速动资产的能力。

流动性问题,也可以说是清偿问题,是指银行能够随时满足客户提取存款等要求的能力。商业银行的流动性管理就是商业银行通过合理调度资金(头寸),一方面保证其具有应付客户提存、偿还借款、满足必要贷款需求等支付能力;另一方面又不致形成资金的闲置,尽可能使其流动性缺口保持最小而进行的经营管理活动。

(三) 盈利性原则

盈利性原则,是一个商业银行存在的最为基础的条件,一个不盈利的企业更没有其他的发展可言,有了盈利性才能保障其安全性和流动性的灵活。

商业银行的业务收入主要包括贷款利息收入、证券投资收入、各种手续费收入等;商业银行的支出主要包括吸收存款支付的利息、借入资金支付的利息、贷款与证券投资损失、支付工资、办公费及设备费用等。

商业银行主要通过扩大盈利资产、以较低的资金成本扩大资金来源、减少贷款和投资损失、加强内部管理等途径来取得更多的盈利。所以商业银行的一切经营活动,包括设立分支机构、开办何种金融服务、选取什么样的资产组合方式等,都要服从这一目标,这是由商业银行的性质所决定的。为了取得更多的盈利,银行必须以优厚的利息或提供良好的金融服务,来吸引尽可能多的存款,又必须把它的资金投资到收益最高的项目中去。

对安全性、流动性和盈利性三者,任何银行都希望同时达到最佳状态,但往往不能同时兼顾,如何协调合理配合,成为银行经营管理的一个永恒主题。

五、商业银行的组织制度

商业银行的组织制度是一个国家用法律形式所确定的该国商业银行体系、结构及组成这一体系的原则的总和。目前,各国商业银行产生和发展的经济条件不同,因而组织形式也存在一定的差异。世界上商业银行的组织制度主要有以下四种类型。

(一) 单元银行制

单元银行制又称单一银行制,是指商业银行业务由各个相互独立的银行本部经营,不设立或不允许设立分支机构。每家商业银行既不受其他商业银行的控制,也不得控制其他商业银行。这种银行制度以美国为典型。

单一银行制的优点是:

(1) 可以限制银行间的吞并与金融垄断,缓和竞争激烈程度,减缓银行业务集中的程度;

(2) 有利于协调商业银行与地方政府的相互关系，使商业银行更适合于本地区的需要；

(3) 由于不受总行的牵制，银行的自主性较强，灵活性较大；

(4) 单一制银行的管理层次较少，中央银行的调控传导快，有利于实现中央银行的目标。

单一银行制的缺点是：

(1) 由于限制了竞争，不利于银行的发展和经营效率的提高；

(2) 单一银行制与经济的外向化发展相矛盾，人为地形成了资本的迂回流动；

(3) 单一银行制的金融创新不如其他类型的银行。

单一制银行虽然强化了银行与当地经济的联系，限制了银行垄断势力的发展，但它人为地限制了银行的发展，影响了银行竞争力的提高。事实上，美国在 20 世纪 70 年代后就逐渐开始放松对银行设立分支机构的限制，1997 年后更是随着《跨州银行法案》的实施，银行设立分支机构已不存在实质性限制。只是由于历史原因，美国银行的分支机构仍然有限，银行数目众多仍是美国银行的一大特点。

(二) 总分银行制

总分银行制又被称为分支银行制。分支银行制是指法律允许在总行之下，在国内外设立分支机构，银行总行管下面众多分行。分支银行制按各层次职能的不同，又可进一步分为总行制和总管理处制。总行制是指总行除了管理控制各分行外，本身也对外营业；总管理处制是指总行只管理控制各分行，本身不对外营业。

目前世界各国一般都是采取这种银行组织形式，其中尤以英国、德国、日本等国为典型，比如，英国最大的 4 家清算银行——巴克莱银行、国民西敏士银行、米特兰银行和劳合银行，均各拥有 3 000 家以上分支机构。

总分银行制的优点是：

(1) 经营规模大，有利于开展竞争，并获得规模效益；

(2) 分支行遍布各地，易于吸收存款、调剂、转移和充分利用资金，同时有利于分散和降低风险；

(3) 分支银行制的银行数目少，便于国家直接控制和管理。

总分银行制的缺点是：

(1) 如果总行没有完善的通信手段和成本控制方法，银行的经营效益会下降；

(2) 从银行与外部联系来看，分支机构职员的调动、轮换会使银行失去与其服务对象的联系；而银行工作人员固守一地，又会形成本位主义，并且会削弱总行对分支机构的控制能力。

我国的银行制度很明显属于分支行制度。中国工商银行、中国建设银行、中国农业银行和中国银行等的分支机构遍布全国各地，因此经营规模很大。但由于经营规模太大、层次太多，致使总行对分支行的控制力不强。

(三) 持股公司制

持股公司制又称集团银行制，是指一个集团成立持股公司，再由该公司收购或控制两家以上的若干独立的银行而建立的一种银行制度，这些独立银行的业务和经营决策由持股公司控制。

持股公司制的优点是：

(1) 规避限制设立分支机构的法律。在不允许设立分支机构的时期，银行可以通过组成银行公司，拥有多家银行的股权，变相设立分支机构。

(2) 借此进入非银行业务领域。在分业经营体制下，商业银行通过设立持股公司，控制、收购其他非银行金融机构的股权，借此进入非银行业务领域。90%以上的美国银行隶属于银行持股公司，而3/4以上的银行持股公司是单银行持股公司。通过银行持股公司，银行间接地进入了投资、信托、租赁、保险和信息服务等多种非银行金融业务领域。

(3) 持股公司较之其下属企业有更高的资信，并可使用一些法律禁止商业银行使用的筹资工具，这对银行等金融机构降低筹资成本，扩大融资渠道有很大的好处。目前，持股公司制已成为银行制度中越来越重要的一种组织形式。

持股公司制的缺点是易于形成垄断，不利于竞争。

(四) 连锁银行制

连锁银行制又称联合银行制，是指一个人或某一个集团购买若干独立银行的多数股份，进而控制这些独立银行的业务和经营决策。这种控制可以通过持有股份、共同指导或法律允许的其他方式完成。连锁银行的每个成员都有自己独立法人地位，具有自己的董事会，但由于受控于同一人或集团，因此还有统一的决策机构。

连锁银行制与持股公司制具有一定相似之处，但也有其区别：连锁银行制不设置持股公司，而是通过若干家银行互相持有对方股票，互相成为对方股东方式结成连锁关系。连锁银行虽然表面上是独立的，但在业务上互相配合、互相支持，常常调剂余缺、互通有无，而且其控制权往往掌握在同一财团手中，成为实质上的分支银行制。这两种银行制度都以美国为典型。

扩展阅读 6-1

2014 年世界十大商业银行

银　行	资产(百万美元)
中国工商银行，中国	3 181 884
汇丰银行有限公司，英国	2 758 447
中国建设银行，中国	2 602 536
法国巴黎银行，法国	2 589 191
三菱东京 UFJ 银行，日本	2 508 839
摩根大通银行，美国	2 476 986
中国农业银行，中国	2 470 432
中国银行，中国	2 435 485
法国农业信贷银行，法国	2 346 562
巴克莱银行，英国	2 266 815

第二节 商业银行与信用创造

一、商业银行信用创造的前提条件

（一）部分准备金制度

部分准备金制度又称法定存款准备金制度，即国家以法律形式规定存款机构的存款必须按一定比例，以现金和在中央银行存款形式留有准备的制度。对于吸收进来的存款，银行必须按一定比例提取存款准备金，其余部分可用于放贷。如果是100%的全额准备金制度，则根本排除了银行用所吸收的存款发放贷款的可能性，银行就没有了创造存款货币的能力。部分准备金制度的建立，是银行信用创造能力的基础，对一定数量的存款来说，准备金比例越大，银行可用于贷款的资金就越少；准备金比例越小，银行可用于贷款的资金就越多。

（二）非现金结算制度

非现金结算也称转账结算。在现代信用制度下，银行向客户贷款是通过增加客户在银行存款账户的余额进行的，客户则是通过签发支票来完成其支付行为的。因此，银行增加贷款和投资的同时，也增加了贷款额，即创造了派生存款。如果不存在非现金结算，银行就不能用转账方式发放贷款，一切贷款都必须付现，则无派生存款，银行也就没有创造信用的可能。

二、原始存款和派生存款

商业银行的存款有原始存款和派生存款之分。派生存款是相对于原始存款而言的，这两种存款在银行贷款规模的决定和对社会货币供应量的影响方面发挥着不同的作用。原始存款即银行的最初存款，它是指商业银行接受客户的现金而直接形成的存款。派生存款是指商业银行以原始存款为基础，通过放贷、贴现和投资等业务引申出来的存款，又称衍生存款。简而言之，派生存款是由银行本身发放贷款而创造出来的存款。

原始存款和派生存款的主要区别如下：

(1) 来源不同。原始存款是基础货币的一部分，而基础货币是通过中央银行资产业务注入流通的，因此，原始存款来源于中央银行。派生存款是直接由商业银行资产业务创造出来的，来源于商业银行，因此，中央银行对派生存款的控制是间接的。

(2) 与基础货币的关系不同。原始存款是基础货币的一部分，它的增减只是通过流通中现金货币与存款货币的互为转变，并不引起社会货币供应量的变化。而派生存款是基础货币的增量，它的增减变动直接影响社会货币供应量。

(3) 地位不同。原始存款决定派生存款，派生存款处于被决定地位。

(4) 与商业银行准备金的关系不同。原始存款的变化，使银行的准备金相应发生变化；而派生存款的变化却与准备金无关。

三、商业银行信用扩张的过程

为了说明商业银行体系如何创造信用，我们假定：第一，银行体系由中央银行及多家商业银行组成；第二，活期存款的法定准备金率为20%；第三，客户将其一切货币收入都存入银行体系；第四，准备金由库存现金及中央银行存款组成；第五，各商业银行只保留法定准备金而不持有超额准备金，其余均用于贷款或投资。

假定客户A出售证券获得10 000元，并以活期存款的形式存入甲银行。由于法定准备金率为20%，甲银行只需以2 000元作为准备金，其余8 000元全部贷出。

假定甲银行将8 000元贷给客户B，B以借到的8 000元全部用来向C购买商品，C将收到的8 000元存入乙银行。乙银行在接受8 000元的活期存款后，提取1 600元准备金，而将其余的6 400元全部贷出去。

假定乙银行将6 400元贷给客户D，而D又将全部用来购买E的商品，E将收到6 400元存入丙银行。丙银行在接受6 400元的活期存款后，提取1 280元准备金，而将其余的5 120元全部贷出去。丙银行将5 120贷给F，F又用于购买……这个过程可以无限地继续下去。

在这个过程中，每家银行都在创造存款，法定准备金的增加的过程等于最初的原始存款增加额。这也意味着由原始存款增加引发的存款扩张过程实际上也是这笔原始存款全部转化为法定准备金的过程。

若以B表示原始存款，D表示经过派生的存款总额，$r(0<r<1)$表示法定准备金率，则

$$D=\frac{B}{r}$$

将以上数据代入公式，得：$D=10\,000\div 20\%=50\,000$(元)

派生存款额$=D-B=50\,000-10\,000=40\,000$(元)

四、制约存款货币创造的因素

整个商业银行体系创造存款货币的能力不是无限的，而是有限的。这是因为存款货币的创造，不仅要受法定准备率的制约，而且还要受现金漏损率、超额准备率等因素的影响。

(一) 法定存款准备率对存款货币创造的制约

中央银行规定法定存款准备的目的，就是要限制商业银行创造存款货币的能力。例如，在法定存款准备率为10%的情况下，商业银行吸收20万元的活期存款，则必须至少保持2万元的法定准备金，其他部分才能用于放款。设K为商业银行体系创造存款的乘数，则$K=1/r_d$。所以，整个商业银行体系创造存款货币的数量受法定准备率的制约，其倍数与存款准备率是一种倒数关系。

(二) 现金漏损率对存款货币创造的制约

前面假定例子中，银行存款中无提取现金的现象，实际上在现实生活中并不存在，多数存款户总会有提现行为。所谓现金漏损率，是指银行存款中的提现现象，即总有一部分存款

被客户以现金形式提取，流出银行系统。现金漏损率与活期存款总额之比称为现金漏损率，也称提现率，一般以 h 表示。这个比率高，说明流出银行的现金就多，银行系统的现金储备相应减少，所创造的派生存款也相应减少；反之，提现率较低，说明流出银行的现金较少，银行系统的现金储备也较多，所创造的派生存款就相对多些。因此，当把现金漏损问题考虑进去后，商业银行体系创造存款的扩张乘数公式可以修正为：

$$K = 1/r_d + h$$

（三）超额准备率对存款货币创造的制约

为安全和应付意外之需，银行实际拥有的存款准备金总是大于法定准备金，这种差额称为超额准备金。超额准备金与活期存款总额的比率，称为超额准备率，一般用 r_e 来表示。

超额准备率的变化对商业银行信用创造的影响，同法定准备率和现金漏损率具有同等作用。如果超额准备率高，则银行信用扩张的能力缩小；如果超额准备率低，则银行信用扩张的能力提高。当再把超额准备金的因素考虑进去后，商业银行体系创造存款的扩张乘数公式可以进一步修正为：

$$K = 1/r_d + h + r_e$$

（四）定期存款准备金对存款货币创造的制约

在商业银行的存款中，既有企业等经济行为主体持有的活期存款，也有其持有的定期存款。当活期存款被转为定期存款时，银行对定期存款也要按照一定的法定准备率（r_t）提取准备金。假如，活期存款转化为定期存款的比率为 t，由于按 $r_t \cdot t$ 所提取的准备金是用于支持定期存款所需要的，尽管它仍保留在银行手中，但它却不能去支持活期存款的进一步的创造。因此，商业银行体系创造存款的扩张乘数公式又可以进一步修正为：

$$K = 1/r_d + h + r_e + r_t \cdot t$$

以上只是分析了存款货币创造过程中若干可测性因素对存款乘数 K 的影响，但就实际情况来说，银行能否多贷，不仅取决于银行的意愿，还要看企业是否需要贷款。在经济停滞和预期利润率下降的情况下，即使银行愿意多贷，企业也可能不要求贷款，从而可能的派生存款规模不一定能够实现。

第三节　商业银行的资本构成

一、商业银行资本的内容

关于银行资本的定义，在理论界一直存在着争论，没有形成统一的、被各国金融管理当局认可的定义。在本质上，商业银行资本同一般企业的定义应该是一样的，即属于商业银行或企业的自有资金才是资本，它代表着投资者对商业银行或对企业的所有权，同时也代表了投资者对所欠债务的偿还能力。但是，在实际工作中，一些债务也被当作银行资本，如商业银行发行的长期债券等。一般情况下,银行资本包括以下内容。

(一) 普通股

商业银行的普通股票金额,是商业银行所发行的股票数量与股票面值的乘积。例如,某商业银行普通股发行的数量是1亿股,股票面值为5元,那么,该商业银行普通股股票金额为5亿元。由于商业银行有两种渠道发行股票,一种是对外发行新股,另一种是将盈余或未分配利润转化为股本,从而直接增加该银行的股票数量。因此,商业银行可以通过这两种渠道增加资本。

普通股是商业银行资本中最基本的形式。普通股股东对银行拥有所有权,对银行的收益和剩余资产有索取权,对经营管理有参与权。商业银行通过发行普通股来增加资本有以下好处:① 由于普通股的收益随银行经营状况而变,而不是事先规定的,因此,商业银行通过发行普通股筹集资金有较大的灵活性;② 由于普通股股金是不需要偿还的,是银行可以长期使用的资金,这种资金的稳定性要比通过其他渠道筹集的资金高很多。

(二) 优先股

优先股是相对于普通股而言的,优先股是指在收益和剩余财产分配上优先于普通股的股票。优先股一般可以按事先约定的条件取得固定利率的股息。在商业银行破产时,优先股股东可以先于普通股股东索取剩余财产,但优先股股东没有投票权和选举权。

商业银行发行优先股有以下好处:① 由于只按固定的比率向优先股支付股息,商业银行不必向其支付红利,优先股的融资成本是事先确定的,这一点同商业银行发行债券没有区别;② 由于优先股股东没有投票权和选举权,普通股股东对商业银行的控制权不会因发行优先股而受到影响,从而也不会影响商业银行股票的市场价格;③ 在一般情况下,商业银行运用资金的获利能力要高于优先股的股息率,因此,发行优先股会给商业银行带来更多的利润,银行财务杠杆的效力会加强。

(三) 盈余

盈余是由于银行内部经营和外部规定而产生的,分为营业盈余和资本盈余两种。营业盈余是商业银行从每年的利润中逐年累积而形成的,各国法律一般都规定商业银行在经营之初和经营之中的盈余缴入。例如,在美国,国民银行在开业之前,必须拥有至少等于股金总额20%的缴入盈余,即超面值缴入资本。在营业之间,每年盈利的10%作为盈余,这一盈余逐渐累积,直到累积盈余总额等于股金总额。资本盈余是商业银行在发行股票时,发行价格超过面值的部分,即发行溢价。除上述两项之外,盈余账户还包括从未分配利润账户转移过来的资金。

(四) 未分配利润

未分配利润也叫延迟收益,是商业银行税后利润减去普通股和优先股股利后的余额。未分配利润是银行增加自由资本的主要来源,特别是那些无法通过股票市场筹集资金的小银行,更是如此。

利润也叫延迟收益,是商业银行税后利润减去普通股和优先股股利后的余额。未分配利润是银行增加自有资本的主要来源，特别是那些无法通过股票市场筹集资金的小银行，更是如此。

当商业银行经过一段时期的经营并获得了一定的收益后，商业银行可以根据需要将收益转化为资本，而不是将利润全部通过红利的方式支付给普通股股东。通过未分配利润来增加资本的好处如下：

（1）只需要将税后利润转入未分配利润账上即可，因此，不发行股票就能增加资本。

（2）由于不发行股票，商业银行节省了发行股票的中间费用，这实际上增加了银行的收益。

（3）对普通股股东有利。由于银行将未分配利润保留在银行，其权益仍属于普通股股东，这就相当于商业银行将利润支付给普通股股东，再由普通股股东投入该银行。如果普通股股东得到红利，那么他们要按照一国的税法缴纳一定数额的税，但通过将税后利润转化为未分配利润，就会使普通股股东少支付一笔税，这无疑对普通股股东是有利的。

（4）由于普通股股东的权益与所持有的普通股股份呈正比，将税后利润转化为资本，不会改变普通股股东的股权结构，对于稳定商业银行的经营管理是有利的。

（五）资本准备与坏账准备

商业银行为了应付意外事件的发生，需要从税后收益中提出一定量的资金。由于准备金的作用是应付商业银行的资产损失，因此也应该计入银行资本中。具体而言，资本准备是商业银行为了应付股票资本的减少而计提的。而坏账准备是商业银行为了应付贷款收不回、租赁资产收不回以及所持有的债券的呆账或价格的下降，而从收益中提取的。

在西方，商业银行贷款和证券投资的损失可以从税前收益中扣除，商业银行可得到税收方面的利益，因此，商业银行大多都倾向于保持较多的准备金。

（六）资本票据与信用债券

资本票据和信用债券是商业银行的债务，从本质上讲，不属于商业银行的资本。但这些债务与商业银行吸收的存款和对外的一般债务相比，存在很大的不同。在商业银行破产清理偿付债券时，这些债务仅先于优先股，而在担保债务、存款和一般债务之后。因此，这些债务具有资本的某些属性，故在商业银行资本定义中，将资本票据和信用债券也列为资本，但这种资本本质上是附属债务。

扩展阅读 6－2

银行应对资本充足率压力，积极优化资本管理

中国银行国际金融研究所研究员指出，2017 年经济增速趋缓，银行利润收窄，内源补充资本的来源有所松动。此外，银行规模扩张速度减慢，再加上不良风险暴露，银行业正面临资本充足率的压力。

研究员说："数据上看，银行资本充足率略有下降。动态上看，资本增速赶不及风险加权资产的增速。大行面临资本充足率的压力，股份制银行及城商行则面临一级资本充足率的压力。"

另一方面，《巴塞尔协议Ⅱ》对于银行理想的资本金结构的表述是：一级核心资本、一级其他资本和二级资本在总资本中占的比例分别为 71.4%、9.5%和 19.1%。截至 2017 年年末，我国银行业上述三类资本在总资本中的比例为 81.1%、2.6%和 15.8%，呈现出一级核心资本占比较高，一级其他资本较为匮乏，二级资本数量较为合理的结构。

银行的资本需求可以通过两方面来满足，一是银行通过盈利留存的内源性资本积累；二是资本市场再融资。

二、商业银行资本的作用

（一）保护存款人利益

商业银行大部分的经营资金来自存款，可以说商业银行是用别人的钱去赚钱的。如果银行的资产遭受了损失，资金收不回来，存款人的利益必然会受到影响。因此，银行资本给存款人提供一个承受损失的缓冲器，由于有银行资本的存在，即使发生了贷款和投资的损失，最先受到损害的是银行资本，而不是存款人的利益。

自从 20 世纪 30 年代的大危机之后，各国政府纷纷建立了存款保险机构。当商业银行发生亏损而无力支付存款人的提款时，存款保险机构将给商业银行支付一定数额的保险费。存款保险制度的建立，虽然削弱了银行资本保护存款人利益的能力，但银行资本的存在与大小仍然对存款人存款和提款的心理产生重要的作用。

（二）满足银行经营

与一般企业一样，银行从事经营活动，必须具备一定的前提。银行开业必须拥有一定的资本。虽然各国银行管理政策差别很大，但没有资本的存在，就意味着对自己的经营不承担责任，也就是把全部的风险都转移到存款人和其他债权人身上。这种银行制度显然是行不通的。

商业银行在日常的经营过程中会发生流动性方面的问题，也就是缺乏流动资金。当然，商业银行可以通过吸收存款等方法增加资金来源，可以通过出售债券等资产的方法来增加自己的流动性。但是，一旦银行出现流动性问题，上述两类方法都会给银行带来一定的损失，因为在银行出现困难时，它必须提高存款利率来吸收新的存款；而一般资产都会有流动性方面的障碍，因此资产的出售会因价格的被迫降低而受到损失。但如果银行有一定的资本或可以迅速扩充资本，那么银行就不会遭受太大的损失，相反，银行的经营能够正常进行。

（三）满足银行管理

市场经济国家的金融管理当局为了控制商业银行，从而保持整个金融体系的稳定，一般都对银行资本做出较为详细的规定。例如，金融当局规定银行开业所必需的最低资本额，商业银行设立分支机构的最低资本额，一家银行兼并另一家银行所必需的资本额等。商业银行只有符合金融管理当局的规定，才会得到必要营业许可。因此，银行资本对银行业务活动起到了约束作用，金融管理部门通过规定和调整银行资本的各种比率，实现了对商业银行的管理和监督。

第四节 商业银行的业务

一、商业银行的负债业务

(一) 商业银行负债的概念

商业银行的负债是指在商业银行经营活动中所产生的需要用自己的资产或通过提供劳务进行偿还的经济义务。它具有3个基本特点：

(1) 它必须是现实的仍然存在的。已经偿付的或者将来可能产生的经济义务都不能被称为负债。

(2) 它的数量必须能够用货币来计量。凡是不能够用货币来计量的经济义务，均不能称其为负债。

(3) 只有在偿付后才能消失。如果以债抵债，则是负债的延期，不会增加新的负债。商业银行的负债有广义与狭义之分，广义的负债指除银行自有资本以外的一切资金来源，包括资本性票据、长期债务资本等；狭义的负债主要指银行存款、借款等一切非资本性的债务，本节以狭义负债为研究对象。商业银行的负债业务就是指商业银行主动或被动吸收存款、短期性借款及其有关的各种活动。

(二) 存款类的负债

商业银行的吸入资金主要是存款，它是商业银行营运资金的主要来源。商业银行经营盛衰成败，主要是以其存款总额的大小为标志，大部分商业银行的存款负债占到其资金来源的60%以上。

1. 交易账户

(1) 活期存款。活期存款是指顾客不需要预先通知、可随时提取或支付的存款，在提款或支付时使用支票，因而也叫支票存款。活期存款构成了商业银行的重要资金来源，也是商业银行创造信用的重要条件。由于活期账户存取频繁，所花费成本较高，因而银行一般不支付利息。经营活期存款对商业银行有许多有利之处，如可以运用活期存款的稳定余额，不需支付较高的利息；支票多用于转账而不是提现，由此使银行可以周转使用，进行信用扩张，创造派生存款；还可以扩大与客户的信用联系，争取客户、争取存款及扩大存款等。

(2) 股金提款单账户。它是一种支付利息的支票账户，也是逃避利率管制的一种创新。建立股金提款单账户，存户可随时开出提款单，代替支票来提现或支付转账。在未支付或提现前，属于储蓄账户，可取得利息收入；需要支付或提现时，便可开出提款单(支付命令书)，通知银行付款，方便灵活又有利息收入。股金提款单并不是真正的支票，因为在通过商业银行进行清算时，它只作为第三方的工具，并且在收款人接受它之前，它不会自动被接受为银行的负债。

(3) 自动转账服务。这是允许存户资金自动地从储蓄存款和定期存款账户转移到活期存款的一种创新账户。主要内容是：客户同时在银行开设储蓄户和支票存款账户，支票账号的余额始终保持 1 美元，其余存款则转入储蓄账户并获得利息。当需要签发支票时，客户可以通过电话通知开户银行。这是支付利息的储蓄存款账户与可开支票的活期存款账户相结合的一种服务。

2. 非交易账户(储蓄账户)

(1) 定期存款是指在存入银行时便确定了存款期限，到期前一般不能提取的存款，这种存款的主要特点是稳定性强。商业银行的又一重要资金来源，银行可将它用于长期信用业务，并能支付较高的利息。近年来定期存款又创新了许多新形式，如定期存款开放账户、可转让定期存单、消费者存单、货币市场存单等。

(2) 定活两便存款是介于定期存款和活期存款之间的一种存款。它不确定固定的存款期限，可以随时续存和提取，其利率则根据存期的长短而自动升降。因此，这种存款对于存款者来说，既有活期存款的流动性，又有定期存款的盈利性，是以上两种存款的一种结合。

(3) 储蓄存款一般是个人或非营利单位为积蓄货币，取得利息收入而采用的一种凭存折或存单提取的存款方式，包括活期储蓄存款、定期储蓄存款等。对储蓄存款一般要支付利息，在商业银行负债业务中，居民储蓄存款是最普遍、最重要的业务之一。其特点是易变性强，对于通货膨胀、经济环境的敏感性高，如果出现挤兑，容易引发信心危机。

随着电子银行业的发展，银行在公共场所安装自动出纳机提款卡的形式。为储户提供 24 小时存款和提款服务，储蓄存款逐渐改为存提款卡的形式。

(三) 非存款类的负债

1. 同业拆借

银行间的同业拆借是银行获取短期资金的简便方法。通常，同业拆借要在会员银行之间通过银行间资金拆借系统完成。同业拆借的利率一般是由拆出行和拆入行共同协商确定的。我国的同业拆借利率也已实现了市场化，基本体现了市场对资金的供求关系。参与银行间同业拆借的金融机构也由原来的若干家银行扩展到有非银行金融机构参与的较大范围。

在同业拆借市场上，主要的拆借方式有隔夜拆借和定期拆借两种。前者是指拆借资金必须在次日偿还，一般不需要抵押。后者是指拆借时间较长，可以是几日、几个星期或几个月，一般有书面协议。

2. 从中央银行取得贴现借款

商业银行为满足资金需求，还可以从中央银行取得贴现借款。此时，商业银行需持中央银行规定的票据向中央银行申请抵押贷款。商业银行获得贴现借款的利率由中央银行规定，而这一利率恰是中央银行调节商业银行准备金的重要的利率之一，如果中央银行调高它的贴现率，则意味着中央银行将实施紧缩的货币政策；相反，贴现率的降低则意味着货币政策的放松。因此，通过调节中央银行的贴现率可以起到紧缩或放松银根的作用。

我国商业银行从中央银行申请贴现资金有一部分是通过票据贴现完成的，有一部分则以再贷款方式取得，即信用贷款。

3. 证券回购

近一个时期以来，银行持有政府短期债券的规模越来越大，作为流动性强、安全性高的资产，商业银行可以用签订回购协议的方式融资。回购协议的一方暂时出售这些资产，同时，约定在未来的某一日以协商的价格购回这些资产。回购协议可以是隔夜回购，也可以时间较长。

利用回购协议进行资金融通，不仅可以使银行充分利用这些优质资产，而且由于回购协议利率较低，如果银行以此融资用于收益较高的投资，则会带来更高的盈利。但是，回购协议也不是绝对安全的，有时也会发生违约风险。

4. 国际金融市场融资

商业银行利用国际金融市场也可以获取所需的资金，最典型的是欧洲货币存款市场。当银行所接受的存款货币不是母国货币时，该存款就称为欧洲货币存款，它最早起源于欧洲。

在国际金融市场上，融资利率有固定的也有浮动的。近年来，浮动利率广泛应用，尤其是中长期融资，参考的是伦敦同业拆借利率。

5. 发行中长期债券

发行中长期债券是指商业银行以发行人身份，通过承担债券利息的方式，直接向货币所有者举借债务的融资方式。银行发行中长期债券所承担的利息成本较其他融资方式要高，好处是保证银行资金的稳定。但是，资金成本的提高又促使商业银行不得不去经营风险较高的资产业务，这从总体上增大了银行经营的风险。

对于商业银行发行中长期债券，各国都有自己的法规限制。一般来说，西方国家比较鼓励商业银行发行长期债券，尤其是资本性债券。而我国则对此有非常严厉的限制。商业银行通过发行中长期债券获得的融资比例很低。

二、商业银行的资产业务

(一) 现金资产

狭义的现金资产是指银行库存现金。从一般意义上理解，现金资产是指广义上的现金资产，即包括现金和准现金。从构成上看，以下四类资产都属于银行现金资产的范畴。

1. 库存现金

这一部分现金是银行为了满足日常交易之需而持有的通货。库存现金属于非盈利性资产，其所需防护和保险费用较高。银行一般只保持必要的最低额度，超出额度的部分存入中央银行或其代理行。

2. 在途资金

在支票清算过程中，已经记入银行的负债，但实际上银行还未收到的那部分资金。例如，存款人将一张以A银行为付款人的支票存入B银行时，B银行将在自己的资产负债表的负债方记上该存款人相应余额的存款，但实际这笔资金尚需要一定的清算过程和时间才能够从A银行的账户转入B银行的账户，在这一清算过程完成之前，B银行只能在自己的资产负债表的资产栏中以在途应收资金形式加以体现。而收到后或是增加B银行在央行准备金账户的存款，或是增加其同业存款。这项资产在银行界被称为“浮存”。

3. 在中央银行的存款

各国货币当局均规定商业银行应在中央银行开设账户，作为银行准备金的基本账户。在中央银行的存款由两部分组成：一是法定存款准备金；二是超额准备金。

法定存款准备金是指按照法定比率向中央银行缴存的存款准备金。规定缴存准备金的最初目的是为了保证银行备有足够的资金,以应付存款人的提取,避免发生挤兑而引起银行倒闭。法定存款准备金具有强制性,商业银行必须按法律规定缴纳,一般不得动用,并要定期按银行存款额的增减而进行相应调整。

超额准备金是指在中央银行存款准备金账户中超出了法定存款准备金的那部分存款,银行可以用来进行日常的各种支付和贷放活动,如支票的清算、电子划拨和其他交易;当银行库存现金不足时,也可随时从该账户上提取现金。超额准备金是商业银行的可用资金。

4. 存放同业存款

存放同业存款是指存放在其他银行的存款。存放同业的款项主要是为了便于银行之间的票据清算以及代理收付等往来业务。同业存款为活期存款性质,可随时动用,因而通常被视为银行的现金资产,作为其营运资金的一部分。

(二) 证券投资

1. 商业银行证券投资的目的

(1) 获取收益。从证券投资中获取收益是商业银行投资业务的首要目标。商业银行最重要的业务是吸收存款,发放贷款,以获得差额利润。但是,激烈的银行竞争、贷款的高风险等多种因素都可能使银行无法找到合适的贷款对象,从而使资金暂时搁置。证券投资就是使闲置资金产生效益的好办法。银行从事证券投资,使闲置资金得到了充分利用,增加了收益。

(2) 分散风险。商业银行从事证券投资的第二个目的是分散风险。如果商业银行将资产全部集中在贷款上,那么,一旦贷款收不回来,银行就必须承担全部风险。银行若在从事贷款业务的同时,将部分资金用于证券投资业务,就有助于避免和抵消放款业务中可能存在的各种风险损失。同时,以证券投资分散风险比贷款更有利,证券投资的选择面广,不像贷款那样受地域限制,银行可以购买全国甚至全世界的证券,投资分散风险的范围也随之扩大。

(3) 增强流动性。商业银行保持一定比例的高流动性资产是保证其资产业务安全性的重要前提。西方商业银行一般要保持相当部分的短期投资,银行短期证券往往要占银行购入证券的25%左右。此外,银行购入的中长期证券也可在一定程度上满足流动性要求,只是相对而言,短期证券的流动性更强一些而已。

2. 商业银行证券投资的种类

(1) 政府债券。政府债券有三种类型:中央政府债券、政府机构债券和地方政府债券。

① 中央政府债券(又称国家债券),是指由中央政府的财政部发行的借款凭证。国家债券是银行证券投资的主要种类,主要原因如下:一是安全性高。国家债券是所有证券中风险最低的,因而被投资者誉为"金边债券"。国家债券发行者是中央政府,而中央政府在一般情况下是不会破产的,所以国家债券拒付的可能性几乎是不存在的,银行购买国家债券后,按期收回本息的可靠程度很高。二是流动性强。国家债券风险小,安全性高,转手比较容易;同时,它的供给需求的弹性均较小,一般不存在大起大落的价格变化,银行在出售国家债券时,不会遭受太大的损失。三是抵押代用率高。商业银行持有的国家债券,可以作为向中央银行再贷款的抵押品。

② 政府机构债券,是指除中央政府以外,其他政府部门和有关机构发行的借款凭证。

政府机构债券通常以中长期债券为主，流动性不如国库券，但它的收益率比较高。它虽然不是政府的直接债务，但通常也受到政府担保，因此，证券信誉比较高，风险比较低。

③ 地方政府债券，是中央政府以下的各级地方政府发行的债务凭证。地方政府债券通常按面值出售，由于投资地方政府债券可以免缴投资收益的国家所得税和地方所得税，因而地方政府债券的税后收益率比较高。因此，在西方国家商业银行成为地方政府债券的最大买主。

(2) 公司债券。

公司债券是指公司为筹措资金而发行的债务凭证，发行债券的公司向债券持有者做出承诺，在指定的时间，按票面金额还本付息。商业银行对公司债券的投资一般比较有限，其主要原因是：第一，公司债券的收益一般要缴纳中央和地方所得税，税后收益比其他债券低；第二，公司作为私人企业，其破产倒闭的可能性比政府机构大，因此公司债券的风险很大；第三，由于公司债券的税后收益率比较低，风险又比较高，因而公司债券在二级市场上的流动性不如政府债券。

(3) 股票。

由于工商企业股票的风险比较大，因而大多数西方国家在法律上都禁止商业银行投资工商企业股票，只有德国、奥地利、瑞士等少数国家允许。但是，随着政府管制的放松和商业银行业务综合化的发展，股票作为商业银行的投资对象已成为必然趋势。

(三) 银行贷款

在商业银行资金运用中，贷款不仅是重要的盈利资产之一，而且也是银行扩大影响，树立良好形象的重要手段。通过向信用可靠的借款人发放贷款，不仅能建立和加强与客户的关系，还能增强银行出售其他金融服务的能力。由于现代经济的发展，商业银行贷款的形式也不断创新。

1. 按贷款的期限分类

按贷款的期限分类，可以分为短期贷款和中长期贷款。短期贷款，银行对企业发放的短期贷款通常是指企业临时性季节性贷款，也可称为流动资金贷款。银行对企业发放的短期流动资金贷款具有自动清偿的性质。用借入的现金购买原材料、半成品或产成品等，然后进行生产和销售，再用收取的现金偿还银行贷款。这样，银行贷款的期限就是企业购买存货到产品销售的完成，通常会持续几个星期或几个月。中长期贷款是指贷款期限在 1 年以上的贷款。由于企业中长期贷款不具有自动清偿性质，只能用企业的收益或借新债来偿还，因此，贷款风险较大。

2. 按贷款的偿还期限分类

按贷款的偿还期限分类，可以分为活期贷款和定期贷款。

(1) 活期贷款也称通知贷款，这类贷款银行在发放时不确定偿还期限，银行可以根据自己资金调配的情况随时通知收回贷款。

(2) 定期贷款是指具有固定偿还期限的贷款，按偿还期限的长短，可以分为短期贷款、中期贷款和长期贷款三种。

3. 按贷款的保障程度分类

按贷款的保障程度分类，可以分为信用贷款和担保贷款。

(1) 信用贷款是指完全根据借款人的信用发放的、无须任何担保品的贷款。信用贷款一般只贷给那些信誉卓著的大公司。

(2) 担保贷款是指具有一定的财产或信用作为还款保证的贷款。借款人在申请贷款时,需要向银行提供抵押物或质押物作为财产依据和还款保证,或提供第三人作为保证人,保证其到期可还本付息。若借款人无法按期偿还本息,银行可依法处置其抵押物或质押物,或要求保证人偿还来弥补贷款损失。因此,担保贷款的风险较低,保障性较强。依据担保的分为以下几种方式:

① 抵押贷款,指由借款人或第三人向银行提供一定的财产作为抵押物而获得的贷款,一般以动产(如汽车、飞机、轮船等)和不动产(如房屋、土地等)作为抵押物。在抵押期间,抵押物的所有权仍归抵押人所有,但如果借款人到期无法偿还贷款,银行有权通过拍卖、变卖等方式处置抵押物,从价款中取得补偿。

② 质押贷款,指以借款人或第三人的动产或权利作为质押物而发放的贷款,通常可以作为质押物的有仓单、提单、合格的商业票据、可转让的股份和商标权、专利权及有价证券等。在质押期间,为保证贷款人的利益,质押人将失去质押物的所有权,而由第三方进行托管。当借款人无法履行还款义务时,贷款人可依法处置质押物,从拍卖或变卖等方式获得的价款中得以补偿。

③ 保证贷款,指第三人承诺当借款人无法按时偿还贷款时,其要按照约定承担保证责任或连带责任而发放的贷款。在此贷款中,主要债务人是借款人,但第三人因其保证和承诺,负有连带责任。

4. **按贷款的偿还方式分类**

按贷款的偿还方式分类,可以分为一次性还清贷款与分期偿还贷款。

(1) 一次性还清贷款是指借款人在贷款到期时一次性还清贷款的本息,一般适用于借款金额较小、借款期限较短的贷款。

(2) 分期偿还贷款是指借款人按贷款协议规定在还款期内分次偿还贷款,还款期结束,贷款全部还清。这种贷款适合于借款金额大、借款期限长的贷款项目。

5. **按风险程度分类**

按风险程度分类,可以分为正常贷款、关注贷款、次级贷款、可疑贷款和损失贷款。

(1) 正常贷款:借款人能够履行合同,没有足够理由怀疑贷款本息不能按时足额偿还。

(2) 关注贷款:尽管借款人目前有能力偿还贷款本息,但存在一些可能对偿还产生不利影响的因素。

(3) 次级贷款:借款人的还款能力出现明显问题,完全依靠其正常营业收入无法足额偿还贷款本息,即使执行担保,也可能会造成一定损失。

(4) 可疑贷款:借款人无法足额偿还贷款本息,即使执行担保,也肯定要造成较大损失。

(5) 损失贷款:在采取所有可能的措施或一切必要的法律程序之后,本息仍然无法收回,或只能收回极少部分。

正常、关注贷款通常称为正常贷款,次级、可疑、损失贷款称为不良贷款。

扩展阅读 6-3

资产证券化是提高商业银行流动性的现实选择

资产证券化反映了金融发展的必然性,是金融演进入了一个新阶段的标志,尤其是我国金融改革和创新的客观需要。发展资产证券化是解决商业银行流动性的需要，是提高我国商业银行流动性，分散风险的必然选择。

资产证券化是将传统非市场化的银行资产负债平衡表表内资产转变为市场化的有价证券。资产证券化作为一种金融工具正逐渐在全球范围内被广泛运用，它在债券市场中的作用性日益明显，并改变了全球的金融结构和信用配置格局。目前，我国已经开始借鉴国外的经验进行资产证券化方面的有益尝试，并取得了阶段性成果。

目前，我国商业银行出现了"储蓄过剩，信贷紧缩"，各商业银行的贷存比一般都在70%以下，由此一些业内人士对我国商业银行开展资产证券化的必要性产生了怀疑、观望和忧虑的态度。我们举个简单例子来说明这一问题，假定W银行有10 000亿元的盈利资产总额，其中备付金为1 000亿元，债券投资为2 000亿元，剩下700亿元为贷款，而这7 000亿元有3 500亿元在当期到期，其余3 500亿元为中长期贷款或未到期的短期贷款。如果不考虑不良资产等其他因素，则W银行的备付金比率约为10%，当期可变现的资产总额为6 500亿元(现金、债券与到期回收贷款之和)。如果当期支取活期存款量为3 200亿元，且有3 300亿元的定期存到期。在此情况下，W银行支付不会出现问题。假如在当期到期的贷款中，由于不良贷款收回再贷等原因占比达20%，则实际只可回收2 800亿元。如果不能在该时点出售其他资产或者融入资金，也仅有5 800亿元的支付能力，尚存在700亿元的资金缺口，从而W银行将出现流动性危机。

随着我国商业银行的体制、机制改革不断深化，我国银行资产恶化的势头得到相当有效的遏制，但在经济增长方式的转变、经济结构逐步调整的过程中，潜在的不良资产隐患将逐步暴露。其次，短期贷款的展期及收回再贷、长贷短存的期限错配等一系列问题，导致了我国商业银行资产的不流动、假流动和低流动，使得商业银行看似有较好的流动性，但实际却面临严重的流动性挑战。

资产证券化是解决商业银行流动性的重要途径。资产证券化最基本的功能是提高资产的流动性，传统的流动性管理已经不足以完全解决流动性隐患，资产证券化架起了货币市场与资本市场沟通的桥梁。国债金融债券等投资产品，增加了商业银行流动管理手段的选择。

(四) 票据业务

商业银行的票据业务包括票据贴现和票据抵押放款两种。

1. **票据贴现**

票据贴现是银行买入未到期的票据借以获得利息收益的一种业务。从表面上看，这是一种票据的买卖，但实际上则是银行资金的贷出，因为出票人对持票人是一种负债关系。在未贴现以前，他对银行的客户负债，贴现以后则对银行负债。所以，票据买卖的实质只不过是债权的转移，是银行通过贴现而间接地把款项贷放给出票人。既然银行把货币支付给申请贴现者，并要在票据到期时才能由出票人偿还这笔款项，那么银行就要向客户收取一定的利息。

从资金运用角度来看，票据贴现有一定的优点：票据的期限一般为3个月，而贴现的期限最长不超过3个月，银行贴现资金的收回较一般比贷款快；票据可自由流通，银行急需资金时可向其他银行贴现；票据是在商品交易中产生的，资金运用较安全，万一银行到期收不到款可向该票据的各关系人追偿。

2. 票据抵押放款

票据抵押放款对银行来说只不过是以票据作为担保进行放款，而客户在取得资金时并未出售票据，只是以票据作为抵押，因此，票据的所有权没有发生转移。如发生违期，银行有权将票据变卖或做其他处理以收回贷出货币。

三、商业银行的中间业务

中间业务是指银行以中间人和代理人身份替客户办理结算、信托、租赁和其他委托事项，提供各类金融服务并收取一定手续费或佣金的经营活动。在传统业务中，无论是吸收存款所形成的负债业务，还是发放贷款所形成的资产业务，银行都是作为信用活动的一方参与的。

而在中间业务中，银行却不再直接作为信用活动的一方，而是扮演中介或代理的角色，实行有偿服务。中间业务不占用或很少占用银行的资产，也不构成商业银行的表内资产和表内负债，但是能为银行增加收益。

(一) 结算业务

结算是指商业银行通过提供结算工具，为客户办理因债权债务关系引起的货币支付、资金划拨行为的业务。其是在商业银行存款业务的基础上而产生和发展的业务。

1. 结算形式

一般而言，结算可划分为两种不同的结算形式，即现金结算和转账结算。

(1) 现金结算，是指通过使用现金的方式来完成货币收付的一种结算方式。但是，在我国，这种结算方式使用的范围较小，要受到很多的限制，只有在规定的范围内才可使用。

(2) 转账结算是以票据和结算凭证为依据，通过银行转账方式，将款项从付款人账户转到收款人账户的一种结算形式。由于转账结算较为方便而且可节约大量的现金，因此，该种结算方式所占的比重较大。

2. 结算工具和方式

结算业务主要包括结算工具和结算方式两部分的内容。结算工具是指商业银行在结算过程中使用的各种票据，如支票、本票、汇票等，这些内容在前面的信用章节已有介绍。

结算方式是经济往来中对货币收付的程序和方法，包括同城结算和异地结算。

(1) 同城结算。同城结算是收款人和付款人在同一地区的银行开户而进行款项划拨的结算方式。假设收款人和付款人的银行账户在同一地区同一银行，就可将资金直接从付款人账户转移到收款人账户，这种情况最为简单。但如果双方账户在同一地区却不在同一银行，这时就需要通过同城票据交换所来结清银行间的债权债务关系。由于每家商业银行和票据交换所都在中央银行开设了存款账户，因此，可通过中央银行的存款账户来结清彼此之间的款项。

(2) 异地结算。异地结算是收款人和付款人不在同一地区的银行开户而进行款项划拨的结算方式。异地结算的方式包括汇兑、托收、信用证和电子资金划拨系统。① 汇兑结算，由付款人委托银行将款项汇给外地某收款人的一种结算方式，包括电汇、信汇和票汇三种。② 托收结算，指债权人或售货人为向外地债务人或购货人收取款项而向其开出汇票，并委托银行代为收取的一种结算方式。③ 信用证，指银行根据申请人的要求，向受益人开立的载有一定金额、在一定期限内凭单据在指定地点付款的书面保证文件。信用证的使用，能够避免购货人拖欠货款或不按合同付款的结算风险。④ 电子资金划拨系统，指商业银行在结算业务中利用电子计算机等技术来建立的各种地区性、全国性甚至国际性的大型网络化电子资金转移系统，从而加速了资金的周转，节约了相关的业务费用。

（二）信托业务

信托业务是指银行受客户（委托人）的委托，代为管理、经营和处理财产的业务，并依照约定的规定为指定的受益人谋取利益的经济行为。信托业务按对象可划分为对个人和对社团企业两个方面。对个人的信托业务包括代管财产、办理遗产转让、保管有价证券和贵重物、代办人寿保险等。目前因旅游业发达，银行的信托业务还为委托人设计旅游路线，另外还代拟家庭预算，代办个人纳税等。

对社团企业的信托业务包括代办投资，代办公司企业的筹资事宜（如股票、公司债券等的注册、发行及股息红利分发、还本等事宜），代办合并或接管其他企业，代管雇员福利账户和退休养老金的发放、业务咨询，代理政府办理国库券、公债券的发行、推销以及还本、付息等。

银行经营信托业务一般只收取有关的手续费。至于在营运中获得的收入则归委托人所有。银行开展这项业务，可把占用的一部分信托资金用于投资业务。信托业务一般由专门的信托公司办理，但大的商业银行也设有信托部经营这种业务。

第二次世界大战后，信托业务发展极为迅速。其原因在于银行资产负债业务的联系面广、熟悉行情、信息渠道畅通，而且也和银行营运信贷资金密切相关。同时由银行承办信托业务，较之个人之间的委托有许多优点，即银行要承担信誉和债务上的责任，应变能力强等。银行承办信托业务，不仅可以把一部分信托资金留归自己使用，而且可以掌握大量企业股票，从而取得一些企业的控制权。

《中华人民共和国商业银行法》规定：商业银行不得办理信托投资业务，但可以代理保险业务。

（三）租赁业务

租赁是指财产所有权与使用权之间的一种信用关系，是出租人以收取租金为条件，在一定期限内，将某项财产交付承租人使用的一种特定的经济行为。所有者（出租人）按合同规定，将财产租给使用者（承租人）使用，按期收取租金，承租人只有使用权，所有权仍归出租人，是一种所有权和使用权相分离以及融资和融物相结合的业务。

一般而言，租赁业务可分为融资性租赁和经营性租赁两大类，而商业银行经营较多的则是融资性租赁业务。所谓的融资性租赁是商业银行出资购买承租人所需的设备，后将设备租给承租人使用，从中收取租金以收回设备的投资、利息和应得利润的一种融资方式。这类租赁业务的租期一般都比较长，接近设备的使用年限，在使用期间内，由承租人负责设备的维修和保养。且在租赁期限内，承租人不得退租，若租赁期满后，其可选择退租、续租或留购。具体而言，融资性租赁包括自营租赁、转租赁、售后回租和杠杆租赁几种。

（1）自营租赁，指出租人购买承租人指定的设备，并将其出租给承租人使用的一种。

（2）转租赁，指出租人因缺乏资金或其他原因，先以承租人身份向其他出租人租进客户所需的设备,然后再以出租人身份将设备转租给承租人使用。

(3) 售后回租,指承租人在资金紧张时,先将自己的设备卖给出租人,然后再重新租回使用。

(4) 杠杆租赁,指出租人只出较少的资金购买租赁设备,剩余的款项通过银行贷款来完成,然后在设备出租后用取得的租金来偿还银行贷款。这种租赁方式适合资本密集型设备的租赁。

(四) 代理业务

代理业务是指商业银行接受客户的委托,代为办理客户指定的经济事务的业务。这项业务充分利用了商业银行自身的信息、机构网络信誉等优势,为客户提供多种多样的金融服务。在经营代理业务时,商业银行要遵循不为客户垫款,不参与客户收益分配的原则,而只是从中获取手续费。

商业银行的代理业务主要包括:① 代理收付(如代发工资、代理收付罚款、税款、劳务费、水电等生活费用等);② 代理证券(如代理发行股票和债券、代理有价证券的买卖、代发股息红利等);③ 代理融通(商业银行为客户代为收取应收账款,并为客户提供资金融通);④ 代理保险(商业银行为保险公司代办财产和人身保险等业务);⑤ 代理保管(商业银行代客户保管各种贵重物品、有价证券和出租保管箱)等。

(五) 咨询业务

信息和资金已同时成为商业银行的两大主要商品,银行既是信用中介,又是信息中介。由于银行对市场情况了解较多,所以企业经常咨询有关业务。因此,一些国家的大型商业银行设立专门机构从事此项业务,包括企业资信评估,提供商品市场供需结构变化趋势,估算流动资金情况,分析成本,选择客户等。随着银行信息咨询服务的不断开拓,信息收入将与利息收入一样成为银行的主要收入来源。

四、商业银行的表外业务

表外业务是指商业银行所从事的业务发生时不影响商业银行的资产负债总额和结构,但在一定条件下可能转化为商业银行的资产或负债,能够为商业银行带来可观的业务收入或减少风险的那些业务。主要的表外业务有备用信用证、贷款承诺和贷款出售。

(一) 信用证业务

信用证可分为货币信用证和商品信用证两种。货币信用证是客户以一定款项交与银行后,银行发给客户的一种记账凭证,证明客户有权在其他城市向该行分支机构或其他往来银行兑取所交金额的一部分或全部作为一种特别汇兑,银行能从中占用资金。

商品信用证业务是指客户委托银行根据客户所指定的条件向异地的卖主支付货款。其过程是:客户请求银行向卖主开出信用证,信用证上注明支付货款时所应注意的事项,包括货物规格、数量、发货凭证等,卖主根据信用证条款发货后把有关凭证寄交给发证银行审查,当证明这些凭证符合信用证所开列条件后,卖主即可取得货款。

(二) 贷款承诺

贷款承诺是银行与借款人之间达成的一种具有法律约束力的正式契约，银行将在有效承诺期内，按照双方约定的金额、利率，随时准备应客户的要求向其提供贷款服务，并收取一定的承诺佣金。商业银行收取一定的佣金原因在于银行需要保持一定的流动性去应付客户随时贷款的需要，这样就使得银行必须放弃其他的放款和投资业务带来的收益，因此借款人需向银行缴付费用来弥补其损失。

银行通过贷款承诺业务为借款人提供了较为灵活的信贷资金，同时也提高了自身的盈利性。

(三) 贷款出售

贷款出售是指商业银行通过将已发放的贷款出售给其他金融机构或投资者以收取手续费的一种业务。贷款在销售之后，商业银行需向购买者提供售后服务，如代理收取利息、对贷款资金的用途进行监督、管理抵押品等。

扩展阅读 6－4

国内信用证业务的实际运用

对于外贸企业，充分运用国内信用证业务，可以解决陌生交易者间的信用风险问题。它以银行信用弥补了商业信用的不足，规避了传统人民币结算业务中的诸多风险。同时，信用证也没有签发银行承兑汇票时所设的金额限制，使交易量更具弹性，手续更简便。

首先，刚开始在国内贸易中发生业务往来的两家企业，由于互相不熟悉，如果采取国内信用证这一结算方式，双方可以通过单证进行约束，由银行进行单证的审核并由银行承担第一性付款责任，买卖双方的交易安全将得到保障。

其次，买方双方可以利用在开证银行的授信额度来开立延期付款信用证，提取货物，用销售收入来支付国内信用证款项，不占用买方的自有资金，优化了资金使用效率。

最后，卖方按规定发货后应收账款可转换为银行信用保障，可以杜绝拖欠、坏账。除了可以规避陌生客户的采购风险，国内信用证业务还可以解决国内贸易对手双方存在着由于交易地位不对等，或交易信息不对称导致商品难以成交的问题。

第五节　商业银行的经营管理

一、商业银行资产管理理论

早期商业银行的利润主要来自贷款、投资等业务。银行能够主动加以管理的也只有资产业务，因为负债业务主要取决于客户的存取意愿，银行对此只能被动接受，难以加以管理。因此，早期的商业银行都奉行资产管理理论，把经营管理重点放在资产方面。在商业银行的发展历程中，资产管理理论相继经历了商业性贷款理论、资产转换理论和预期收入理论等 3 个阶段。

(一) 商业性贷款理论

商业性贷款理论又称“真实票据理论”，银行资金来源主要是吸收存款。从客观事实出发，考虑到保持资产流动性的要求，主张商业银行只应发放短期的，与商品周转相联系或与生产物资储备相适应的自偿性贷款，即随物资周转发放贷款，待销售过程完成后，贷款会从收入中得到偿还。这种贷款是以商业行为为基础，有真正的商业票据为凭证。商业性贷款既符合银行资产流动性要求，又适当地考虑到了盈利性。而且，由于贷款是随商品交易活动伸缩的，不会引起货币和信用膨胀。

这一理论的出现与当时社会经济尚不发达，商品交易限于现款交易，银行存款以短期为主，经济社会对贷款需求仅限于短期。但是当借款人的商品卖不出去，或应收账款无法收回，或其他意外事故，贷款到期不能偿还的情况还是会发生的，自偿性就不能实现，而且随着经济不断增长，公众手中流动资产剧增，信用普遍发展的情况，银行吸收存款不但数额庞大，其中定期存款所占比重也不断升高，这时银行贷款如仅限于自偿性的短期贷款，资金周转势必不畅，不但影响经济社会对中、长期贷款的需要，也会影响银行的盈利水平。所以当今西方学者和银行家已不再接受或不完全接受这一理论。

(二) 资产转移理论

随着金融市场的进一步发展和完善，金融资产多元化且流动性增强，商业银行持有的短期国库券和其他证券增多，银行对保持流动性有了新的认识，应运而生的是资产转移理论，简称转移理论。这种理论认为，银行能否保持其资产的流动性，关键在于资产的变现能力。只要掌握了一定量的、信誉好、期限短，且易于出售的证券，并在需要资金时，能够迅速地、不受损失地出售或转让出去，银行就能维持其经营的流动性。

资产转移理论最早是由美国的莫尔顿在 1918 年《政治经济学杂志》上发表的论文《商业银行及资本形成》中阐述的。第一次世界大战结束后，美国因军费开支巨大，导致公债大量发行，与此同时，经济危机开始发生和加深，接着又爆发第二次世界大战，导致企业和个人对银行的借款需求急剧减少，而政府的借款需求猛增，银行把大量短期资金投入政府债券，证券成为银行保持资产流动性的主要投资对象，也是商业银行保持流动性的一种全新而积极的方法。

这种理论也有一定的缺陷：当各家银行竞相抛售证券时，有价证券将供大于求，持有证券的银行转让时将会受到损失，因而很难达到保持资产流动性的预期目标。资产与负债期限的不对称也必须有一定的界限，在实际工作中这一界限很难能准确确定。

(三) 预期收入理论

第二次世界大战后，经济发展带来了资产多样化需求，尤其是大量的设备和投资贷款的需求，而且消费经济需求也增加了。加上金融业竞争加剧，业务开拓和发展迫在眉睫。这时，贷款和投资的预期收入，引起了商业银行经营者的高度重视，预期收入理论应运而生。

预期收入理论是一种关于银行资产投向选择的理论，其基本思想是：商业银行的流动性应着眼于贷款的按期偿还或资产的顺利变现，而且商业银行贷款或可转让的资产，其偿还或变现能力都以未来的收入为基础。只要未来收入有保证，即使是长期贷款，仍可保持流动性。反之，如果没有未来收入作保证，即使是短期贷款，也存在发生坏账，到期收不回来的可能。因此，银行应根据借款人的预期收入来安排贷款的期限、方式，或根据可转换资产的变现能力来选择购买相应的资产。

该理论最早是由美国的普鲁克诺于1949年在《定期放款与银行流动性理论》一书中提出的。这种理论指出了银行资产流动的经济原因，为银行业务经营范围的进一步扩大提供了理论根据，商业银行不仅发放短期贷款，还对一些未来收入有保证的项目，发放中、长期贷款。

基于这一理论，银行在一定条件下，可以发放中长期设备贷款、个人消费贷款、房屋抵押贷款、设备租赁贷款等，使银行贷款结构发生了变化，成为支持经济增长的重要因素。这种理论的主要缺陷在于银行把资产经营建立在对借款人未来收入的预测上，而这种预测不可能完全准确。而且借款人的经营情况可能发生变化，到时不一定具备清偿能力，这就增加了银行的风险，从而损害银行资产的流动性。

二、商业银行负债管理理论

负债管理理论是以负债为经营重点来保证流动性和盈利性的经营管理理论，其理论的核心是主张以借入资金的办法来保持银行流动性，从而增强资产业务，增加银行收益。我们主要介绍银行券理论、存款理论和购买理论。

（一）银行券理论

银行券理论是一种古老的银行负债理论。在商业银行的早期，人们将金银或铸币存入银行由银行开出支付凭证，允诺持票人凭票即可兑现金银或铸币。这种凭证即为银行券，其背后有相应的贵金属资产作保证。当银行家们发现持票人一般不会同时要求兑现，即对所发行的银行券不需要百分之百的金银作准备之后，就通过多发行银行券的方式为银行谋取利润，构成银行的基本负债。但是，当银行券发行过多、贵金属准备不足时就会造成信用危机，带来通货膨胀，迫使政府干预。虽然现代商业银行已不再拥有银行券负债，但其发行原理仍有现实意义。

（二）存款理论

自从各国建立起中央银行制度以后，商业银行失去了发行银行券的职能，即失去了发行货币的职能。存款理论就成为商业银行负债管理的主要理论。存款理论认为，存款是商业银行最重要的资金来源。商业银行的一切资产经营活动都以存款为基础，没有存款就等于切断了商业银行的资金来源。由于存款是存款者放弃货币流动性以获得货币的保值和增值的那部分货币，存款者的行为完全取决于其存款的意图或者投资于其他项目之间的选择，因此，商业银行在吸收存款上是完全被动的、受支配的。

存款理论认为，存款者的存款动机是保值或增值，他们最为关心的是存款的安全；而银行最担心的是存款者同时提现，发生挤兑，这也是安全性问题。因此，存款理论以安全性为核心，强调依照客户的意愿组织存款，遵循安全的原则管理存款，根据存款的状况安排贷款，通过贷款的收益支付利息。

无论是银行券理论还是存款理论，都属于商业银行的被动负债理论。它们只注重负债的安全性问题，在考虑资产的流动性问题时，往往只设法调整资产结构，基本不考虑调整负债结构。因此，这两种负债理论只是在商业银行资产管理理论占主导地位时期作为指导负债业务的基本原则。直到20世纪60年代前期，负债管理的购买理论兴起，商业银行经营管理才开始真正由资产管理理论转变为负债管理理论。

（三）购买理论

购买理论产生于20世纪50～60年代，它实际上也是一种关于银行流动性的理论。该理论认为，商业银行对于负债并非完全消极、被动地接受，其资金来源不仅仅是传统的被动性存款，商业银行还可以主动争取得到其他存款和借款。商业银行的流动性不仅可以通过加强资产管理获得，而且也可以通过加强负债管理而获得，只要商业银行资金来源广泛而且及时，商业银行的流动性就有保证。商业银行没有必要一定在资产方保持大量高流动性资产，而是应当将它们投入高盈利的中、长期贷款和投资中去，必要时，甚至可以通过借入资金来将贷款规模扩大，以获取更多的盈利。

三、商业银行资产负债综合管理

资产管理理论和负债管理理论，在保持安全性、流动性和盈利性的均衡方面，都存在片面性。资产管理理论过于偏重安全与流动，在一定条件下以牺牲盈利为代价，不利于鼓励银行家的进取精神；负债管理理论，能够较好地解决流动性和盈利性之间的矛盾，鼓励银行家的进取精神，但它过分依赖于外部条件，往往带有很大的经营风险。

20世纪70年代末80年代初，由于大量存在的汇率、利率风险，单一的资产管理或负债管理已不复适用，银行为了求得生存和发展，获取高额利润，就只有对资产和负债进行全面管理，资产负债管理理论由此产生。资产负债综合管理的基本思想是在资金的配置、运用以及在资产负债管理的整个过程中，根据金融市场的利率、汇率、银根松紧等变动情况，对资产和负债两个方面进行协调和配置，通过调整资产和负债双方在某种特征上的差异，达到合理搭配的目的。该理论是以资产负债表的各科目之间的"对称原则"为基础，来缓和流动性、盈利性和安全性之间的矛盾的。

扩展阅读6-5

中国存款保险制度

1993年12月，我国在《国务院关于金融体制改革的决定》中第一次正式提出要建立存款保险制度。之后几年，随着银行挤兑案例的出现，如海南发展银行、威海城市合作银行的挤兑事件，进一步推动了存款保险制度的出台。此外，2008年金融危机的发生，让我们目睹了各国存款保险制度在防范金融危机传染与深化上所起的关键性作用。再加上，我国利率市场化进程的加快和民营银行试点的推进，更让我国意识到建立显性限额存款保险制度的必要性。

我国一直以来都在实行隐性全额存款保险，国家并没有出台相关法律进行明确规定，而且当银行面临破产倒闭的危机时，都是由政府或中国人民银行出面处置，而最终造成的损失都转移到了纳税人和货币持有者身上。

2014年11月30日，国务院法制办、中国人民银行发布《存款保险条例(征求意见稿)》，标志着我国酝酿已久的存款保险制度即将正式出台。该条例指出存款保险实行限额偿付，最高偿付额为人民币50万元；存款保险基金主要来源于投保机构缴纳的保费，在投保机构清算中分配的财产，存款保险基金管理机构运用存款保险基金获得的收益以及其他合法收入；存款保险费率由基准费率和风险差别费率构成，各投保银行的投保费率将参考资本充足率、资产质量流动性、机构经营能力等反映投保机构经营管理状况和风险状况的诸多指标综合确定。

存款保险制度的建立，将我国一直以来的政府隐性担保转化为显性担保，使市场机制发挥充分作用，促进银行业的良性竞争和差异化经营，有利于银行业转型升级和可持续发展，从而进一步推动了市场化进程。

小知识

所谓 50 万最高限额，是指同一存款人在同一家银行的所有存款账户的本金和利息加起来，在 50 万元以内的全额赔付。超过 50 万元的部分，将依法从投保机构清算财产中受偿。根据央行此前测算，50 万元的最高赔付限额将覆盖 99.63%的存款人的全部存款。

第六节 商业银行监管

银行业监管是指国家金融监管机构对银行业金融机构的组织及其业务活动进行监督和管理的总称。商业银行是作为货币资本的出者与借入者的中介人，实现资本的市场融通，并承担中央银行货币政策践行者的职能，在整个金融体系中居于核心地位。所以，一国金融监管机构会重点关注本国银行业是否健康运行。

一、银行业监管的内容

各国金融管理当局对商业银行监管的内容多种多样，常见的是把它们分为两类：一类是预防性管理措施；另一类是保护性管理措施。

(一) 预防性管理

预防性监管主要包括市场准入、业务范围的限制和规定、银行在开展业务活动时应遵守的基本规则等内容。

1. 市场准入管理

不管哪个国家，新设立金融机构都必须经有关主管当局审查批准，并依法登记注册，领取营业执照。我国商业银行法规定，设立商业银行，应当经中国人民银行审批。审批内容包括审批注册机构、审批注册资本、审批高级管理人员的任职资格、审批业务范围等。

2. 业务活动范围的管理

按规定，商业银行不得从事信托投资和股票业务，不得投资于非自用不动产，不得向非银行金融机构和企业投资。

3. 资本充足性管理

银行资本除具有营业职能(购置固定资产)和保护职能(对存款和债务提供保护)外，还具有监管的职能，即通过规定资本与银行的资产或负债保持一定的比率来限制银行资产业务规模，控制风险。其公式如下：

资本充足率=资本-资本扣除项÷风险加权资产+12.5倍市场风险资本

核心资本充足率=核心资本-核心资本扣除项÷风险加权资产+12.5倍市场风险资本

说明如下:① 资本包括核心资本和附属资本;② 核心资本包括实收资本或普通股、资本公积、盈余公积、未分配利润和少数股权;③ 附属资本包括重估储备、一般准备、优先股、可转换债券和长期次级债务;④ 附属资本不得超过核心资本的100%,计入附属资本的长期次级债务不得超过核心资本的50%;⑤ 计算资本充足率时,扣除项包括商誉、商业银行对未并表金融机构的资本投资、商业银行对非自用不动产和企业的资本投资;⑥ 计算核心资本充足率时,核心资本扣除项包括商誉、商业银行对未并表金融机构资本投资的50%、商业银行对非自用不动产和企业资本投资的50%;⑦ 银行的风险加权资产是指按照各种资产不同的风险权重比例计算的资产总量。

1988年《巴塞尔协议》要求签约国银行的资本对其经济加权计算的风险资产的比率(资本充足率)不得小于8%。《巴塞尔协议》资本充足性衡量指标见表6-1。

表6-1 《巴塞尔协议》资本充足性衡量指标

商业银行资本要求	资本充足	资本不足	资本严重不足
资本充足率	≥8%	<8%	<4%
核心资本充足率	≥4%	<4%	<8%

4. 流动性管理

流动性不足是导致银行危机的最直接原因之一。因此,各国都要求银行必须保持一定的流动性资产,通常是规定商业银行持有的具有一定程度流动性的资产必须要在总资产中占有相当的比例,这就是流动性资产比例,是监管当局为防止银行资金周转不灵而采取的一项重要的措施。流动性管理具体衡量指标见表6-2。

表6-2 流动性管理指标

指 标	流动性比例	流动负债依存度	流动性缺口比例
要求	≥25%	≥60%	≥10%
含义	流动资产与流动负债之比	核心负债与总负债之比	流动性缺口与90天内到期表内外流动性资产之比

5. 对存款经营的管理

网络对存款经营进行管理的内容包括:① 对存款种类及支付程序的管理;② 对存款利率的管理。一是实行国家统一规定利率制度;二是实行自由化利率制度;三是实行浮动利率制度,设有上下限。我国目前处于从第一种类向第三种类过渡的阶段。③ 对存款人的保护。比如,我国规定银行办理储蓄存款应当遵循存款自愿、取款自由、存款有息、为存款人保密的原则;对各种存款,除法律另有规定外,银行有权拒绝任何单位或个人查询冻结扣划;银行应当保证存款本金和利息的支付,不得拖延、拒绝。

6. 收益合理性

收益合理性的内容包括:① 对收入的来源和结构进行分析;② 对支出的去向和结构进行分析;③ 对收益的真实状况进行分析。收益合理性的衡量指标见表6-3。

表 6-3 收益合理性的衡量指标

指 标	成本收入比	资产利润率	资本利润率
要求	<35%	≥0.6%	≥11%
含义	营业费用与营业收入之比	净利润与资产平均余额之比	净利润与所有者权益平均余额之比

(二) 保护性管理

银行监督管理制度除了事先采取一些预防性措施以外,还必须有事后的补救手段,以便银行发生倒闭事件或者濒临倒闭时,可以及时补救,确保存款人利益,稳定金融体系,避免金融恐慌。保护性管理包括存款保险制度和紧急救援两个方面。

存款保险制度是国家通过建立存款保险机构对银行存款进行保险,以免在银行破产时,存款人遭受损失的制度。这一制度的基本功能有:第一,保护存款人的利益,参加存款保险制度的存款机构经营破产不能支付存款时,将由保险机构在一定限度内代为支付;第二,维持信用秩序,促进金融体系的稳定。

紧急救援是当一个银行出现清偿能力危机时,如果中央银行或有关金融管理当局无意令其关门,就要采取有关行动进行抢救。其方式有:① 提供贷款以解决支付能力问题。具体办法是,由中央银行直接提供贷款或者中央银行和商业银行共同建立的特别机构提供贷款,也有的是官方临时组织大银行集资救助,还有的是存款保险机构出面提供资金。② 兼并。中央银行或存款保险机构支持大银行兼并有问题的银行,继承其资产和债务。③ 担保。由政府出面担保,购买有问题银行的资产,或者在有问题银行大量存款,或者收购有问题的银行,帮助有问题的银行渡过挤兑和清偿的难关。④ 接管。由金融管理当局对接管的银行采取必要措施,以恢复其正常经营能力。

值得注意的是,存款保险制度和紧急救援的保障作用,有可能造成银行在无"后顾之忧"的情况下从事高风险资产经营,形成新的不安全因素"道德风险",即银行将风险转嫁给有关金融管理当局。对此,必须加强预防性的管理监督措施来对此进行制约。

二、银行业监管的基本方法

金融监管的方法一般可归纳为中央银行(或其他监管当局)的直接监管和间接监管两类。

(一) 直接监管

直接监管是指稽核、检查。根据《银行法》,中央银行有权要求金融机构按照规定报送资产负债表、利润表以及其他财务会计报表和资料;有权对金融机构的经营活动进行定期或不定期的现场和非现场检查;有权制定金融机构经营的评级标准,并按照其经营管理状况把金融机构分为不同等级,施以不同的监督管理。

监督、检查的形式主要有非现场检查和现场检查两种。非现场检查是建立在商业银行经营活动报告制度的基础之上的。中央银行主要通过对商业银行提交的各种报告和统计的分析来完成检查监督职能。非现场检查是可以经常进行的。在检查活动中,非现场检查往往起着探路的作用,在非现场检查中出现的疑点或问题,一般会成为现场检查的重点。现场检查是由中央银行派出检查小组,到各商业银行进行实地检查。许多国家中央银行认为,只有现场检查才能真正发现商业银行存在的问题,是非现场检查所不能及的。例如,美国、日本、法国、意大利等国家都十分重视现场检查,把那些在非现场检查中发现的问题作为不定期现场检查的重点。

(二) 间接监管

间接监管主要是通过金融机构内部自律系统和行业组织进行的。

1. 发挥金融机构自律监管作用

在完善的金融监管中,各金融机构既是被监管的对象,也是基础性监管的自律主体。在各金融机构内部设立稽核、审计和监察机构,加强内部控制并建立相应的规章制度,发挥其自我约束、自我监察、防微杜渐的基础性监管作用,增强其自律能力。

2. 发挥行业组织自律监管作用

为避免金融机构之间的不正当竞争,规范和矫正金融行为,以促进其协作运行和共同繁荣,金融行业内自律监管不可或缺。金融业自律监管主体主要是金融业公会或协会,以及金融某系统的同业组织,如银行公会。同业公会或行业协会作为一种民间金融监管组织,可以制定同业公约,加强行业管理,协调各方面关系,从而有效地沟通金融监管机构与金融机构之间的信息,有利于监管当局实施宏观金融管理。

此外,还可以发挥社会监督的作用。例如,通过建立社会举报制度和查处程序,形成强大的社会监督威慑力,督促各金融机构依法经营和规范行事;利用社会监督机构协助进行监督管理,如会计师事务所、审计师事务所、律师事务所、资信评估机构等。

(三) 银行监管的国际合作

随着经济全球化和金融国际化的发展,跨国银行在世界经济中发挥着越来越大的作用,各国金融业的联系和相互影响程度不断增加。随之而来的是,银行业风险的国际扩散对各国金融稳定的威胁也越来越明显。以国界为范围的金融监管的漏洞开始被人们注意,这使得加强各国金融监管当局之间的联系与合作显得十分必要。

1.《巴塞尔协议》

早在 1975 年,在国际清算银行的发起下,由十国集团成员国(比利时、荷兰、加拿大、英国、法国、意大利、德国、瑞典、日本、美国)以及瑞士和卢森堡两个观察员国中央银行的银行监管官员在瑞士巴塞尔聚会,建立起一个监督国际银行活动的协调机构,即巴塞尔委员会。该委员会成立后,对国际金融监管做出了不懈的努力。

1988 年 7 月,巴塞尔委员会通过的《关于统一国际银行的资本计算和资本标准的协议》,即现在人们常提到的《巴塞尔协议》,就是国际银行监管方面的代表性文件。

(1)《巴塞尔协议》的目标。

一是通过制定银行的资本与资产间的比例指标,定出计算方法和标准,以促进国际银行体系的健康发展,保证银行有充足的资本抵消因为债务人违约而造成的风险损失,提高银行经营的安全性和公众对银行业的信心;二是制定统一的标准,以消除在国际金融市场上各国银行之间的不平等竞争。

（2）《巴塞尔协议》的主要内容。

《巴塞尔协议》的主要内容包括三个方面：① 资本的组成。银行的资本组成应分为核心资本和附属资本两部分，两部分之间应维持一定的比例。核心资本由银行股本及从税后保留利润中提取的公开储备所组成，应占银行全部资本的50%以上。附属资本主要包括未公开的储备、资产重估储备、普通准备金或普通呆账准备金、带有债务性质的资本工具等。② 风险加权的计算。协议定出对资产负债表上各种资产和各表外项目的风险度量标准，并将资本与加权计算出的风险挂钩，以评估银行资本所应具有的适当规模。在银行的资产风险中，最主要的是信用风险，其中包括国家风险。因此，在对不同资产界定风险权数级别时，主要是从信用风险上考虑，并体现出不同的国家级别。③ 标准化比率的目标。协议要求资本对加权风险资产的目标比率应为8%（其中核心资本成分至少为4%）。委员会安排了一个过渡期，希望在1992年之前，成员国的国际银行应达到这个共同的最低标准。

《巴塞尔协议》是一个国际性的银行监管文件，虽然签约国是少数发达国家，但它对各国银行活动都会产生深刻的影响。履行协议，就意味着一国银行监管同国际市场的通行做法接轨。在协议面世后不久，不仅是跨国银行，就是各国的监管当局也要求国内银行遵照协议的资本金标准，甚至以立法形式明确下来。

2. *有效银行监管的核心原则*

自20世纪90年代中期以来，由于国际银行业的经营环境发生了较大变化，尽管《巴塞尔协议》关于资本充足率的规定已经在一定程度上降低了银行信贷风险，但国际银行业存在的信用风险远未消除，更为重要的是，即使是在银行资本与风险资产比率基本正常的情况下，以金融衍生产品为主的市场交易风险仍屡屡发生，致使国际银行业中重大银行倒闭或巨额亏损事件层出不穷（典型代表是巴林银行）。这种情况表明，仅仅依靠达到资本充足率的规定已经不足以充分防范金融风险，加强国际银行业监管必须开阔视野，另辟蹊径。

为此，1997年9月巴塞尔委员会推出《有效银行监管的核心原则》，将风险管理领域扩展到银行业的各个方面，以建立更为有效的风险控制机制。

《有效银行监管的核心原则》有以下几个重要特点：

（1）它的核心是对银行业进行全方位风险监控，从制定银行开业标准、审批开业申请，以确保银行的机构设置、结构和业务范围不至于使其承受不适宜的风险或妨碍有效监管开始，到审慎监管，确保银行制定并执行合理的发展方针、业务程序，建立管理信息系统和风险防范系统等，将监管贯穿于银行运行的全过程。与《巴塞尔协议》相比，《有效银行监管的核心原则》在继续保持设定银行最低限度的资本要求的同时，更注意全面、系统性监管。

（2）把建立银行业监管的有效系统作为实现有效监管的重要前提。这一系统不仅具有明确的责任和目标，运作的独立性和充分的物质保证，而且还必须建立合理的银行业监管的法律体系，监管机构和被监管者都必须受法律制约。监管机构依法对金融机构进行监管，监管人员的正当权利受法律保护。

（3）注重建立银行自身的风险防范约束机制。防范金融风险不仅需要监管机构有效的外部监管，而且更为重要的是金融机构必须建立健全科学有效的内部运行控制机制。《巴塞尔协议》规定资本充足率，实际上是要求银行要从自身来寻求防范风险的约束机制。《有效银行监管的核心原则》在这方面又有了进一步的发展，从银行审慎监管的角度出发对建立商业银行自身的风险防范约束机制提出新的更高的要求。

(4) 提出了对银行持续监管的方式。为了加大审慎监管的力度，实施严格有效的监管。《有效银行监管的核心原则》对金融监管方式做了进一步改进和规范，明确提出对银行业的监管必须是持续监管。监管方式可采用现场稽核监管与非现场稽核监管并重、合规性监管与风险性监管并重、对银行管理层的监管与对整个机构运作的监管并重等。

(5) 对跨国银行业务要求实施全球统一监管。进一步强调对跨国银行的并表监管，强调母国监管当局与东道国监管当局建立联系、交换信息。

核心原则是1997年9月在中国香港地区举行的世界银行和国际货币基金组织的第52届年会上被认可并正式颁布的，而且许多新兴市场经济国家和地区，包括中国的金融监管当局都参与了讨论，所以该原则在世界范围内具有了更大的权威性。核心原则对我国银行业的影响也是重大的，它对于我国银行系统内提高防范金融风险的意识，对于增加中央银行的监管力度，对于商业银行加强内部风险管理等，都具有重要的推动作用。

本章小结

1. 商业银行是以追求最大利润为经营目标，以多种金融资产和金融负债为经营对象，为客户提供多功能、综合性服务的金融企业。商业银行一般有信用中介、支付中介、信用创造和金融服务等几个主要职能。

2. 商业银行的业务可分为负债业务、资产业务和中间业务三大类。商业银行的组织制度主要有单元银行制、总分行制、持股公司制、连锁银行制。商业银行经营遵循安全性、流动性、盈利性原则。

3. 商业银行的负债是指商业银行经营活动中所产生的需要用自己的资产或通过提供劳务进行偿还的经济义务。负债业务是商业银行的基础性业务，它是决定商业银行资产业务的前提

4. 商业银行的资产是指商业银行所拥有的各种财产、债权和权利的总和。商业银行的资产业务就是商业银行资金运用的业务。它是商业银行重要的盈利来源，也是增加社会货币供给的最重要渠道。

核心概念

安全性　盈利性　流动性　单一银行制　分支行制　货币乘数　派生存款
原始存款　同业拆借　银行贷款　信用贷款　风险管理

复习思考题

一、选择题

1. 一般来说，商业银行最主要的资产业务是(　　)。

A. 再贷款业务　B. 贷款业务　C. 存款业务　D. 货币发行

2. 商业银行最基本的职能是(　　)。

A. 信用中介　B. 支付中介　C. 金融服务　D. 宏观调控

3. 商业银行经营的“三性”原则是指(　　)。

A. 安全性、充足性和效益性　B. 安全性、流动性和盈利性

C. 公益性、安全性和合法性　D. 充足性、流动性和趋利性

4. 我国商业银行的资金来源主要是(　　)。

A. 吸收存款　B. 政府借款

C. 预算拨款　D. 向国际金融借款

5. 代理业务属于商业银行的(　　)。

A. 负债业务　B. 资产业务　C. 投资业务　D. 中间业务

6. 商业银行处理转账结算业务体现了其执行(　　)。

A. 信用中介职能　B. 支付中介职能

C. 经济人职能　D. 最后贷款人职能

二、简答题

1. 简述商业银行的性质、经营原则。
2. 简述商业银行主要业务。
3. 简述商业银行的经营管理理论。

实训练习

【实训内容】

通过对商业银行开展中间业务与表外业务的调研，了解我国商业银行此类业务的开展情况及存在的问题。

【实训步骤】

1. 选择两家以上的商业银行，搜索其相关中间业务及表外业务的资料；

2. 对商业银行中间业务及表外业务开展情况进行总结分析，说明扩张中间业务及表外业务的难点与对策。

第七章

中央银行

教学目标

1. 理解中央银行的产生和发展。
2. 熟知中央银行的类型和组织结构。
3. 掌握中央银行的性质和职能。

章前引例

2016年3月31日，国务院批转了国家发改委《关于2016年深化经济体制改革重点工作的意见》，意见要求：改革完善现代金融监管体制，完善宏观审慎政策框架，制定金融监管体制改革方案，实现金融风险监管的全覆盖。这昭示，金融监管体系改革已提上今年的议事日程。

如无意外，按照此前传闻酝酿的方案，升级为副国级的央行或下设金融管理局，负责三会的监管协调。下设综合监管委员会，委员会将独立于央行其他部门，成为部级单位，直接对下面三会进行监管，三会则降为副部级单位。

换言之，多年争论、斡旋之后的结果或是：效仿英国模式，央行的监管职责既有宏观审慎，又兼具微观审慎。美联储也走向了"超级监管者"，其管理权涵盖诸多金融机构，亦囊括金融衍生品市场。

细观英国模式，金融危机前，英国采取综合金融监管，监管制度呈现"三龙治水"模式。英格兰银行主要负责实施货币政策，同时关注整体金融稳定；金融服务监管局(FSA)负责对银行、证券、保险等金融机构统一实施微观审慎监管，并对金融行业行为和金融市场实施监管；英国财政部负责金融监管总体框架设计和相关立法。

危机爆发后，英国金融监管体制暴露出两大缺陷：三大监管机构间缺乏高效的交流与合作，当金融体系出现系统性风险时应对能力不足；以及金融体系缺乏宏观审慎政策的逆周期调控和跨市场风险防范。由此，英国对金融监管体制进行重大改革。诸如，在中央银行(英格兰银行)董事会下设金融政策委员会(FPC)，负责制定宏观审慎政策。将原金融服务局(FSA)分为审慎监管局(PRA)和金融行为监管局(FCA)，PRA作为英格兰银行的下属机构，负责对银行、保险公司、投资机构(包括证券投资公司、信托基金等主要金融机构)，实施微观审慎监管。FCA成为独立机构，主要负责PRA监管范围以外的金融机构监管以及金融市场行为监管，促进市场竞争和保护消费者权益。再者是赋FPC"两权"，即指令权和建议权。

案例讨论：我国如果仿效英国进行改革，从经济金融环境和金融市场的条件看，你觉得可行吗？

第一节　中央银行概述

中央银行是一个国家金融体系中居于主导地位，负责制定和执行国家的金融政策，管理、监督和控制全国的货币流通与信用活动的金融中心机构。与其他银行不同，中央银行不与企业和个人发生信用往来关系，它是发行的银行、政府的银行和银行的银行。

一、中央银行的产生

中央银行产生的前提是商品经济的发展。从18世纪后半期到19世纪前半期，西欧的商品经济已比较发达，按照资本主义生产方式组织起来的工商企业和新式农业已占据社会生产的主导地位，科技发明和技术革新极大地促进了生产力的发展，为资本主义制度的最终确立奠定了坚实基础。

社会生产力的飞速发展和商品经济的迅速扩大，促使货币经营业越来越普遍。一些商业资本家积累到一定规模后分化出货币兑换商人，一些小型货币兑换业者逐渐转变为银行家，专门从事货币信用业的银行机构日益多了起来。这时银行信用的发展，主要表现在：一是银行经营机构不断增加；二是银行业逐步走向联合、集中和垄断。这为中央银行的产生奠定了基础。

中央银行产生的必要性则是货币信用业发展对它的需要。中央银行建立的必要性主要有以下几个方面。

(一) 统一货币发行的需要

在银行业形成的初期，商业银行都有发行银行券的权力，与金属货币相比较，银行券已是一种信用货币，它的流通支付能力取决于它的兑换金属货币的能力，即取决于发行银行的信誉。如果发行银行都能保证自己发行的银行券及时足额兑换，银行券的发行在给商品流通带来方便的同时不会产生大的问题。但实际上并不完全如此，随着经济的发展、市场的扩大和银行机构的增多，银行券分散发行的弊病就越来越明显：一是随着银行数量的不断增加和银行之间竞争的加剧，银行因经营不善而无法保证自己所发行银行券及时兑现的情况时有发生，这使银行券的信誉大大受损，也给社会经济的发展带来负面影响；二是一些银行限于资力、信用和分支机构等问题，其信用活动的领域受到限制，所发行的银行券只能在国内有限的地区流通，从而给生产和流通带来困难。

总之，分散发行、多种信用货币同时流通与“一般等价物”这一货币的本质属性产生了矛盾，也给社会的生产和流通带来了困难。由此，客观上要求信用货币的发行权应该走向集中统一，由资金雄厚并且有权威的银行发行能够在全社会流通的信用货币。

(二) 充当“最后贷款人”的必要

随着银行业务规模的扩大和业务活动的复杂化，银行的经营风险不断增加，单一银行资金调度困难和支付能力不足的情况经常出现，单一银行支付困难而波及数家银行甚至整个金融业发行支付危机的现象也时有发生。为了保护存款人的利益和银行乃至整个金融业的稳定，客观上需要有一家权威性机构，适当集中各银行的一部分现金准备作为后盾，在银行出现难以克服的支付困难时集中给予必要的贷款支付，充当银行的“最后贷款人”。

（三）统一票据交换的需要

随着商品经济的发展和银行业务的不断扩大，银行每天处理票据的数量也不断增加，各银行之间的债权债务关系日趋复杂，票据的交换业务越发繁重，由各个银行自行轧差进行当日清算已发生困难。不断增长的票据交换和清单业务与原有的票据交换和清算方式产生较大矛盾，不仅异地结算的时间延长，而且即使同城结算也遇到很大困难。这在客观上要求建立一个全国统一的、有权威的、公正的，作为金融支付体系的核心，能够快速清算银行间各种票据，从而使资金顺畅流通的清算机构，而这个核心只能由中央银行来承担。

（四）金融监管的必要

为了保证银行和金融业的公平有序竞争，保证各类金融业务和金融市场的健康发展，减少金融运行的风险，需要政府出面进行必要的管理。有效的方法是政府通过一个专门的机构来实施，而这个机构要有一定的技术能力和操作手段，还要在业务上与银行建立密切联系，能依据政府的意图制定一系列金融政策和管理条例，以此来统筹、管理和监督全国的货币金融活动，这一使命只能由中央银行承担。

上述诸方面提出的客观要求直接推动了中央银行的产生，但这些客观要求并非是同时提出的，其迫切程度也并不是完全相等，因此，中央银行的形成与发展经历了一个较长的历史发展过程。

二、中央银行的发展

中央银行从产生、发展到基本完善，大致经历了以下三个阶段。

（一）第一阶段：中央银行的创立（17 至 19 世纪）

从整个世界范围来看，中央银行产生于 17 世纪中叶以后。最早成立的中央银行是 1656 年瑞典建立的里克斯银行。自此至 1913 年美国联邦储备体系的成立，据不完全统计，在这 257 年中，共有 29 家中央银行设立，其中，最具代表性的是英格兰银行。

英格兰银行于 1694 年成立，在成立初期，它属于商业银行而并非中央银行。然而其与政府有着密切的关系且享有一定的特权，如接受政府存款、向政府发放贷款、以政府债券作为抵押发行等值银行券等。1825 年英国发生了经济危机，使得大量银行破产倒闭，银行和银行券的信誉大幅下降，同时也失去了社会公众对其的信任。

危机之后，为了从货币信用方面来防范和减少危机的发生，英国在 1844 通过了《皮尔条例》，该条例要求英格兰银行必须有充足的黄金准备才可发行银行券且将银行券的发行权基本集中到了英格兰银行手中，直至 1928 年，英格兰银行完全获得了银行券的垄断发行权。此外，英格兰银行在 1854 年成为英国银行业的票据交换中心；在 1872 年因在商业银行发生资金困难时给予资金帮助成为银行的最后贷款人，这些使得英格兰银行成为英国真正意义上的中央银行，该中央银行也被视为现代中央银行的鼻祖。

(二) 第二阶段:中央银行的发展(19世纪至20世纪中叶)

第一次世界大战爆发后,各国金融领域发生了剧烈的波动,中央银行纷纷采取停止或限制银行券兑现、提高贴现率和禁止黄金输出等措施,从而导致外汇行市下跌,各金融中心的交易所相继停市,货币制度极端混乱。因此,各国政府当局和金融界人士深切认识到加强中央银行地位和货币信用管制的重要性。于是,国际金融会议于1920年在比利时的布鲁塞尔召开(史称"布鲁塞尔会议"),会议提出凡未设立中央银行的国家应加紧设立中央银行,应摆脱各国政府政治上的控制,实行稳定的金融政策。"布鲁塞尔会议"推进了中央银行在各国的普遍建立。

(三) 第三阶段:中央银行的强化(20世纪中叶以后)

第二次世界大战后,政治经济形势在西方各国发生了重大变化。第二次世界大战给许多参战国带来了严重的经济困难和通货膨胀,为了尽快恢复本国经济、稳定货币、筹集资金,这些国家将货币信用政策作为干预生产和调节经济的重要杠杆。而中央银行的主要职能就是制定和执行货币政策,因此,中央银行制度随之发生了变化,中央银行的地位日益提升。

扩展阅读 7-1

中国人民银行历史沿革

中国人民银行的历史可以追溯到第二次国内革命战争时期。1931年11月7日,在江西瑞金召开的"全国苏维埃第一次代表大会"上,通过决议成立"中共苏维埃共和国国家银行"(简称苏维埃国家银行)并发行货币。从土地革命到抗日战争时期,一直到中华人民共和国诞生前夕,人民政权被分割成彼此不能连接的区域,各根据地建立了相对独立、分散管理的根据地银行,并各自发行在本根据地内流通的货币。1948年12月1日,以华北银行为基础,合并北海银行、西北农民银行,在河北省石家庄市组建了中国人民银行,并发行人民币,成为中华人民共和国成立后的中央银行和法定本位币。

中国人民银行成立至今的七十多年,特别是改革开放以来,在体制、职能地位、作用等方面,都发生了巨大而深刻的变革。

在计划经济体制时期(1953—1978年),与高度集中的银行体制相适应,从1953年开始建立了集中统一的综合信贷计划管理体制,不论是资金来源还是资金运用,都由中国人民银行总行统一掌握实行"统存统贷"的管理办法。银行信贷计划纳入国家经济计划,成为国家管理经济的重要手段。

后来,中国人民银行进入从国家银行到中央银行体制的过渡期(1979—1992年)。1983年9月17日,国务院做出决定,由中国人民银行专门行使中央银行的职能,并具体规定了人民银行的10项职责。从1984年1月1日起,中国人民银行开始专门行使中央银行的职能,集中力量研究和实施全国金融的宏观决策,加强信贷总量的控制和金融机构的资金调节,以保持货币稳定。

1993年至今,中国人民银行逐步强化和完善现代中央银行制度。1995年3月1日,全国人民代表大会通过《中华人民共和国中国人民银行法》,首次以国家立法形式确立了中国人民银行作为中央银行的地位,标志着中央银行体制走向了法制化、规范化的轨道,是中央银行制度建设的重要里程碑。

2003年，按照党的十六届二中全会审议通过的《关于深化行政管理体制和机构改革的意见》和十届人大一次会议批准的国务院机构改革方案，将中国人民银行对银行、金融资产管理公司、信托投资公司及其他存款类金融机构的监管职能分离出来，并和中央金融工委的相关职能进行整合，成立中国银行业监督管理委员会。

有关金融监管职责调整后，人民银行新的职能正式表述为“制定和执行货币政策，维护金融稳定，提供金融服务。”同时，明确界定：中国人民银行为国务院组成部门，是中华人民共和国的中央银行，是在国务院领导下制定和执行货币政策，维护金融稳定，提供金融服务的宏观调控部门。

第二节　中央银行制度类型与组织结构

一、中央银行制度类型

虽然现阶段很多国家都建立了中央银行制度，但由于各个国家具体国情的不同，其所采取的中央银行制度也存在着差异。通常而言，中央银行的制度类型可划分为以下几种类型。

（一）单一式中央银行制度

单一式中央银行制度是指国家单独建立中央银行机构，使之全面行使中央银行职能的制度。该种制度类型包括一元式和二元式。

1. 一元式

一元式即一国只设立一家统一的中央银行，行使中央银行的权力以及履行中央银行的全部职责，机构设置一般采取总分行制。该种制度具有权力集中统一、职能完善、分支机构众多的特点、目前这种制度被大多数国家所采用，中国人民银行亦实行此种制度类型。

2. 二元式

二元式即在一个国家内建立中央和地方两级中央银行机构，两者在货币政策方面具有统一性，但金融决策权掌握在中央级中央银行手中，地方级要受到中央级的监督和指导。然而地方级中央银行在其辖区内在有关货币政策的具体实施、金融监管和相关业务操作等方面具有一定的独立性。这种制度一般被实行联邦制的国家所采用，如美国、德国等。

（二）复合型中央银行制度

复合型中央银行制度是指在一个国家内并没有专门设置行使中央银行职能的银行，而是由一家大银行集中中央银行和商业银行职能于一身的银行体制。这种制度主要适用于中央银行发展的初期和采用计划经济的国家，如苏联和1983年之前的我国。

（三）跨国型中央银行制度

值得特别关注的跨国型中央银行是欧洲中央银行。欧共体（现为欧盟）成员国为适应其内部经济金融一体化进程的要求，于1969年12月正式提出建立欧洲经济与货币联盟，以最终实现统一的欧洲货币、统一的欧洲中央银行、统一的货币与金融政策。

1979 年 3 月，自正式开始实施欧洲货币体系建立的计划以后，其进程虽然缓慢且困难重重但还是在一步一步向前推进。1998 年 6 月 1 日，欧洲中央银行宣告成立，并于当年 7 月 1 日正式运作，并规定 1999—2002 年为实行欧洲货币——"欧元(EURO)"的过渡期。1999 年 1 月 1 日开始在欧元区内为所有国家制定统一的货币政策，并由各成员国中央银行执行。到 2002 年 7 月 1 日，欧元成为唯一的合法货币。

欧洲中央银行的总部设在德国的法兰克福，其基本职责是制定和实施欧洲货币联盟内统一的货币政策，以维持欧元地区内的币值稳定为首要目标。从制度构架上讲，欧洲中央银行由两个层次构成：一是欧洲中央银行本身；二是欧洲中央银行体系，由欧洲中央银行和所有参加欧元区的成员国中央银行组成。前者具备法人身份，后者则没有。

(四) 准中央银行制度

准中央银行是指有些国家或地区只设置类似中央银行的机构，或由政府授权某个或几个商业银行行使部分中央银行职能的体制，新加坡、中国香港属于这种体制。

新加坡设有金融管理局、货币委员会(常设机构为货币局)两个机构来行使中央银行的职能，其中金融管理局负责制定货币政策和金融业的发展政策，执行除货币发行以外的中央银行的一切职能，而货币委员会主要负责发行货币、保管发行准备金和维护新加坡货币的稳定。另外，新加坡还设有投资局和中央公积金局等政府机构，配合金融管理局、货币委员会行使金融管理和货币发行等中央银行的职能。

我国香港地区在过去很长时期并无统一的金融管理机构，中央银行的职能由香港政府、同业公会和商业银行分别承担。1993 年 4 月 1 日，香港成立了金融管理局，集中了货币政策、金融监管及支付体系管理等中央银行的基本职能，但它又不同于一般中央银行，比如，由汇丰银行、渣打银行和中国银行三家商业银行履行发行钞票货币的职能，票据交换所一直由汇丰银行负责管理。政府的银行这项职能也一直由商业银行执行。

此外，斐济、马尔代夫、利比里亚、莱索托、伯利兹等国，也都实行这种准中央银行体制。

二、中央银行的资本组成类型

(一) 全部资本国家所有

资本金全部属于国家所有的，称国有化中央银行。它们或是直接由国家拨款建立，或由私人商业银行经国家收买了私人股份改组而成。目前世界上大多数国家的中央银行都是国有资本形式。

(二) 公私股份混合所有

这属于部分国家性质的中央银行，其资本金一部分属于国家投入的，一般占到资本总额的 50%以上，另一部分属于私人资本家。例如，日本银行由政府认购资本 55%，其余 45%由私人认购，私股的唯一权利是领取股息；比利时的中央银行中，国家资本占资本总额的 50%；墨西哥的中央银行中，国家资本占资本总额的 51%。奥地利、土耳其等国的中央银行也属于这种类型。

（三）企业法人持股

这是由私人出资的股份制中央银行。这类中央银行，资本全部由私人股东投资，经政府授权，执行中央银行职能。例如，意大利的中央银行就是按股份制组成。另外，美国联邦储备银行，其资本属于参加联邦储备银行的各会员银行，即各会员银行认购其所参加的联邦储备银行的股票，数额相当于本身实收资本和公积金的6%（实际上缴纳的公款为3%），并享受年息6%的股息。这种形式实质上也是属于私人股份资本的中央银行。

（四）无资本形式

在这种制度下，中央银行建立时没有资本金，而是根据国家的授权而执行中央银行职能。中央银行运用的资金来源，主要是各金融机构的存款和流通中的货币。韩国的中央银行是目前唯一没有资本金的中央银行。

（五）资本金为多国持有

货币联盟中成员国共同组建中央银行的资本金是由各成员国按商定比例认缴的，各国按认缴比例拥有对中央银行的所有权。中央银行的资本组成，不论是属于国有、部分国有还是私有及中央银行有无资本金，并不是问题的关键所在，关键问题是中央银行受国家的直接控制和监督。中央银行的负责人由国家任命，完成国家赋予的任务。

三、中央银行的组织结构

（一）决策权、执行权合一型

这是将决策、执行两权集于一身的中央银行，其最高权力机构一般是理事会，如英格兰银行理事会、美国联邦储备理事会等。

（二）决策权、执行权分开型

在这种制度下，最高权力机构分为金融决策机构与执行机构，分别行使权力，日本和原联邦德国中央银行、德意志联邦银行等属这种类型。

（三）最高权力机构分为决策机构、执行机构和监督机构

欧洲中央银行成立之前的法国、比利时以及瑞典等国的中央银行的组织结构实行这种形式。

中国人民银行，按2003年12月通过的《关于修改〈中华人民共和国中国人民银行法〉的决定》（修正）关于中国人民银行组织结构的主要规定：中国人民银行设行长一人，副行长若干人。行长由国务院总理提名、全国人民代表大会决定、中华人民共和国主席任免。副行长由国务院总理任命。中国人民银行实行行长负责制，即行长行使最高决策权，行长领导全行工作；副行长协助行长工作。

根据中国人民银行法的规定，1997年设立了货币政策委员会，其职责组成和工作程序，由国务院规定，报全国人大常委会备案。2003年修正后的该法进一步明确其应当在国家宏观调控、货币政策制定和调整中发挥重要作用。由于货币政策委员会的性质是咨询议事机

构,因此中国人民银行属于决策权、执行权和监督权合一并且权力高度集中的中央银行。货币政策的制定和执行由中国人民银行在国务院领导下进行。

中国人民银行根据履行职责的需要设立分支机构,作为中国人民银行的派出机构。中国人民银行对分支机构实行集中统一领导和管理。可见,分支机构不拥有独立的货币政策决策权。

扩展阅读 7-2

美联储的产生和发展

20 世纪以前美国政治的一个主要特征是对中央集权的恐惧,这不仅仅体现在宪法的制约与平衡上,也体现在对各州权利的保护上。对中央集权的恐惧,是造成美国人对建立中央银行抱有敌意态度的原因之一。除此之外,传统的美国人对于金融业一直持怀疑态度,而中央银行又正好是金融业的最突出代表。美国公众对中央银行的公开敌视使得早先在建立一个中央银行以管辖银行体系的尝试,先后两次归于失败。1811 年,美国第一银行被解散;1832 年,美国第二银行延长经营许可证期限的要求遭到否决,随后因其许可证期满在 1836 年停业。

1836 年美国第二银行停业后,能够向银行体系提供准备金并使之避免银行业恐慌的最后贷款人便不存在了,这给美国金融市场带来了麻烦。19 世纪和 20 世纪早期美国全国性的银行恐慌已成为家常便饭。1837 年、1857 年、1873 年、1884 年、1893 年和 1907 年,都曾爆发过银行恐慌,1907 年银行恐慌造成了广泛的银行倒闭和存款人的大量损失,终于使美国公众认识到需要有一个中央银行来防止将来再度发生银行恐慌。

不过,美国公众基于对银行和中央银行的敌视态度,对建立类似英格兰银行的单一制中央银行,还是大力反对的。

他们一方面担心华尔街的金融业(包括最大的公司和银行)可能操纵这样一个机构从而对整个经济加以控制,另一方面也担心联邦政府利用中央银行过多干预私人银行的事务。所以对于中央银行应该是一家私人银行还是一个政府机构的这个问题,民众间存在着严重的分歧。依据美国传统,国会便把一整套精心设计的带有制约和平衡特点的制度,写入了 1913 年的联邦储备法,从而创立了拥有 12 家地区联邦储备银行的联邦储备体系。

当初建立联邦储备系统,首先是为了防止银行恐慌并促进商业繁荣;其次才是充当政府的银行。但是,第一次世界大战结束后,美国取代英国,成为金融世界的中心,联邦储备系统已成为一个能够影响世界货币结构的独立的巨大力量。20 世纪 20 年代是联邦储备系统取得重大成功的时代,当经济出现摇摆的迹象时,联邦储备系统就提高货币的增长率,当经济开始以较快的速度扩张时,联邦储备系统就降低货币的增长率。它并没有使经济免于波动,但它的确缓和了波动,并在一定程度上避免了通货膨胀,稳定了货币增长率和经济形势。

第三节 中央银行的性质与职能

一、中央银行的性质

中央银行是代表国家制定和执行货币金融政策,对金融业实施监督管理的国家机关,是特殊的金融机构,或者说它是具有银行特征的国家机关。

（一）中央银行是特殊的金融机构

1. 业务对象的特殊性

商业银行和其他的金融机构主要是向个人和企业等提供服务，而中央银行业务的开展仅针对政府或商业银行等金融机构，而不向个人和企业开放，因此，其业务对象具有特殊性。

2. 经营目的的特殊性

中央银行作为国家机关，自然与其他金融机构的性质不同，其经营业务并非是为了追求最大化的利润，而是为了稳定一个国家的货币，调节国家的宏观经济，以促进经济的发展。因此，中央银行业务的开展不是以营利为目的。

3. 地位的特殊性

中央银行是国家宏观调控和金融监管的主体，而其他金融机构则作为调控和监管的对象。中央银行通过制定和执行货币政策以调节信贷和货币流通量，将国家宏观经济决策和宏观经济调节的信息传递给各金融机构和国民经济的各个部门及单位。

4. 权限的特殊性

中央银行在权限上具有其他金融机构所不具备的政府赋予的特权，如统一货币的发行、代理国库、保管存款准备金、制定金融政策等。

（二）中央银行是特殊的国家机关

(1) 中央银行职责的履行主要是通过特定金融业务进行的，通常采用经济手段进行经济和金融的调控（如进行利率调整、提高或降低法定存款准备金率等），而一般的国家机关则在很大程度上依靠行政手段进行管理。

(2) 中央银行对宏观经济的调控是分层次实现的。中央银行利用货币政策工具首先对金融机构和金融市场进行调节，然后再通过金融机构和金融市场影响各经济部门，相对而言，这种调控方式的作用较为平缓，给市场留有较大的回旋空间。然而一般的国家机关通常使用行政手段直接作用于各微观主体，使得该种调节缺乏弹性。

(3) 中央银行可相对独立地制定政策，而一般的国家机关在制定政策时往往在各部门之间存在较强的依赖性。

二、中央银行的职能

（一）发行的银行

在现代银行制度中，中央银行首先是发行的银行。所谓发行的银行是指中央银行垄断现钞的发行权，成为全国唯一的现钞发行机构。这是中央银行的一项最基本的职能，也是中央银行与其他普通银行的根本区别之一。目前，世界上几乎所有国家的现钞都由中央银行发行。

在实行金本位的条件下，对银行券发行的管理，各国均有由立法程序确定的严格制度。那时，货币金融的稳定取决于：① 银行券能否随时兑换为金铸币；② 存款货币能否保证顺利地转化为银行券。因而，中央银行的集中黄金储备成为支持庞大的货币流通的基础，稳定的关键黄金储备多，银行券及整个货币流通有可能扩大；黄金储备下降，则必须紧缩货币供给。正是在这样的背景下，银行券的发行保证制度，其中主要银行券的发行数量如何由发行银行所掌握的黄金数量所制约，成为人们最为关注的问题。

在信用货币流通情况下，中央银行凭借国家授权以国家信用为基础而成为垄断的货币发行机构，中央银行按照经济发展的客观需要和货币流通及其管理的要求发行货币。目前，世界上几乎所有国家的现钞都是由中央银行发行的；硬辅币的铸造、发行，有的由中央银行经营，有的则由财政部门负责。发行收入归财政，然后由中央银行投入流通。

(二) 银行的银行

中央银行作为银行的银行是指中央银行只与商业银行和其他金融机构发生业务往来，并不与工商企业和个人发生直接的信用关系。银行的银行这一职能，最能体现中央银行是特殊金融机构的性质，也是中央银行作为金融体系核心的基本条件。这一职能具体表现在3个方面。

1. 集中存款准备

通常法律规定，商业银行及有关金融机构必须向中央银行交存部分存款准备金。目的在于：一方面保证存款机构的清偿能力，以备客户提现，从而保障存款人的资金安全以及银行等金融机构本身的安全；另一方面有利于中央银行调节信用规模和控制货币供应量。缴存准备金的多少，通常是对商业银行及有关金融机构所吸收的存款确定一个缴存的法定比例，有时不同存款分别确定几个比例，同时中央银行有权根据宏观调节的需要变更、调整存款准备金的上缴比率。集中统一保管商业银行存款准备金的制度，是现代中央行制度的一项极其重要的内容，但近些年来情况已有较大变化。

2. 最终的贷款人

19世纪中叶前后，连续不断的经济动荡和金融危机使人们认识到金融恐慌或支付链条的中断往往是触发经济危机的导火线。因此，提出应有一个“最后贷款者”的主张，其责任是全力支持资金周转困难的商业银行及其他金融机构，以免银行挤提风潮的扩大而最终导致整个银行业的崩溃。“最后贷款者”原则的提出确立了中央银行在整个金融体系中的主导地位。

3. 组织全国的票据清算

商业银行相互间因业务关系，每天都发生大量的资金往来，必须及时清算。与集中存款准备金制度联系，由于各家银行都在中央银行开有存款账户，则各银行间的票据交换和资金清算业务就可以通过这些账户转账和划拨，整个过程经济而简便。这一方面加速了资金周转，减少了资金在结算中的占用时间和清算费用，提高了清算效率，解决了非集中清算带来的困难；另一方面中央银行通过组织、参与和管理清算，对金融机构体系的业务经营能够进行全面及时的了解和把握，为中央银行加强金融监督和分析金融流量提供了条件。

(三) 国家的银行

所谓国家的银行，指中央银行代表国家贯彻执行财政金融政策，代理国库收支以及为国家提供各种金融服务。作为国家银行的职能，主要是通过以下几方面体现。

1. 代理国库

我国多年习惯称之为“经理”国库。国家财政收支一般不另设机构，而交中央银行代理。政府的收入与支出均通过财政部在中央银行内开立的各种账户进行，具体包括按国家预算要求协助财政税收部门收缴库款，根据财政支付命令向经费单位划拨资金，随时反映经办预算收支、上缴下拨过程中掌握的预算执行情况，以及经办其他有关国库的事务。

2. 代理国家发行债券

当今世界各国政府均广泛利用发行国家债券的有偿形式以弥补开支不足。中央银行通常代理国家发行债券以及债券到期时的还本付息事宜。

3. 对国家给予信贷支持

中央银行作为国家的银行，国家财政出现收不抵支的情况时，一般负有提供信贷支持的义务。这种信贷支持主要是采取以下两种方式：一是直接给国家财政以贷款。这大多是用以解决财政先支后收等暂时性的矛盾，除特殊情况外，各国中央银行一般不承担向财政提供长期贷款的责任。二是购买国家公债。中央银行在一级市场上购进政府债券，资金直接形成财政收入，流入国库；若中央银行在二级市场上购进政府债券则意味着资金是间接地流向财政。无论是直接地还是间接地从中央银行某一时点的资产负债表来看，只要持有国家债券，就表明是对国家的一种融资。

4. 保管外汇和黄金储备

一个独立自主的国家，通常均拥有一定数量的外汇和黄金储备。中央银行通过为国家保管和管理黄金和外汇储备，以及根据国内、国际情况，适时、适量购进或抛售某种外汇或黄金，可以起到稳定币值和汇率、调节国际收支、保证国际收支平衡的作用。

此外，中央银行作为国家的银行，还代表政府参加国际金融组织，出席各种国际性会议，从事国际金融活动以及代表政府签订国际金融协定；在国内外经济金融活动中，充当政府的顾问，提供经济、金融情报和决策建议。

三、中央银行的相对独立性

（一）中央银行相对独立性的含义

现代中央银行的独立性，不是指中央银行完全独立于政府之外，而是指中央银行在政府或国家权力机构的控制和影响下的独立性。所以现代中央银行的独立性，是一种相对的独立性，即是指中央银行在国家权力机构或政府的干预指导下，根据国家的总体社会经济发展目标，独立制定和执行货币金融政策。

中央银行要保持其独立性，必须遵循两条基本的原则：

第一，中央银行的货币金融政策的制定及整个业务操作必须以国家的宏观经济目标为基本的出发点，不能自行其是。既要考虑自身所承担的任务及责任，又不能独立于国家的宏观经济目标之外，甚至与国家的宏观经济目标相对立。

第二，中央银行的货币金融政策的制定及整个业务操作都必须符合金融活动自身的规律。也就说，中央银行的业务操作及货币金融政策的制定，不能完全受制于政府的短期金融活动的特有规律，应对政府的短期行为起到一定的抑制作用，防止政府为了一些脱离实际的发展计划而牺牲货币政策，从而影响到社会经济的稳定与协调发展。

（二）中央银行相对独立性的主要内容

由于各国的历史背景、经济运行模式、政治体制等的不同，中央银行的独立程度也有很大差别。一般说来，中央银行的独立性主要体现在以下几个方面。

1. *建立独立的货币发行制度，以维护货币的稳定*

这里包括三层含义：一是货币发行高度集中于中央银行，必须由中央银行垄断货币发行，不能搞多头发行，不能由政府发行，也不能由中央银行和财政部及其他部门来共同发行。二是一定时期内，中央银行发行货币，什么时间发行，货币的地区分布、面额比例等，应由中央银行根据国家的宏观经济，以及经济发展的客观需要自行规定，从而保证货币的稳定。三是中央银行不应在政府的干预和影响下搞财政发行。中央银行应按经济的原则独立地发行货币，不能向财政透支，不能在发行市场上直接购买政府公债，不能向财政长期融通资金。

2. *独立地制定和执行货币金融政策*

这里包括以下几个内容：一是货币政策的制定权和操作执行权，必须掌握在中央银行的手中。二是中央银行的货币政策在制定和执行上与政府发生分歧时，尽可能采取相互信任、相互尊重的方式来解决，防止由于政府对中央银行的行政干预而造成宏观决策的失误。三是在中央银行货币政策的执行过程中，各级政府及有关部门应尽可能给予配合，以便货币政策能有效发挥作用。

3. *独立地管理和控制整个金融体系和金融市场*

中央银行应在国家法律的授权保障下，独立地行使对金融体系和金融市场的管理权、控制权和制裁权。

第四节　中央银行的业务

一、中央银行的资产负债表

中央银行的业务是履行其三大基本职能的体现。中央银行的资产负债表并不是统一的，其中的项目多寡及包括的内容颇不一致。这里仅将中央银行最主要的资产负债项目概括成表 7－1，旨在概略表明其业务的基本内容。

中央银行一般是一国通货的唯一发行银行，因此，流通中的通货是中央银行负债的一个主要项目：作为银行的银行，它与商业银行等金融机构间的业务关系，主要是列于负债方的商业银行等金融机构在中央银行的存款（包括准备金存款）和资产方的贴现及放款；作为国家的银行，它在业务上与政府的关系，主要是列于负债方的接受国库等公共机构的存款和列于资产方的通过持有政府债券融资给政府，以及为国家储备外汇、黄金等项目。

表 7-1　中央银行资产负债表

资　产	负　债
再贴现及放款	流通中通货
政府债券和财政借款	国库及公共机构存款
黄金、外汇储备	商业银行等金融机构存款
国外资产	对外负债
其他资产	其他负债和资本项目

二、中央银行的负债业务

(一) 货币发行业务

这是中央银行最重要的负债业务。中央银行通过再贴现、贷款、购买证券、收购金银、外汇等方式，把它们投入市场，形成流通中的货币。每张投入市场的钞票(又称通货)都是中央银行对持有者的负债或说是持有者对中央银行的债权。

在现代，不兑现信用货币流通的制度下，货币的发行在客观上要受国民经济发展水平的制约。中央银行的货币发行必须建立在可靠的准备金基础上，而绝不能因外界影响或政治压力滥发纸币，甚至肆意发行。

就我国人民币的发行程序来看，中国人民银行对现金的投放和回笼编制现金计划，是组织执行计划的依据。具体发行是由中国人民银行设置发行基金保管库(简称发行库)来管理。所谓发行基金，是指中国人民银行保管的已印好而尚未进入流通的人民币。人民币发行和回笼过程如图 7-1 所示。

图 7-1　人民币发行和回笼流程

(二) 代理国库业务

如前所述，中央银行作为国家的银行，一般均由政府赋予代理国库的职责，政府财政的收入和支出，都由中央银行代理。同时，那些依靠国家拨给行政经费的行政事业单位的存款，也都由中央银行办理国库存款。行政事业单位存款在其支取之前在中央银行存放，构成中央银行的负债业务，并成为中央银行重要的资金来源。

(三) 存款业务

中央银行的存款业务完全不同于商业银行和其他金融机构的存款业务。中央银行的存款主要来自两个方面：一是来自商业银行和其他金融机构；二是来自政府和公共部门。

各家商业银行对其存款都负有支付的义务，为此它们必须保留一定数量的存款准备金，以备存款人随时提取现金，这即为存款准备金。在现代存款准备制度下，中央银行集中商业银行和其他金融机构的存款准备金。

最初，由中央银行集中存款准备金只是为了应付商业银行和其他金融机构的存款大量挤兑的需要，以保证银行业的清偿能力和金融业的稳定。后来，中央银行利用提高或降低存款准备金率来调节商业银行的放款能力，从而使得存款准备金率和法定存款准备金发展成为中央银行执行货币政策的一个重要手段。

（四）发行债券业务和对外负债业务

中央银行的负债业务除了货币发行、代理国库业务、存款业务等主要业务之外，还有一些业务也可以成为中央银行的资金来源，并引起中央银行资产负债表负债方的变化，如发行中央银行债券、对外负债业务等。

1. 发行中央银行债券业务

发行中央银行债券是中央银行的一种主动负债业务。中央银行债券发行的对象主要是国内金融机构。发行债券的目的主要有两个：一是针对商业银行和其他金融机构超额储备过多的情况发行债券，以减少它们的超额储备，以便有效地控制货币供应量；二是以此作为公开市场操作的工具之一，通过中央银行债券的市场买卖行为，灵活地调节货币供应量。

2. 对外负债业务

中央银行的对外负债业务主要包括从国外银行借款和对外国中央银行的负债、国际金融机构的贷款、在国外发行的中央银行债券等。各国中央银行对外负债的目的主要包括以下 3 个方面：平衡国际收支、维持本币汇率的既定水平、应付货币危机或金融危机。

三、中央银行的资产业务

（一）贷款业务

贷款业务是中央银行的主要资产业务之一，在中央银行的资产负债表中，贷款是一个重要项目，它充分体现了中央银行作为“最后贷款人”的职能作用。中央银行的贷款是向社会提供基础货币的重要渠道之一。

1. 对商业银行等金融机构的放款

这是中央银行放款中最主要的种类。中央银行通常定期公布贷款利率，商业银行提出贷款申请后，中央银行审查批准具体数量、期限、利率和用途。一般借款都是短期的，主要采取信用贷款、抵押贷款和担保贷款等 3 种形式，其中，以政府债券或商业票据为担保的抵押放款最多。随着金融市场的发展和金融业务的创新，商业银行融资渠道的不断增多，融资手段也多样化了，但中央银行的贷款仍是商业银行等金融机构扩大信用能力的重要渠道，在保证支付方面，仍然是最后的手段。

2. 对政府的放款

在政府出现收支失衡时，各国中央银行一般都负有提供信贷支持的义务。中央银行对政府的放款一般是短期的，且多为信用放款。中央银行除了对政府提供放款外，一般还采用通过购买政府债券的方式向政府提供融资。

中央银行在从事公开市场业务时,购买政府发行的国库券和公债,事实上是间接向财政部发放了贷款。中央银行对政府放款,许多国家规定了一些限制性条件,并规定了年度最高借款额,还有些国家规定,政府拥有出现财政困难时可由国会每年批准一次向中央银行的借款权。另外,有些国家还规定,政府可在法律允许的限度内向中央银行透支;但许多国家不允许这样做,我国即如此。

3. *其他贷款*

其他贷款主要有以下两类:①对非金融部门的贷款,这类贷款一般都有特定的目的和用途,贷款对象的范围比较窄,各国中央银行一般都有事先确定的特定对象。中国人民银行支持贫穷地区的经济开发所发放的特殊贷款即属此类。②中央银行对外国政府和国外金融机构的贷款,这部分贷款在统计中一般放在"国外资产"项下。

(二) 再贴现业务

再贴现业务是指中央银行买进商业银行所持有的未到期商业票据,从而向商业银行融通资金的行为。中央银行再贴现是解决商业银行短期资金不足的重要手段,同时也是中央银行实施货币政策的重要工具之一。

只有在中央银行开立了账户的商业银行等金融机构才能够成为再贴现业务的对象。中银行接受商业银行所提出的再贴现申请时,应审查票据的真实性、合理性和申请者资金营运状况,确定是否符合再贴现的条件。若审查一致通过商业银行则在票据上背书,并填制再贴现凭证,一并交中央银行办理再贴现手续。再贴现的票据到期后,中央银行通过票据交换和清算系统向承兑单位或承兑银行收回资金,如承兑单位账户存款不足,由承兑单位开户银行将原票据按背书行名退给申请再贴现的商业银行,按逾期贷款处理。

(三) 有价证券买卖业务

在证券市场比较发达的国家,证券买卖业务是中央银行主要的资产业务之一。尽管中央银行在证券买卖过程中会获得价差收益,但就中央银行自身的行为而言,通过对货币供应量的控制和调节,从而达到调节宏观经济的目的。中央银行可以买卖的证券包括政府公债、国库券以及其他流动性很高的有价证券,其中最主要的是国库券。偶尔中央银行会以其他类型的有价证券作为买卖对象,但局限于信誉比较高的公司股票、公司债券和商业票据。

(四) 黄金、外汇储备业务

中央银行所持有的黄金、外汇储备所占用的资金是中央银行重要的资金占用之一。中央银行所拥有的黄金、外汇储备,对外作为一般的购买手段和支付手段,可调节国际收支;对内可作为货币发行的准备,保持国内货币流通的稳定。

四、中央银行的中间业务

中央银行的中间业务是中央银行为商业银行及其他金融机构和政府办理资金支付清算和其他委托的业务。这里主要介绍它的资金清算业务。作为起点,我们先来看看票据交换所及其清算程序。

（一）票据交换所

随着支票等银行票据的流通，必然引起银行为客户收进的票据办理向出票人开户行索款的业务。由于支票的签发是以客户在银行有存款为前提的。因此，支票授受客户双方的债权债务关系就反映为双方开户银行间的债权债务关系。由此，也就产生了银行间结清这种债权债务关系的问题。

世界上第一家票据交换所于1773年在伦敦成立。此后，纽约于1853年、巴黎于1872年、大阪于1878年、柏林于1887年先后成立了其所在国的第一家票据交换所。

中国银行业间最早的票据交换所是于1933年在上海成立的。新中国成立之初，上海票据交换所曾继续营业，1952年由中国人民银行接办。1986年以后，全国开始试行扩大同城票据交换，大中城市普遍建立起票据交换所。目前，全国各城市和经济较为发达的县城也都建立了票据交换所，大大提高了票据清算效率，加速了资金周转。

（二）集中办理票据交换

最初，票据交换所只是把参与票据清算的各家银行集中起来，由它们自行分别办理票据交换和结清应收应付。这时，每家银行都须与其他银行逐一办理票据交换。如表7-2所示，比如A银行要与前来参加清算的B、C、D……家银行分别交换票据，其他银行也如此。但人们很快认识到任何一家银行的应收款项一定是其他银行的应付款项；任何一家银行的应付款项又一定是其他银行的应收款项；各银行应收差额的总和，一定等于各银行应付差额的总和。因此，两家银行彼此结抵差额的办法就可用这样的办法代替：所有参加交换的银行分别轧出自己对所有其他银行的应收或应付差额并按每个银行最后轧出的应收应付额结清债权债务。

表7-2　票据交换所得工作原理

	A银行	B银行	C银行	D银行	应收总额	应付差额
A银行	—	20	10	40	70	—
B银行	30	—	50	20	100	20
C银行	20	80	—	10	110	—
D银行	20	20	40	—	70	—
应付总额	60	120	100	70	350	×
应收差额	10	—	10	—	×	20

入场前，各银行先将应收票据按付款行分别归类整理，并计算出向各付款行分别应收的款项金额及汇总金额，填写交换票据计算表。

入场后，各银行一方面将应收票据分别送交有关付款行，另一方面接收它们交来的本行应付款票据，核对、计算应付各行款项金额及应付总金额，填写交换票据计算表。各银行根据交换票据计算表，比较本行应收、应付款项总金额，计算出应收或应付差额后，填具交换差额报告单，并凭报告单与交换所的总结算员办理最后款项收付。

（三）结清交换差额

各清算银行均在中央银行开立往来存款账户（独立于法定存款准备金账户之外），票据交换后的最后差额即由该账户上资金的增减来结清。

清算员将应收行和应付行的明细表提交给中央银行后，会计人员便开始账务处理。当某家清算银行为应付行时，则借记其往来存款账户（资金减少），而对于应收行，则贷记其往来存款账户（资金增加）。该账户上的金额可视为商业银行的超额存款准备金。当应付账户上的资金不足时，中央银行便做退票处理，同时按有关规章予以处罚。

（四）办理异地资金转移

中央银行不仅通过其分支机构组织同城票据交换与资金清算，还要在全国范围内办理异地资金转移。由于票据流通规则和银行组织方式的不同，中央银行办理异地资金转移时的具体做法也不尽相同。

英国以伦敦为全国的清算中心，先由 4 家清算银行清算，其差额再由英格兰银行转账划拨。在美国，是由联邦储备银行代收外埠支票，建立清算专款，然后以华盛顿为最后清算中心。法国则是利用中央银行遍布全国的分支机构，建立转账户为各银行服务的。

中央银行通过在全国范围内办理资金清算、转移，在为各地、各家银行提供服务的同时，也对全国的经济、金融情况和各地银行的情况加强了解，从而便于按政策实施监督管理。

本章小结

1. 单一式中央银行制度是指国家单独建立中央银行机构，使之全面、纯粹地行使中央银行职能的制度。

2. 复合型中央银行制度是指一个国家没有设专司中央银行职能的银行，而是由一家大银行集中央银行职能和商业银行职能于一身的银行体制。发行的银行就是垄断银行券的发行权，成为全国唯一的现钞发行机构。

3. 中央银行的职能：中央银行作为银行的银行是指中央银行只与商业银行和其他金融机构发生业务往来，并不与工商企业和个人发生直接的信用关系。

4. 国家的银行，指中央银行代表国家贯彻执行财政金融政策，代理国库收支以及为国家提供各种金融服务。

5. 中央银行的负债是指金融机构、政府、个人和其他部门持有的对中央银行的债权。中央银行的负债业务主要包括资本业务、货币发行业务和存款业务等。

6. 中央银行的资产业务是指中央银行运用其负债方资金来源的行为。通常其资产业务包括贷款业务、再贴现业务、有价证券买卖业务、黄金外汇储备业务等主要内容。

核心概念

中央银行　一元式　二元式　银行的银行　发行的银行　政府的银行
票据交换所　黄金外汇储备

复习思考题

一、选择题

1. 我国的中央银行是(　　)。

A. 中国银行　　B. 中国工商银行　　C. 中国人民银行　　D. 中国发展银行

2. 中央银行最重要的负债业务是(　　)。

A. 货币发行　　B. 存款业务

C. 政府存款　　D. 发行中央银行债券

3. 中央银行是具有银行特征的(　　)。

A. 特殊企业　　B. 一般企业　　C. 中介机构　　D. 国家机关

4. 中央银行充作"最后贷款人"提供贷款常用的方式是(　　)。

A. 公开市场业务　　B. 集中存款准备金

C. 票据贴现抵押　　D. 票据再贴现、再抵押

5. 证券买卖业务是中央银行的(　　)。

A. 负债业务　　B. 资产业务　　C. 中间业务　　D. 清算业务

6. 从货币发行的渠道和程序看,(　　)是货币发行和回笼的中间环节。

A. 发行库　　B. 业务库　　C. 市场　　D. 发行库和市场

二、简述题

1. 简述中央银行的性质。
2. 简述中央银行的组织形式。
3. 简述中央银行的基本职能。

实训练习

【实训内容】

模拟中央银行的资金清算业务。通过中央银行资金清算过程的模拟,使同学对该业务有具体的感观认识,便于加强对该业务的理解。

【实训步骤】

1. 将学生分组;
2. 确定中央银行组和商业银行的总行组、分行组;
3. 同城票据交换清算过程的设计及具体模拟;
4. 异地跨行清算过程的设计及具体模拟;
5. 各组总结同城、异地跨行清算的特点,分析其过程;
6. 教师总结中央银行资金清算的过程及作用。

第八章

货币政策

教学目标

1. 理解货币政策的含义与特点。
2. 熟知货币政策的最终目标，货币政策诸目标间的关系。
3. 掌握货币政策工具及其运用，货币政策的操作指标和中介指标。

章前引例

近年来，公开市场操作成为最主要的货币政策工具。1998 年和 1999 年，央行通过公开市场业务增加基础货币 2 600 多亿元，占两年基础货币增加总额的 85%。2002 年更是公开市场操作取得突破性的一年。2003 年以来央行不仅将公开市场交易次数由每周一次增加到两次，增加了交易成员，扩大了交易范围，还建立了公开市场业务一级交易商流动性日报制度。与此同时，自 2003 年 2 月 10 日以来，为保持基础货币的平衡增长和货币市场利率相对稳定，央行在公开市场连续进行了 20 次的正回购操作，回笼基础货币量总额达到 2 140 亿元。

但随着操作次数的频繁，央行到 2002 年年底手持的大约 2 863 亿元国债面值，除去 20 次正回购占用部分，目前国债余额只为原来的 1/4，继续进行正回购操作的空间已经不大，回购的力度不断减弱。而 2003 年 3 月末 M_2 余额高达 19.4 万亿元，同比增长 18.5%；国家外汇储备余额 4 200 亿元，货币供应量充足有余，资金回笼的任务仍然艰巨。

为确保货币政策的有效传导，继续回笼基础货币，对冲快速增长的外汇占款，央行在 2003 年 4 月 22 日试点的基础上，开始正式发行央行票据，通过央行票据实施正回购的功能。

央行第一次引入中央银行票据是 2002 年 9 月 24 日。央行宣布从当日起将 2002 年 6 月 2 日至 9 月 24 日进行的公开市场操作 91 天、182 天、364 天 3 个正回购品种中的未到期部分置换为中央银行票据(1 937.5 亿元)。

2003 年 4 月 22 日，中国人民银行首次在公开市场上直接发行了金额 50 亿元、展期 6 个月的中央银行票据。截至 2003 年 7 月 22 日，央行已贴现发行了 24 期央行票据，其票据累计发行已达 2 750 亿元。

从这些央行票据发行情况来看，央行根据近期正回购和票据到期及外汇公开市场操作投放基础货币情况，加大了货币回笼的力度。

案例讨论：你认为中央银行票据发行对货币政策的影响是怎样的？

第一节　货币政策的概念与目标

一、货币政策的含义与特点

(一) 货币政策的含义

货币政策是指中央银行为实现特定的经济目标，运用各种政策工具调控货币供给量和利率所采取的方针和措施的总称。中央银行通常为一国货币政策的制定者和执行者。中央银行在国家法律授权的范围内制定货币政策，运用其拥有的货币发行特权和各种政策工具组织货币政策的实施。

货币政策理论所要研究的问题主要涉及以下几个方面的内容：① 货币政策的最终目的；② 货币政策的操作目标和中介目标；③ 货币政策的工具；④ 货币政策的传导机制；⑤ 货币政策的有效性。这五个方面的内容基本反映了货币政策从确立目标开始到取得最终目标效果的全部运行过程。

(二) 货币政策的特点

1. 货币政策是宏观经济政策

货币政策是指通过调节和控制全社会的货币供给来影响宏观经济运行，进而达到某一特的宏观经济目标的经济政策，因而货币政策一般涉及的是整个国民经济运行中的经济增长、物价稳定、充分就业、国际收支等宏观总量以及与此相关的货币供给量、信用量、利率、汇率等。

2. 货币政策是调节社会总需求的政策

任何现实的社会总需求，都是指有货币支付能力的总需求。货币政策正是通过货币的供给来调节社会总需求中的投资需求、消费需求等，间接地影响社会总供给的变动，从而促进社会总需求与总供给的平衡。

二、货币政策的最终目标

货币政策的终极目标是中央银行通过调节货币和信用所要达到的最终目的，是要经过较长的时期才能实现的，基本上与一国的宏观经济目标相一致，主要有 4 个方面：保持币值稳定、促进充分就业、促进经济增长和维持国际收支平衡。以上 4 个目标也称最终目标。

(一) 保持币值稳定

由于币值稳定与物价稳定是对同一现象的两种表述，所以这一目标又可称为维持物价稳定。保持币值稳定是最早出现的货币政策目标，币值稳定或物价水平稳定，就其本身要求而言是既要防止物价上涨又要防止物价下跌。从历史上货币政策的实践来看，稳定物价水平主要是解决物价上涨问题，因此在许多国家货币当局的最终目标中只提出反对通货膨胀，比如德国、日本等。

近几年来全球性通货紧缩的出现，特别是我国从1997年以来出现了较为严重的通货紧缩现象，已引起各国货币当局的高度重视，许多国家已开始将反对通货紧缩列为和反对通货膨胀同等重要的货币政策目标。如何来判断货币政策是否已达到物价稳定目标，首先遇到的一个难题就是采用什么指标来反映物价水平的变动程度，一般而言有3种主要的指标可供选择，即消费物价指数（CPI）、批发物价指数（PPI）和国内生产总值的平减指数（GDPD）。这3种指标各有利弊，各国货币当局均可根据本国的实际情况来确定具体的指标。

在确定物价水平测度指标后，就面临如何界定物价是否稳定的问题。显然保持物价水平长期固定不变在实践上是不可能的，同时这种物价的绝对不变对促进经济发展也是不利的。因此，人们主张物价水平相对稳定，一般认为物价上升率能控制在2%～4%之内就基本上可以算作实现了物价水平稳定目标。这一物价上涨率既在人们的容忍范围之内，同时轻微的物价上涨也有利于经济增长。这一指标的具体内容可以根据不同的国家在不同时期、不同经济环境来进行调节。

（二）促进充分就业

西方国家之所以把充分就业作为货币政策的目标之一，是因为一个国家的劳动力能否充分就业，是衡量该国的各种资源是否达到充分利用、经济是否正常发展的标志。20世纪30年代，经济形势的变化和经济理论的发展使货币政策又有了新的内容。这主要是大危机的出现导致大量失业的出现，高失业率成为当时政府面临的最重要的问题，因此如何降低失业率，实现充分就业就成为宏观经济政策的主要任务。

凯恩斯顺应这一实践的需要，在其1936年发表的《就业、利息与货币通论》中从理论上阐述了货币政策在国家干预经济，实现充分就业中的积极作用，从而赋予了货币政策新的职能。

所谓充分就业是指所有有劳动力且愿意工作的人均有工作。他们认为社会中有一部分失业是由于人们不愿意工作而自愿失业所造成的，再加上摩擦性失业和周期性失业的存在，充分就业状态下的就业率不是100%，而是一个小于1的百分数。有的经济学家认为只要失业率低于5%就算是充分就业了，而有的经济学家则认为失业率需控制在2%～3%之间才算是实现了充分就业。其实，不管是将充分就业定义为失业率低于5%还是2%～3%，充分就业目标的实质就是努力使失业率降低至一个社会所能容忍的水平。

（三）促进经济增长

经济增长是指在一个国家内商品与劳务产出的增长及与其相结合的供给能力的增长。经济增长目标存在着如何测度的问题，大多数经济学家认为政府保持经济增长是为了增强国家经济和军事实力，因此应当采用实际国民生产净值增长率来反映经济增长情况，而有些经济学家则认为政府保持经济增长的最终目的应是提高国民的生活水平，改善国民的生活福利。因此，他们主张采用实际国民收入增长率来反映经济增长情况。

经济增长目标还存在如何确定具体标准的问题。西方经济学家认为经济增长是有代价的，如人们需要容忍当前消费的减少等代价。因此，从理论上讲最适度的经济增长率应当是经济增长所带来的边际成本和边际利益相等时的增长率。但实际操作中，这一最适度的经济增长率很难具体量化，并且影响经济增长的因素很多，实际的经济增长率很难达到理论最优值。

因此有的增长经济学家，如多马(ED. Domar)就以3%～4%作为适度经济增长的标准。

(四) 维持国际收支平衡

国际收支平衡是指一个国家或地区与世界其他国家或地区之间在一定时期内全部经济往来活动的收支持平、略有顺差或略有逆差，反映在国际收支平衡表上，就是每年黄金外汇储备不发生增减变化。西方经济学家认为，每个国家的国际收支都应该自谋平衡，但实际上，个别国家却经常为国际收支盈余而努力。从全世界来看，一个国家有盈余势必意味着其他国家有赤字。因此，每个国家都要保持国际收支有盈余是绝对不可能实现的事情，这样只能退而求其次，就是在短时期内允许国际收支略有盈余或略有赤字，而在较长的时期内，某一年份不平衡可以由另一年份进行弥补，能够做到这一点，可以认为实现了国际收支的基本平衡。

三、货币政策的最终目标之间的关系

货币政策最终目标不是单一的，而是多重的，因此目标间存在着很复杂的关系，有些目标之间是矛盾的：如果想保持充分就业和经济增长就有可能造成物价不稳定；同样，如果要控制通货膨胀，保持物价稳定，又有可能牺牲充分就业和经济增长。各目标之间的关系主要表现在以下几个方面。

(一) 充分就业与物价稳定之间的对立性

当失业人数过多时，需要采用信用扩张的办法，放松银根，增加货币供应，增加投资，刺激需求，从而增加就业人数，但结果又会导致物价上涨加剧通货膨胀。为了稳定物价，必要的措施就是抽紧银根，紧缩信用，降低通货膨胀率，其结果会导致经济衰退和失业率上升。

面对物价稳定与充分就业之间的矛盾，中央银行可有三种选择：一是失业率较高的物价稳定；二是通货膨胀率较高的充分就业；三是在失业率和物价上涨率之间相机抉择。在具体操作中，中央银行只能根据具体的社会经济条件相机抉择，寻求物价上涨率和失业率之间某一适当的组合点。

(二) 经济增长与物价稳定之间的对立性

经济增长与物价稳定的关系有时表现为两者并存，有时则表现为经济停滞与物价上涨并存，当然这是极端情况，只有在特殊的环境中才会发生。在信用货币环境中，虽然也可以在物价稳定条件下实现经济增长，但要实现经济的较快增长，使一国实际GDP尽量接近潜在的GDP，物价就不可能平稳。

而经济停滞与物价上涨并存或“滞胀”现象的存在，是在20世纪70年代特殊的历史环境下产生的，主要原因是：第一，某些部门产品供给异常变动。由于某一部门产品供不应求而价格上涨，使其他产品成本增加而不得不提价，致使这些产品需求下降，使“滞胀”现象存在。第二，由于财政支出不是运用于公共工程等投资性支出，而是用于社会福利费用支出，当社会福利支出较大时，财政支出不仅失去了对生产的刺激作用和对扩大就业的促进作用，而且使失业者不急于甚至不情愿去找工作，因此，这种需求增加导致物价上升与生产停滞并存。

（三）经济增长与充分就业的一致性

一般来讲，经济增长能够创造更多的就业机会，经济增长率越高，对要素投入需求也越大，对劳动力的需求也增加，因此就业率也高。反之，经济萧条时，开工不足，就业者人数降低，失业率上升。但在某些情况下两者也会出现不一致，比如，以内涵型扩大再生产实现的高经济增长，不能实现高就业；再如，片面强调高就业，硬性分配劳动力到企业单位就业，就会造成人浮于事，效益下降，产出减少，导致经济增长速度放慢等。

（四）物价稳定与国际收支平衡之间的矛盾

第一，当物价上涨率较高，且有较高的通货膨胀预期时，外资流入量会减少，特别是合资项目中所能吸引的外资量会下降；第二，经济萧条时中央银行会降低利率但利率降低会促使资本外流，使国际收支中资本项目受到影响；第三，通货膨胀时，如果本国货币的汇率变动滞后于物价上涨，或者调整幅度小于物价上涨幅度，该国货币就会被高估，结果是不利于出口，有利于进口，造成贸易收支的逆差；第四，当国际收支因出口增长而大幅度增加国际储备时，国际储备增加导致基础货币投放增加，货币供给增加又会造成物价上涨；第五，经常项目大幅度地逆差，并且导致国际储备下降，必然引起外汇汇率上升。外汇汇率上升有利于出口，不利于进口，从而有利于贸易收支出现顺差，有利于国际收支的改善。但外汇汇率上升，会导致进口成本增加，从而会导致因进口成本上升而产生的成本推动性通货膨胀。

（五）经济增长与国际收支平衡之间的矛盾

在经济增长过快的情况下，伴随着有效需求的增加通常会引起对进口商品需要的增加，从而使贸易收支状况恶化，引起国际收支失衡。而在国际收支不平衡时，通常必须压制国内的有需求，其结果可能改善国际收支，但又往往带来经济的衰退。因此，经济增长与国际收支平衡也是有矛盾的。

四、货币政策最终目标的选择

如果一国的货币政策能同时实现上述的四大目标，当然是再好不过的事情了，但由于这四大目标之间存在着一些内在冲突，从而使人们不可能兼顾全部目标，只能权衡各目标，根据当前形势的轻重选择一个或几个目标作为货币政策的最终目标。然而，在到底应选哪一个或哪几个作为货币政策目标这一问题上，经济理论界存在颇多的争议。

有人主张单一目标，其理由是各目标之间存在内在冲突，同时兼顾一个以上的目标只会顾此失彼，但在单一目标论中也因到底选择哪个目标分为两种观点：一种观点认为币值稳定最重要，应作为唯一目标；另一种观点认为经济增长是基础，所以应把经济增长作为唯一目标。

双标论者则以为货币政策目标不可能是单一的，而应当同时兼顾币值稳定和经济增长两大目标，这两个目标在一定程度是相辅相成的，因此两者不可偏废。

多目标论者认为各个目标对实现经济的稳定发展十分重要，在总体上兼顾各个目标，而在不同时期以不同的目标作为相对重点。

第二节　货币政策工具

一、一般性货币政策工具

(一) 法定存款准备金政策

法定存款准备金率是指商业银行以及其他金融机构缴存中央银行的存款准备占其吸收存款的比率。一般来说，存款的期限越长，准备金比率越低；反之，期限越短，则准备金比率越高。活期存款的准备金比率最高。

1. *法定存款准备金率的作用机理*

法定存款准备金率的作用机理是：中央银行通过调高或降低法定存款准备金率，影响商业银行的存款派生能力，从而达到调节市场货币供给量的目的。

具体来说，当中央银行降低法定存款准备金率时，商业银行需要上缴中央银行的法定准备金数量减少，可自主运用的超额准备金增加，商业银行可用资金增加，在其他情况不变的条件下，商业银行增加贷款或投资，引起存款的数倍扩张，市场中货币供给量增加。相反，当中央银行提高法定存款准备金率时，商业银行需要上缴中央银行的法定准备金数量增加，可自主运用的超额准备金减少，商业银行可用资金减少，在其他情况不变的条件下，商业银行减少贷款或投资，引起存款的数倍紧缩，市场中货币供给量减少。

2. *法定存款准备金率的优点和缺点*

法定存款准备金率的优点主要有：第一，中央银行是法定存款准备金率的制定者和施行者，中央银行掌握着主动权。第二，通过法定存款准备金率影响货币乘数作用于货币供给，作用迅速、有力、见效快。

法定存款准备金率也具有缺点：第一，缺乏弹性，有固定化倾向。由于作用于货币乘数，即使准备金率较小幅度的调整，可能也会引起货币供给量的巨大波动，因此法定存款准备金率通常被认为是中央银行最猛烈的货币政策工具之一，调控效果较为强烈，不宜作为中央银行调控货币供给的日常性工具，这致使它有了固定化的倾向。第二，为了体现公平性，各国的法定存款准备金率对各类存款机构基本都一样，“一刀切”式的法定存款准备金率提高，可能使超额存款准备金率较低的银行立即陷入流动性困境，难以把握货币政策的操作力度与效果。第三，调整法定存款准备金率对商业银行的经营管理干扰较大，增加了银行流动性风险和管理的难度，当对法定存款准备金存款不付息时，还会降低银行的盈利，弱化其在金融领域的竞争力。

(二) 再贴现政策

再贴现政策是中央银行通过提高或降低再贴现率来影响商业银行的信贷规模和市场上货币供给量的一种货币政策工具。当商业银行出现资金困难时，可将银行持有未到期的票据向中央银行申请再贴现，中央银行按照一定的比率从票据面额中扣除还未到期的这一部分利息，将剩余的款项付给商业银行，扣除利息时使用的比率就称为再贴现率。中央银行可通过调整这一比率来调控货币供给。

1. 再贴现政策的作用机理

（1）调整再贴现利率的作用机理。

中央银行调整再贴现利率主要着眼于短期的供求均衡。中央银行通常会根据市场的资金供求状况，随时调整再贴现利率，用以影响商业银行借入资金的成本，进而影响商业银行向社会提供的信用量，以达到调节货币供给量的目的。

具体来说，如果中央银行提高再贴现利率，会使商业银行从中央银行融资的成本上升。这会产生两个方面的效果：第一，降低商业银行向中央银行的借款意愿，减少中央银行基础货币的投放；第二，反映中央银行的紧缩政策意向，产生一种告示效果，商业银行会相应提高对客户的贴现利率和放款利率，减少企业的资金需求。两方面的共同作用是使市场上的货币供给量减少，利率提高，达到紧缩效果。中央银行降低再贴现利率的作用过程与上述相反。

（2）规定与调整再贴现资格的作用机理。

中央银行规定与调整再贴现的资格是指中央银行规定或调整何种票据及哪些金融机构具有向中央银行申请再贴现的资格。中央银行对此规定与调整，能够改变或引导资金流向，可以发挥抑制或扶持作用，主要着眼于长期的结构调整。比如，中央银行为调整信贷结构、贯彻产业政策，可以对不同的票据品种、不同的申请机构采取不同的政策。

2. 再贴现政策的优点和缺点

作为一般性的政策工具，再贴现政策的最大优点是中央银行能够利用它来履行“最后贷款人”的职责，并在一定程度上体现中央银行的政策意图，既可调节货币总量，又可以调节信贷结构。

然而，再贴现政策也存在明显的缺点：第一，中央银行处于被动地位，商业银行是否愿意到中央银行申请再贴现以及再贴现多少均由商业银行自身决定。如果商业银行不依赖再贴现，而通过其他渠道筹措资金，中央银行就不能有效调控货币供给量及信贷结构。第二，影响力有限。在商业银行过度依赖再贴现融资的情况下，中央银行对再贴现利率的调整会受到制约，削弱中央银行控制货币供给量的能力。当商业银行对再贴现融资依赖度有限时，再贴现政策将如“空中楼阁”，难以发挥作用。

（三）公开市场业务

公开市场业务是指中央银行在金融市场上卖出或买进有价证券，吞吐基础货币，用以改变商业银行等金融机构的可用资金，进而影响货币供给量和利率，实现货币政策目标的一种政策工具。

1. 公开市场业务的作用机理

中央银行公开市场业务买卖的证券主要是政府公债和国库券，根据对经济形势的判断，当中央银行认为应该放松银根、增加货币供给时，其就在金融市场上买进有价证券，扩大基础货币供应，直接增加金融机构可用资金的数量，增强其贷放能力；相反，当中央银行认为需要收紧银根、减少货币供给时，它会在金融市场上卖出有价证券，回笼一部分基础货币，减少金融机构可用资金的数量，降低其贷放能力。

2. 公开市场业务发挥作用的前提条件

中央银行的公开市场操作要想正常发挥作用，需要具备一定的前提条件：第一，必须拥有一定数量、不同品种的有价证券，拥有调控整个金融市场的资金实力；第二，必须建立一个统一、规范、交易品种齐全的全国性的金融市场；第三，必须具有一个规范、发达的信用制度，流通领域需广泛使用票据，存款准备金政策需准确、适度。

3. **公开市场业务的优点和缺点**

与法定存款准备金率、再贴现政策相比，公开市场业务具有以下优点：第一，主动性强。公开市场业务的主动权在中央银行，中央银行可以根据具体情况随时操作，且因其操作的目的不是为了盈利，而是为了调节货币供给量，因此，可以不计较证券交易的价格，自主性很强，不像再贴现政策那样较为被动。第二，灵活机动、准确性强。中央银行可根据需要进行经常性、连续性的操作，并且买卖数量可多可少，如发现前面操作方向有误，还可立即进行相反的操作；如发现力度不够，可随时加大买卖的数量。在调控基础货币、货币供给量方面更灵活、准确。第三，调控效果和缓，震动性小。由于公开市场业务以交易行为出现，不是强制性的，加之中央银行可以灵活操作，所以其对经济和金融机构的影响比较平缓，不像调整法定存款准备金率那样震动较大。

公开市场业务的缺点表现在：第一，各种干扰因素较多，如资本外流、国际收支逆差、社会公众大量提款等，这些干扰因素的存在对中央银行在公开市场买进债券均具有一定的抵消作用。第二，政策效果较为滞缓，从中央银行运用公开市场业务开始，到货币政策效果的显现需要经过一系列的变化过程。第三，因操作较为细微，公开市场业务对公众预期的影响和对商业银行的强制影响较弱。第四，公开市场操作的随时发生和持续不断，使其告示性效果较弱。

扩展阅读 8-1

1998 年我国中央银行公开市场业务操作

1998 年，中国人民银行取消对商业银行贷款规模限额控制，改革存款准备金制度，三次调低存款利率。这些措施增强了金融机构信贷供给能力，有利于扩大货币供应，同时，也促进了中国人民银行对货币信贷总量的调控向间接方式的转变，相应也就迫切需要建立起能够代替规模管理进行总量控制的间接货币政策工具。

从货币市场的发展情况来看，自 1997 年 6 月银行间债券市场开办以来，银行间同业市场不断发展，交易主体不断增加，交易日趋活跃，利率弹性增强，已逐步成为商业银行调剂头寸的首选和主要场所。特别是中央结算公司托管的可在银行间债券市场交易的债券种类和数量大量增加，为中国人民银行开展公开市场业务提供了必要条件。1998 年经济增长目标的实现，中国人民银行陆续出台了一系列货币政策措施。作为 1998 年重要的货币政策措施之一，中国人民银行于当年 5 月 16 日恢复公开市场业务，加大操作力度，灵活有效地管理基础货币，保证商业银行增加贷款的资金需要，支持经济发展。

中国人民银行于 1998 午 5 月 26 日恢复公开市场业务债券交易。截至 1998 年年底，当年中国人民银行共进行了 36 次操作，累计融出资金 1 761.3 亿元，净投放基础货币 701.5 亿元，公开市场成为 1998 年中国人民银行投放基础货币的重要渠道。

从交易品种看，正回购成交量为 1 720.5 亿元，其中：14 天、28 天、91 天、182 天和 364 天 5 个品种的成交量分别为 322.2 亿元、1 047.6 亿元、299.3 亿元、48.9 亿元和 2.5 亿元，5 个品种的未到期余额分别为 300.5 亿元、172.5 亿元、136.3 亿元、48.9 亿元和 2.5 亿元。现金交易量为：中国人民银行单向买入债券 40.8 亿元，其中建设国债 35 亿元，政策金融债券 5.8 亿元。

从交易工具看，国债、中央银行债券和政策金融债券的成交量分别为735.9亿元、38.4亿元和987亿元。

从交易对象看，一级交易商积极参加，在29家一级交易商中，已参加交易的有22家，其中中国银行、中国农业银行和中国工商银行的成交量分别为565亿元、350亿元和300亿元，分别占总成交量的32%、20%和17%。

资料来源：http://finance.sina.com.cn/roll/2015—09—23/doc—ihftenhy7307128.shtml。

二、选择性货币政策工具

一般性货币政策通过对货币总量的调节来影响整个宏观经济。除了这些一般性货币政策工具以外，还可以有选择地针对个别部门、个别企业或某些特殊领域的信用加以调节和影响。其中包括消费者信用控制、证券信用控制、优惠利率、预缴进口保证金等。

（一）消费者信用控制

消费者信用控制是指中央银行对不动产以外的各种耐用消费品的销售，如分期购买或贷款的融资予以控制。主要内容包括规定分期付款购买耐用消费品的首期付款最低限额、消费信贷最长期限、使用的耐用消费品种类等。

（二）证券信用控制

证券信用控制是指中央银行对有关证券交易的各种贷款规定应支付的保证金限额。目的在于限制过度投机。比如可以规定一定比例的证券保证金，即客户在购买证券时只需要缴纳一定比例的保证金就可向银行借入一定的金额或一定数量的证券，从事证券交易。中央银行可根据经济发展需要调高或调低准备金比率，并随时根据证券市场状况进行调整，以达到紧缩或放松银根的目的。

（三）不动产信用控制

不动产信用控制是指中央银行对商业银行等金融机构向客户提供不动产抵押贷款的管理措施，以抑制房地产交易中的过度投机带来房地产价格的暴涨或暴跌。不动产信用控制主要包括商业银行或其他金融机构房地产贷款的最高限额、最长期限以及首次付款和分期付款的最低金额等。

（四）优惠利率

优惠利率是指中央银行对国家确定的重点发展部门、行业和产品规定较低的利率，如农业、高新技术企业、基础产业、出口创汇企业等，以鼓励其发展。优惠利率不仅在发展中国家采用，发达国家也普遍采用。

（五）预缴进口保证金

预缴进口保证金是指中央银行要求进口商预缴相当于进口商品总值一定比例的存款，以抑制进口的增长。预缴进口保证金多为国际收支经常出现赤字的国家所采用。

三、直接信用控制

直接信用控制是指中央银行以行政命令或其他方式，从质和量两个方面，直接对金融机构尤其是存款货币银行的信用活动进行控制。其手段包括信用配额、利率最高限额、流动比率管理和直接干预等。其中，规定存贷款最高和最低利率限额是最常使用的直接信用管制工具。

(一) 信用配额

信用配额是指中央银行根据金融市场的供求状态及客观经济需要，对各个商业银行的信用规模加以合理分配和限制的措施。在大多数发展中国家，由于发展经济的资金缺乏，这种手段被相当广泛地采用，成为一种较常用的直接控制手段。

(二) 直接干预

直接干预是指中央银行可以直接对商业银行的信贷业务(如放款范围、放款期限、放款条件)施以合理的干预。例如，对业务经营不规范的商业银行采取高于一般利率的惩罚性利率或拒绝再贴现、再贷款等。

(三) 利率最高限额

利率最高限额是指中央银行以法律的形式规定商业银行和其他金融机构的定期及储蓄存款所能支付的最高利率水平。例如，1980 年美国实行的 Q 条例规定：对活期存款不准支付利息，对定期存款和储蓄存款不得支付高于规定的最高利率水平。其目的是为了防止商业银行和金融机构之间为了争夺存款竞相提高利率而带来不正当竞争，给金融行业带来不必要的风险。

(四) 流动性比率管理

流动性比率管理是指中央银行为了限制商业银行扩张信用，规定商业银行流动资产对存款的比重，从而使商业银行不能任意将流动性资产用于长期性商业贷款。一般情况下，商业银行的流动性与收益率呈反方向变动关系，流动性越强，收益率越低。商业银行为了提高资产的流动性，达到规定的比重，必须减少长期贷款、增加短期贷款和增加持有的现金资产和短期证券等易于变现的资产数量。

四、间接信用指导

间接信用指导是指中央银行通过道义劝告、窗口指导等办法间接影响存款货币银行的信用创造。

(一) 道义劝告

道义劝告是指中央银行利用自己在金融体系中的特殊地位和威望，对存款货币银行及其他金融机构经常发出通告或指示，或与各金融机构负责人面谈，以影响其放款的数量和投资方向，使其遵守政府政策并自动采取贯彻政策的相应措施，从而达到控制和调节的目的。

（二）窗口指导

窗口指导是指中央银行根据产业行情、物价趋势和金融市场动向等经济运行中出现的新情况和新问题，对存款货币银行提出信贷的增减建议。若存款货币银行不接受，中央银行将采取必要的措施，如可以减少其贷款的额度，甚至采取停止提供信用等制裁措施。窗口指导虽然没有法律约束力，但影响力往往比较大。

间接信用指导的优点是较为灵活，但要起作用必须是中央银行在金融体系中有较高的地位，并拥有控制信用的足够的法律权利和手段。

第三节　货币政策操作指标、中介指标和传导机制

一、操作指标和中介指标的含义

中央银行要想实现诸如物价稳定、充分就业等货币政策最终目标，必须在货币政策工具与最终目标之间设置中间性指标。中间性指标包括操作指标和中介指标两个层次。

（一）操作指标

操作指标是中央银行通过货币政策工具操作能够有效准确实现的政策变量，如准备金、基础货币等指标。对货币政策工具反应灵敏和处于货币政策工具的控制范围之中是货币政策操作指标的主要特征。

（二）中介指标

中介指标处于最终目标和操作指标之间，是中央银行通过货币政策操作和传导后能够以一定的精确度达到的政策变量，主要有市场利率、货币供给量等指标。中介指标离货币政策工具较远，但离最终目标较近，与货币政策的最终目标具有紧密的相关关系。

中央银行的货币政策操作就是通过政策工具直接作用于操作指标，进而引起中介指标的调整，最终实现期望的货币政策最终目标。

二、操作指标和中介指标的选择标准

要充分发挥作用，操作指标和中介指标的选取要符合以下几项标准。

（一）可测性

可测性是指作为货币政策操作目标和中介目标的金融变量必须具有明确的内涵和外延，使中央银行能够迅速而准确地收集到有关指标的数据资料，以便进行观察、分析和监测。

（二）可控性

可控性是指中央银行通过货币政策工具的运用，能对其所选择的金融变量有效地进行调控，能够准确地控制金融变量的变动状况及其变动趋势。

(三) 相关性

相关性是指作为货币政策操作指标的金融变量必须与中介指标密切相关,作为中介指标的金融变量必须与货币政策的最终目标密切相关,中央银行通过对操作指标和中介指标的调控,能够促使货币政策最终目标的实现。

(四) 抗干扰性

货币政策在实施过程中经常会受到许多外来因素或非政策因素的干扰,所以只有选择那些抗干扰能力比较强的操作指标和中介指标才能确保货币政策达到预期的效果。

三、可作为操作指标的金融变量

通过货币政策操作指标的选择标准可以知道,作为操作指标的金融指标主要有存款准备金和基础货币。

(一) 存款准备金

存款准备金由商业银行的库存现金和在中央银行的准备金存款组成。在存款准备金总额中,由于法定存款准备金是商业银行必须保有的准备金,不能随意动用,因此,对商业银行的资产业务规模起直接决定作用的是商业银行可自主动用的超额准备金。也正因为此,许多国家将超额准备金选作货币政策的操作指标。超额准备金的高低,反映了商业银行的资金紧缺程度,与货币供给量紧密相关,具有很好的相关性。

例如,如果商业银行持有的超额准备金过高,说明商业银行资金宽松,已提供的货币供给量偏多,中央银行便应采取紧缩措施,通过提高法定准备金率、公开市场卖出证券、收紧再贴现和再贷款等工具,使商业银行的超额准备金保持在理想的水平上;反之亦然。尽管中央银行可以运用各种政策工具对商业银行的超额准备金进行调节,但商业银行持有多少超额准备金最终取决于商业银行的意愿和财务状况,受经济运行周期和信贷风险的影响,难以完全为中央银行所掌握。

(二) 基础货币

基础货币是流通中的通货和商业银行等金融机构在中央银行的存款准备金之和。基础货币作为操作指标的主要优点有:一是可测性强。基础货币直接表现在中央银行资产负债表的负债方,中央银行可随时准确地获得基础货币的数额。二是可控性强、抗干扰性。中央银行对基础货币具有很强的控制能力,通过再贴现、贷款以及公开市场业务操作等,中央银行可以直接调控基础货币的数量。三是相关性强。作为货币供给量的两个决定因素之一,中央银行基础货币投放的增减,可以直接扩张或紧缩整个社会的货币供给量,进而影响总需求。正是基于基础货币的这些优点,很多国家的中央银行把基础货币作为较为理想的操作指标。

四、可作为中介指标的金融变量

通过货币政策中介指标的选择标准可以知道,作为中介指标的金融指标主要有长期利率和货币供应量。

(一) 长期利率

西方传统的货币政策均以利率为中介指标。利率能够作为中央银行货币政策的中介目标是因为:首先,利率不但能够反映货币与信用的供给状态,而且能够表现供给与需求的相对变化。利率水平趋高被认为是银根紧缩,利率水平趋低则被认为是银根松弛。其次,利率属于中央银行影响可及的范围,中央银行能够运用政策工具设法提高或降低利率,符合可控性。再次,利率资料易于及时收集获得并能够经常汇集,符合可测性。最后,利率的变动能直接影响经济活动,符合相关性。

(二) 货币供应量

以弗里德曼为代表的现代货币数量论者认为,以货币供应量或其变动率为主要中介指标。他们的主要理由是:首先,货币供应量的变动能直接影响经济活动,符合相关性。其次,货币供应量及其增减变动能够为中央银行所直接控制。货币供应量增加,表示货币政策松弛,反之则表示货币政策紧缩,符合可控性。再次,货币供给量的数据是可测的。最后,货币供应量作为指标不易将政策性效果与非政策性效果相混淆,因而具有准确性的优点。

但以货币供应量为中介指标也有几个问题需要考虑:一是中央银行对货币供应量的控制能力。货币供应量的变动主要取决于基础货币的改变,但还要受其他种种非政策性因素的影响,如现金漏损率、商业银行超额准备比率、定期存款比率等,非中央银行所能完全控制的。二是货币供应量传导的时滞问题。中央银行通过变动准备金以达到一定的货币量变动率,但却存在较长的时滞。三是货币供应量与最终目标的关系。对此有些学者尚持怀疑态度。但从衡量的结果来看,货币供应量仍不失为一个性能较为良好的指标。

五、货币政策的传导机制

货币政策的传导机制是指中央银行运用货币政策影响中介指标进而实现最终目标的途径和过程的机制。至于采用哪些政策手段更有利于实现货币政策最终目标,其过程和机制的有效性如何,在西方有不同的理论和立场,我们主要介绍凯恩斯学派和货币学派的传导机制理论。

(一) 凯恩斯主义货币政策传导机制

凯恩斯学派主张传导过程中的主要机制或主要环节是利率。认为货币供应量的变动或调整必须首先影响利率的升降,利率的升降则通过资本边际效率的影响,使投资以乘数方式增减,而投资的增减就会影响总支出和总收入。即

$$M \to r \to 1 \to E \to Y \tag{8-1}$$

式中,M 表示货币供给;r 表示利率;E 表示总支出;Y 表示总收入。

凯恩斯主义的最初思路被称为局部均衡分析,反映货币供给对商品市场的影响,而没有反映商品市场与货币市场的相互作用。

(二) 货币学派货币政策传导机制

货币学派的货币政策传导机制理论是在批评凯恩斯学派理论的过程中提出的。因此,

它与凯恩斯学派的上述理论有着重大的分歧。货币学派认为利率在货币传导机制中并不起重要作用，而强调货币供应量在整个传导机制上具有效果。这种主张认为，增加货币供应量在开始时会降低利率，但不久会因货币收入增加和物价上涨而使名义利率上升，而实际利率则有可能回到并稳定在原先的水平上。他们认为，货币政策的传导机制主要不是通过利率间接地影响投资和收入，而是通过货币实际余额的变动直接影响支出和收入，即

$$M \rightarrow E \rightarrow Y \qquad (8-2)$$

式中，M 表示货币供给；E 表示总支出；Y 表示总收入。

货币学派的货币政策传导机制理论以弗里德曼的分析最为典型。弗里德曼认为，中央银行通过货币政策的操作只能控制货币供应量，不能控制利率。货币供应量的变动，将直接导致名义收入的变动。

当货币供应量增加时，人们实际持有的货币余额将多于其愿意持有的货币余额，人们将通过增加支出而消除这一过多持有的货币余额。但是，从整个经济来看，一个人的支出必然形成其他人的收入，而其他人的收入增加后也会增加支出。因此，随着人们纷纷增加支出，整个经济的名义收入就将随之而增加。名义收入是实际产出与物价水平的乘积，因此，名义收入的增加既可能是实际产出增加的结果，也可能是物价水平上涨的结果，还可能是实际产出增加和物价水平上涨同时发生的结果。

根据弗里德曼的分析，在短期内，货币供应量增加将引起实际产出的增加和物价水平的上涨；而在长期中，货币供应量增加只能引起物价水平的上涨。在短期内，货币供应量增加之所以能引起实际产出的增加，是因为在短期内人们还来不及调整其通货膨胀预期。

膨胀率低于实际发生的通货膨胀率。弗里德曼认为，正是未预期到的通货膨胀，才可能引起实际产出的暂时增加。但是，从长期来看，人们对通货膨胀预期的调整，在短期内未预期到的通货膨胀总是要被人们所预期到的。也就是说，从长期来看，人们不存在货币幻觉。所以，货币供应量的增加不会引起实际产出的增加，而只能导致物价水平的上涨。

扩展阅读 8-2

美国联邦储备系统的"货币主义实验"

在20世纪50至60年代，美国联邦储备系统在制定货币政策时，货币数量被认为是一个不太重要的指标，联邦储备系统的官员们关注的是短期名义利率、信用条件和银行贷款。到20世纪70年代，由于通货膨胀问题日益突出，货币增长率指标也日益受到关注，但是与此同时，联邦储备系统还为联邦基金利率设定了一个很窄的波动幅度。

当货币增长率目标和联邦基金利率目标出现矛盾时，前者往往被迫让位于后者，这种状况使得联邦储备系统控制货币增长率的目标一再落空。在经历了1973—1975年的经济衰退之后，联邦储备系统默许了货币存量的过快增长，从而导致了加速的通货膨胀。到1979年年末，联邦储备系统面临着一个非常困难的局面：通货膨胀预期和通货膨胀率一起加速上升，黄金价格暴涨，美元汇价在外汇市场上迅速下跌，同时失业率也居高不下。

1979年10月6日，也就是在保罗·沃尔克(Paul Volcker)刚刚成为联邦储备理事会主席不久，联邦储备系统决定采取高度紧缩性货币政策：贴现率提高为12%，同时对银行的某些可控负债规定了8%的法定准备金比率，更重要的措施是该政策允许联邦资金利率有更大

的波动(波动幅度可以达到10%～15%,而不是先前的1.25%),以便更好地抑制货币存量。这一政策被广泛地解释为迅速地转向货币主义,即联储把控制通货膨胀摆在了维持高就业的前面,并且更加重视货币增长率目标。

这一政策在阻止美元在外汇市场上的潜在崩溃方面初见成效。而且货币增长率也成功地降低,名义利率急剧上升。但是,该政策在控制通货膨胀方面则是失败的。证券价格的下跌表明金融市场并不相信联邦储备系统能够抑制通货膨胀,事实证明这种预测是正确的:1979年12月到1980年2月的3个月内消费价格指数以年率17%的速度上升;信贷市场由于担心通货膨胀率进而利率会直线上升而近于瘫痪。在这种情况下,卡特总统于1980年3月宣布了一项消除通货膨胀预期的综合性计划,作为该计划的一部分,他对政府预算做了修改以减少赤字。联邦储备系统则主要通过采取两方面的措施来配合这一计划:一方面实行紧缩常规的货币政策,另一方面实行信贷配给。联邦储备系统对经常向联储借款的大银行支付的贴现率征收了3%的额外费用,并且对无担保的消费信贷如信用卡和赊账借款规定了15%的准备比率,这一比率不仅适用于银行,而且适用于其他金融机构及零售商。联储还对货币市场基金的资产增加额规定了15%的法定准备比率。另外,银行得到告诫,它们的贷款增长率不应超过9%。这种"道义上的劝告"名义上是自愿的,但是正如一句俗话所说的那样"你不必一定去做,如果不做你会感到懊悔。"

上述措施的效果很快就显现出来了。通货膨胀率迅速下跌,但是失业率则上升至20世纪30年代以来的最高水平,达10.8%,经济陷入严重衰退。

1982年下半年,联储重新改变它的政策实施步骤,这通常被视为货币主义实验的终止,但它也没有回到过去的政策步骤上,而允许联邦资金利率比以前有更大的波动,而且货币增长率也比以前受到更多的关注。

对于1979年10月至1982年10月的货币主义实验(许多经济学家认为,这种称呼并不贴切)的得失,经济学家有很多争论。该政策导致的第一个结果是:通货膨胀率大幅度下降,失业率急剧上升。不少经济学家怀疑用如此严重的失业率换来通货膨胀率下降是否值得。该政策导致的另一个结果则多少有些出乎人们的预料:不仅利率更不稳定,货币增长率也变得越来越不稳定。

1997年10月以前货币主义者认为联储应该允许利率的大幅变动以减少货币增长率的变动,而事实上,现在人们却不得不面临两个指标同时趋于变动。具有讽刺意味的是,当70年代联储主要使用利率指标时,我们相信此时货币存量指标更可取;而1979—1982年期间,当联储更多地使用货币存量指标时,利率指标又变得更为可取。这也许正好应验了著名的"古德哈特法则",即使一个变量原来是稳定的,当人们把它当作政策手段时,它就变得不稳定了。

第四节　货币政策效应

一、影响货币政策效应的因素

影响货币政策效应的因素包括货币政策的时滞性、微观主体预期的影响、货币流通速度的影响和政治因素的影响。

（一）货币政策的时滞性

当宏观经济需要调控时，中央银行从货币政策的制定到货币政策工具的选取和执行，再到货币政策预期目标的实现需要一定的时间，即货币政策的时滞。当时滞较长时，在这段时间差内可能出现新的经济状况的变化，因此货币政策很可能达不到预期的效果；反之，货币政策可以发挥较好的效果。

（二）微观主体预期的影响

当中央银行实施货币政策时，商业银行或社会公众等微观经济主体可能从中预测出政策将会产生的后果，因而做出相应的反应，最终可能会使政策的预期效果被削弱以致被抵消。

（三）货币流通速度的影响

中央银行制定和实施货币政策主要是对货币供应量进行调节，但货币供应量变动受到很多因素的影响，其中较为重要的一个因素就是货币的流通速度。中央银行在调控时，需准确预测和判断货币的流通速度，若出现偏差的话，可能会使货币政策效果受到很大的影响。

例如，如果中央银行低估了货币的流通速度，若按照原来的货币流通速度来提供货币供给则会造成货币供给过多，可能引发通货膨胀；反之，则会造成货币供给过少，导致通货紧缩。但在现实中，影响货币流通速度的因素很多，因此很难对它进行准确的预测，货币政策的效果也极易受到影响。

（四）政治因素的影响

中央银行在实施货币政策时很有可能会影响某些阶层、集团、部门或地方的利益，这些主体在自己利益受损时会做出较强烈的反应，会对中央银行产生一定的政治压力，可能会迫使中央银行调整货币政策，从而影响到货币政策实施的效果。

二、货币政策效应的衡量

一般情况下，货币政策效应的衡量主要通过时间效应和货币政策数量效应两方面进行衡量。时间效应主要体现在时滞的长短上，由于各国具体国情不同，目前没有统一的结论。在这里，我们重点了解下货币政策数量效应的衡量。

货币政策的数量效应即货币政策发挥效应的大小，一般通过货币政策的实施所带来的实际效果与预期效果间的差距来衡量。由于货币政策目标之间存在矛盾，因此，在衡量货币政策数量效应时应综合考察各主要货币政策目标的实现情况。

实践证明，经济增长与稳定物价之间存在着矛盾。如果一个国家将这两项同时作为政策目标，那么在货币政策实施后，对货币政策效应的衡量分为三种情况：

（1）如果在货币政策实施后，经济增长的速度超过了物价上涨的速度或经济增长加速伴随着物价的回落，则说明货币政策是有效的。

（2）如果货币政策实施后，经济增长的速度低于物价上涨的速度，或经济增长减速的同时伴随着物价的上涨，则说明货币政策的实施已经对经济造成实质性的损害。

(3) 如果货币政策实施后,经济增长的速度等于物价上涨的速度,或经济减速的程度等于物价的回落速度,则说明货币政策是无效的。

本章小结

1. 货币政策是指中央银行为实现一定的经济目标,运用各种政策工具调节和控制货币供给量及利率所采取的方针和措施的总称。

2. 货币政策目标体系是由最终目标、中介目标和传导机制 3 个层次有机组成的。其中最终目标是中央银行最终想要实现的宏观经济目标,如币值稳定、经济增长、充分就业以及国际收支平衡等。中介目标主要有货币供给量、利率、准备金和基础货币等指标。货币政策传导机制理论主要有利率传导机制、货币学派货币政策传导机制等两种理论。

3. 中央银行的货币政策工具分为一般性货币政策工具、选择性货币政策工具和直接或间接信用控制三大类。其中一般性货币政策工具包括再贴现政策、公开市场操作、法定存款准备金政策 3 种主要工具。选择性货币政策工具包括直接信用控制,如信用配额管理;间接信用控制,如道义劝告等。

核心概念

货币政策　货币政策工具　货币政策目标　再贴现政策　公开市场操作　法定准备金

复习思考题

一、选择题

1. 目前我国货币政策的中介指标是(　　)。
   A. 利率　B. 汇率　C. 股票价格指数　D. 货币供给量
2. 调整证券保证金比率的货币政策措施属于(　　)。
   A. 一般性调控工具　B. 直接信用控制工具
   C. 选择性调控工具　D. 价格型调控工具
3. 下列货币政策中,引起货币供应量增加的是(　　)。
   A. 提高法定存款准备率　B. 提高再贴现率
   C. 降低再贴现率　D. 中央银行卖出债券
4. 中央银行充作"最后贷款人"提供贷款常用的方式是(　　)。
   A. 公开市场业务　B. 集中存款准备金
   C. 票据贴现抵押　D. 票据再贴现、再抵押
5. 下列关于稳定物价的说法中正确的有(　　)。
   A. 稳定物价就是通货膨胀率越低越好
   B. 稳定物价就是通货膨胀率为零
   C. 稳定物价是指保持一般物价水平的绝对稳定,以控制通货膨胀和通货紧缩

D. 稳定物价就是稳定币值

6. 当前我国货币政策的最终目标是(　　)。

A. 经济增长、充分就业、国际收支平衡、物价稳定

B. 保持货币币值的稳定,并以此促进经济增长

C. 促进经济增长

D. 保持物价稳定

二、简述题

1. 简述货币政策各目标间的关系。
2. 简述选择性货币政策工具。
3. 简述影响货币政策效应的因素。

实训练习

【实训内容】

理解现行货币政策,预测未来货币政策的走向。

【实训步骤】

1. 进行分组,查找资料。
2. 各组讨论,分析现行货币政策宏观调控的过程和结果。
3. 各组分别写出货币政策的实施和预测报告。

第九章

货币需求与供给

教学目标

1. 理解货币需求与货币需求量的区别。

2. 熟知货币供给的形成机制、货币供给的模型。

3. 掌握现金交易说、凯恩斯货币需求理论及发展以及费里德曼的货币需求理论的主要内容。

章前引例

电子货币，从字面上看就是电子形式的货币。它不具有实体性，而是电子载体所包含的信息，其价值以电子形式储存。1973 年，Roland Mormon 发明了 IC 卡作为电子货币，揭开了网络货币发展的序幕。19 世纪 80 年代，美国最早开始了电子货币的研究、试验。随后英、德等欧洲国家也相继研发电子货币。1993 年，我国政府开始组织实施“金卡工程”，即以电子货币应用为重点启动的各类卡基应用系统工程，旨在加强对经济的宏观调控、深化金融改革、加速金融商贸现代化建设。现在人们所称的“电子货币”，所含范围极广，如信用卡、储蓄卡、IC 卡、消费卡、电话卡、电子支票、电子钱包、智能卡等，几乎包括了所有与资金有关的电子化的支付工具和支付方式。

以银行卡为例，截止到 2019 年年末，加入银联网络的发卡机构 261 家，全年增加 26 家。其中，境内发卡机构 218 家，境外发卡机构 43 家。全年累计发行银行卡 20.66 亿张，同比增长 14.8%。其中，借记卡发卡量为 18.80 亿张，同比增长 13.4%，占银行卡发卡量的 91.0%。2009 年全年银行卡消费 34.91 笔，金额 6.86 万亿元，同比分别增长 32.0%和 73.8%。全年银行卡消费额（剔除房地产、汽车销售及批发类交易）占当年社会消费品零售总额的比重达到 32.0%，比 2008 年提高了 7.8 个百分点，银行卡使用更加广泛。

我国电子货币市场发展迅速，随着计算机、互联网的普及，使用电子货币、电子支付的人将会越来越多。电子货币将是 21 世纪的主要金融支付工具，也将是国家管理金融的重要基础。我们必须加快推广电子货币，加快制定电子货币的发展及管理办法，迎接电子商务时代的到来。

案例讨论：电子货币对货币需求产生了怎样的影响？

第一节　货币需求

一、货币需求与货币需求量

(一) 货币需求

经济学意义上的货币需求不同于社会学或心理学意义上的需求(一种主观的、一厢情愿的占有欲),而是社会各经济主体(包括企业单位、事业单位、政府部门、个人)在其财富中能够并且愿意以货币形式持有而形成的对货币的需求。

(二) 货币需求量

所谓货币需求量,是指在特定的时间和空间范围内(如某国、某年),社会各个部门(企业、事业单位,政府和个人)对货币需要持有量的总和。在特定的时空范围内,人们为什么需要货币,需要多少货币,人们的货币需求受哪些因素影响等,都是研究货币需求必须解决的基本问题。

二、决定和影响货币需求的因素

(一) 收入状况

在市场经济中,微观经济主体的收入是以货币形式获得的,其支出也以货币形式支付。通常情况下,收入状况决定人们对货币的需求,主要体现在两个方面:一是收入水平。收入水平高,支出会相应增加,货币需求量就越多;收入水平低,支出会相应减少,货币需求量就越少,收入与货币需求呈同方向变动。二是取得收入的时间间隔。由于收入是定期或定时的,而支出是经常性或持续性的,人们必须保有一定的货币量以满足未来没有取得收入情况下的支出。取得收入的时间间隔越长,需要保有的货币数量就越多,收入的时间间隔与货币需求呈同方向变动。

(二) 商品价格水平

人们持有货币是为了购买商品。因此,人们需要的货币实际是需要货币的购买力或货币能买到的商品数量。在商品和劳务量既定的条件下,价格越高,用于商品和劳务交易的货币需求也必然增多。如果某人原来持有 1 000 元货币,现在若所有商品价格上升了一倍,则现在他必须持有 2 000 元才能买到原先数量的商品,如果仍只有 1 000 元,则他只能买到原来商品数量的一半。因此,商品价格和货币需求呈同方向变动。

(三) 利率水平

人们在一定时期所拥有的财富数量是有限的,因此必须决定其所拥有财富的形式。他们可以以货币形式拥有财富,也可以以其他形式(证券、实物资产等)拥有财富。由于利率水平的高低决定了人们持币机会成本的大小，利率越高，持币成本越大，人们就不愿持有货币而愿意持有其他形式的财富以保值、增值并获得高额利息收益，因而货币需求会减少；利率越低，持币成本越小，人们则愿意持有货币而减少其他形式的财富，货币需求就会增加。利率水平的高低与货币需求呈反方向变动。

（四）货币流通速度

货币流通速度是一定时期内货币转手的次数。在一定时期内，货币总需求就是货币的总流量，而货币总流量是货币平均存量与速度的乘积。在商品交易总量不变的情况下，货币速度的加快会减少现实的货币需求量；反之，货币速度的减慢则必然增加现实的货币需求量。因此，货币流通速度与货币总需求呈反方向变动关系。

（五）信用的发达程度

一般情况下，一国信用的发达程度与货币的需求成负相关关系。因为在信用制度健全的经济中，相当一部分交易可以通过债权债务的相互抵消进行清算，而不需要货币执行交易媒介和支付手段的职能，而且人们可以将暂时闲置的资金用于购买有价证券等金融资产而不必持有现金。因此，信用制度和信用工具越发达，人们以窖藏的形式持有的现金就越少，对货币的需求量就越少；反之，则越多。

（六）其他因素

公众的消费倾向、对利润与价格的预期变化、财政收支引起的政府货币需求的变化，人口数量、人口密集程度、产业结构、城乡关系及经济结构、社会分工、交通运输状况、金融机构技术手段的先进和服务质量的优劣、国家的政治形势对货币需求的影响，甚至民族特性、生活习惯等也是决定和影响一国货币需求的客观因素。

三、货币需求理论的发展

（一）现金交易数量说

美国经济学家费雪在1911年出版的《货币购买力》中对数量论做了清晰的阐述。该理论认为，人们持有货币仅仅是为了交易，货币的唯一功能是充当交换媒介，货币并不能直接满足人们的欲望，人们需要货币仅仅是因为货币具有购买力，可以用来交换商品和劳务。其理论内容主要反映在费雪交易方程式中，该方程式是

$$MV = PQ$$

式中，M 是一定时期内的货币数量；V 是一定时期内货币流通速度；P 是一定时期内商品和劳务价格水平；Q 是一定时期内商品和劳务交易量。该方程式左边用货币数量乘以货币流通速度表示货币总量，右边用商品价格水平乘以交易量表示商品和劳务交易总额。

费雪认为短期内 V、Q 是不变的。因为 V 由社会制度、支付习惯、社会信用制度、运输与通信条件等因素决定，在短期内很难发生变化，长期内也比较稳定，所以在短期内 V 为常量。

同时在充分就业条件下，社会劳动生产率在短时期内很难变化，因此社会商品和劳务总

交易量，即 Q 也是一个相当稳定的因素。这样，货币供应量 M 的变化将引起价格 P 的同比例变化。

费雪认为人们持有货币的目的在于交易，这样，货币数量论揭示了对于既定的名义总收入下人们所持的货币数量，它反映的是货币需求数量论，又称现金交易数量论。

如果用货币需求量 M_d 表示 M，$MV=PQ$ 可以写成两边同时除以 V，得

$$M_d=\frac{1}{V}\cdot PQ$$

因为短期内，V 为常量，名义收入决定了其所引致的货币需求量 M_d。因此，货币需求仅为收入的函数，利率对货币需求是没有影响的，且货币只是影响价格水平等名义变量，而不会影响社会实际就业量和产量。

（二）现金余额数量说

现金余额数量说的代表人物是剑桥经济学家马歇尔和庇古，他们的货币需求理论（又称现金余额数量论）的内容和分析方法主要反映在“剑桥方程式”中，该方程式是

$$M=KPQ$$

式中，M 表示人们手中持有的货币数量，即现金额；Q 代表总产量；P 表示一般价格水平；K 表示以货币形式保持的财富在全部财富中所占的比例，K 是常量。

剑桥学派认为，对于货币需求是基于货币的交易媒介功能和贮藏价值功能：① 作为交易媒介，人们用货币完成交易，那么货币需求量与交易水平有关，由交易水平引起的货币需求与名义收入呈比例。这一观点与费雪的货币需求理论基本一致。② 作为价值贮藏的货币也是一种资产。随着资产增加，人们意愿持有的货币也在增加。剑桥学派认为，由于财富同名义收入呈比例，所以货币需求量也与财富水平引起的名义收入变动呈比例。

综合起来看，在剑桥方程式中，货币需求与名义收入呈比例，如果以 K 表示费雪方程式中的 $1/V$，因为以货币形式保持的财富在全部财富中所占的比例越大，货币的流通速度越慢。那么

$$M=1/PQ$$

可见，在形式上剑桥方程式和费雪方程式是没有区别的，二者都认为货币需求与收入呈比例。但二者在研究方法上却是有区别的。费雪把货币需求作为流量进行研究，强调了技术上的因素，并排除了在短期内利率对货币需求的任何可能的影响。

（三）凯恩斯的流动性偏好理论

凯恩斯于 1936 年出版了《就业利息和货币通论》一书，发起了“凯恩斯革命”。在货币需求方面，他放弃了古典学派将货币流通速度视为常量的观点，强调利率的重要性，反对将实物经济和货币经济分开，提出了流动性偏好的货币需求理论。

所谓流动性偏好就是人们偏好流动性强的资产，在现金、股票、债券等资产中，尽管现金不能生息，而股票和债券能生利，但由于现金的流动性和灵活性最强，而股票与债券变现较为困难，人们宁愿持有现金而不愿持有股票与债券。人们对货币需求的实质就是灵活性和

流动性的偏好。该理论以人们意愿持有货币的动机作为划分货币需求的依据，既发展了古典货币需求理论，又开创了新的研究方法。凯恩斯认为人们对货币的需求是由三种动机共同决定的。

1. 交易动机

交易动机是指个人或企业应付日常交易而必须保有的货币。由于个人和企业收入的取得与支出之间往往存在着时间差，为了保证正常的交易和再生产，他们必须克服这种收入、支出在时间上的不一致所造成的困难，因而就需要经常在手边保留一定的货币余额。个人保有货币量的多少与货币收入的多少和货币收支的时间间隔有关；企业保有货币量的多少与企业当期生产规模的大小和生产周期的长短有关，由此可以看出影响交易性货币需求的因素主要有收入的多少、收入与支出的时间间隔、支出的习惯、支付的方式等，在这些因素中除了收入因素，其他因素在短期内都是常数，因此，收入是交易性货币需求的递增函数。

2. 预防动机

预防动机是指由于未来的不确定性，为了应付现实经济生活中常有的各种意外，人们除了在手边持有日常交易所需货币之外，还必须保留的货币余额。该余额的多少取决于收入的多寡，凯恩斯认为预防性货币需求与人们的收入呈同方向变动。

3. 投机动机

投机动机是指人们为投机的目的而持有的货币余额。出于投机动机而持有的货币量来源于货币的贮藏功能。凯恩斯把投资者的资产分成两类：货币和债券。债券的预期收益来自利息收入和预期资本利得。人们持有货币还是债券取决于两者之间的预期回报率。如果利率上升，则债券价格下跌，若预期利率上升，则债券价格预期下跌，从而得到负值资本利得，即资本损失，从而愿意持有货币而不愿意持有债券贮藏财富。

若预期利率下降，则债券价格预期上升，从而得到正值资本利得，即资本增值，从而人们愿意持有债券而非货币贮藏价值。由此可见，利率上升导致货币需求下降，货币需求同利率水平负向相关。因此，利率是影响投机性货币需求的重要因素。

凯恩斯认为交易动机、预防动机两个层面上的货币需求主要取决于收入水平的大小并且与收入水平同方向变动，基本与利率无关。用函数式表示为：

$$M_1 = L_1(Y)$$

式中，M_1 表示交易动机、预防动机的货币需求；Y 表示收入；L_1 表示 M_1 与 Y 的函数关系。

M_1 是一条与利率纵轴平行的直线，与利率的高低无关。

投机动机层面上的货币需求是当前利率的反函数。其函数式表示为：

$$M_2 = L_2(i)$$

式中，M_2 表示投机动机的货币需求；i 表示利率；L_2 表示表示 M_2 与 i 的函数关系。

M_2 是一条凸向原点的曲线，与利率的高低呈反方向运动关系。

两种货币需求函数合并可得到货币需求总函数：

$$M = M_1 + M_2 = L_1(Y) + L_2(i) = L(i)$$

式中，M 表示货币总需求；M 表示收入 Y 与利率 i 的函数关系。货币总需求函数 M 的形状如图 9－1 所示。

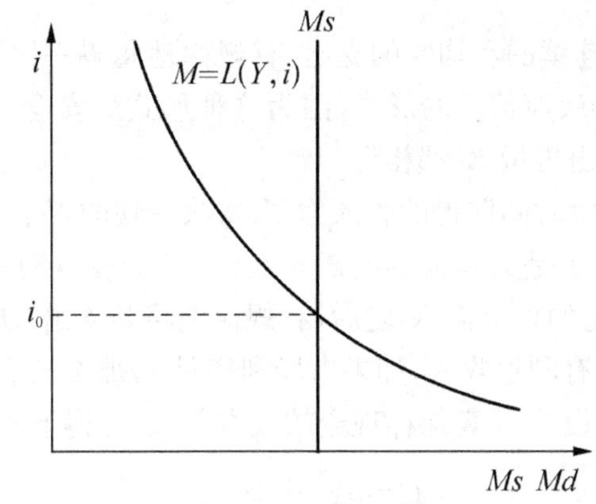

图 9-1　凯恩斯流动偏好理论

由于交易性货币需求是收入的递增函数，投机性货币需求是利率的递减函数，所以货币需求是有限的。但是，当利率降到一定低点之后，由于利息率太低，人们预期未来利率水平会上升，因此不愿持有收益低的生息资产而宁愿以持有货币的形式来持有其全部财富，而不购买债券。这时，货币需求便不再是有限的，而是无限大了。

如果利率稍微下降，无论中央银行增加多少货币供应量，都会被货币需求吸收。也就是说，利率在一定低点以下对货币需求是不起任何作用的。这就存在着一个大陷阱，中央银行的货币供给都落入其中，在这种情况下，中央银行试图通过增加货币供应量来降低利率的意图就会落空，即所谓的“流动性陷阱”。如图 9-1 所示，当利率降低到 i_0 时，货币需求曲线变成与横轴平行的直线，该部分直线就是“流动性陷阱”，即在此处货币需求的利率弹性无限大。

（四）凯恩斯学派对货币需求理论的发展

在凯恩斯的流动性偏好理论中，把投资者的投资资产分为货币和债券，投资者只能在这两种资产中进行投资选择，不能两者兼而有之，这与现实的不确定状态不符。20 世纪 50 年代，凯恩斯的后继者们经过深入的研究发现：交易动机和预防动机的货币需求也受到利率的影响。其中最著名的是鲍莫尔模型和托宾的资产选择理论。

1. 鲍莫尔模型

鲍莫尔认为，即使是交易性货币需求，对利率同样敏感，而且相对于交易数值而言，货币的交易性需求也呈现出规模经济的特质。任何企业或个人的经济行为都以收益的最大化为目标。因为持有现金，也要耗费成本。因此，在货币收入取得和支用之间的时间差内，没有必要让所有用于交易的货币都以现金形式存在。

因为现金（指钞票和活期存款）并无利息收入，持有现金也就意味着负担相当该笔资金可投资于有价证券或其他资产获得利息收入的机会成本，所以应将暂时不用的现金转化为生息资产的形式，需要时再变现，只要利息收入超过变现的手续费就有利可图。利率越高，收益越大，生息资产的吸引力也就越强，人们就会将现金持有额压到最低限度。

但若利率低，利息收入不够变现的手续费，那么人们将愿意持有全部的现金。因此，货币的交易需求与利率不但有关，而且关系极大，这一重要发现便是经济学家鲍莫尔的“平方根定律”。

鲍莫尔假设:① 人们连续的和均匀的支出,有规律地每隔一段时间内取得一定收入 Y;② 生息资产一律采取短期政府债券的形式,因为这种形式最安全;③ 每次出售债券与前一次出售时间间隔及每次的出售量 K 都相等。

设未来时间内每隔一段时间取得的收入为 Y,每次变现的现金额(出售债券额)为 K,每次买卖证券的手续费为 b,于是买卖证券的成本总额(债券变现时所必须支付的手续费)为 bY/K。由于每次变现一定的现金额 K 之后,有规律地将其支出,所以平均一手中持有的现金额为 $K/2$。因为现金没有利息收入,如果市场利率是 i,那么持有现金所丧失的利息收入或者叫机会成本为 $K/2$。设 C 代表保存现金的成本总额,可得下式

$$C=bY/+iK/2$$

通常情况下,一个理性的个体会选择最优的现金持有量 K,通过最小化 C,可以得到用作交易媒介的货币平均余额为

$$K=\sqrt{\frac{2bY}{i}}$$

鲍莫尔模型的意义在于它论证了最基本的货币需求——交易性货币需求,也在很大程度上受到利率变动的影响。这一论证不仅为凯恩斯主义的以利率作为货币政策的传导机制的理论进一步提供了证明,而且也向货币政策的制定者指出,货币改革如果不能影响利率,那么它的作用是不大的。

2. 托宾的资产选择理论

资产选择理论是由美国经济学家马科维茨于 1952 年提出,并经托宾等人发展而成的。它主要讨论如何进行金融资产的组合以分散投资风险,并实现收益最大化。它的主要内容是:由于风险的存在,投资者未来的收益是不确定的,因此投资者在资本市场上进行投资时应遵循的原则是不要把自己的全部投资都放在一种股票或债券上,也就是俗话说的“不要把所有的鸡蛋都放在同一个篮子里”,而是要分散投资,以达到预期效用的最大化而不是预期收益的最大化。

根据资产选择理论,投资者把投资的资产分为安全性资产和风险性资产两大类。安全性资产和风险性资产相互独立,然后确定投资比例,再根据风险大小把风险资产划分两类,确定各类风险资产的投资比例,形成一个投资组合,使其收益最大而风险最小。由于投资组合只能分散非系统性风险,无法降低系统性风险,托宾由此将投资者分为三种类型:一是风险中性者;二是风险厌恶者;三是风险偏好者。托宾认为,绝大多数投资者都是风险回避者,风险中立者和风险爱好者都只是极少数。所以,他以回避风险的投资者作为主要分析对象。

托宾的分析还说明,利率的上升会使人们对于每一既定风险水平债券预期的回报率上升,这样投资者持有货币的比率就会相应减少,证明了利率和投机性货币需求呈负相关关系。

因此,根据托宾的资产选择理论,人们对货币的需求不仅取决于利率的高低以及造成此利率高低的货币的供需状况,也不仅取决于各种金融资产的收益率、供需状况和风险性,还

取决于包括金融资产和实物资产在内的各种资产的相对收益率，即造成这些相对收益率的各种资产的供需状况和各种资产的相对风险性。

(五) 费里德曼的货币需求理论

美国经济学家米尔顿·弗里德曼(1912—2006)受马歇尔、庇古现金余额数量说的启发，采纳了凯恩斯对公众货币需求动机和影响因素的分析方法，采用微观经济理论中的消费者选择理论，更加深入、细致地发展了微观货币需求理论。弗里德曼认为货币也是一种商品，人们对于货币的需求，就像人们对别的商品和劳务的需求一样，因此，对人们货币需求问题的分析，可借助于消费者选择理论来进行。一般消费者在对诸多商品进行选择时，必然要考虑三个因素：总财富水平、持有货币的机会成本、持有货币给人们带来的效用。弗里德曼认为，与消费者对商品的选择一样，人们对货币的需求同样受这三类因素的影响，进而对影响货币需求的这三类因素进行了详细的分析。

(一) 总财富水平

弗里德曼将总财富作为决定货币需求量的重要因素，在现实生活中，由于总财富很难估算，所以弗里德曼用收入来代表财富总额，原因在于财富可视为收入的资本化价值。但这个收入不是统计测算的现期收入，而是长期收入，即“永恒收入”(Y)，因为现期收入受年度经济波动的影响，具有明显的缺陷。

所谓永恒收入，是指一个人在比较长的一个时期内的过去、现在和今后预期会得到的收入的加权平均数，它具有稳定性的特点。弗里德曼认为，货币需求与永恒性收入呈正比关系，由总财富决定的永恒性收入水平越高，货币需求越大。

弗里德曼进一步把财富分为人力财富和非人力财富两大类。人力财富是指个人获得收入的能力，其大小与接受教育的程度紧密相关。非人力财富是指各种物质性财富，如房屋、生产资料等这两种财富都能带来收入。但人力财富缺乏流动性，给人们带来的收入是不稳定的；而非人力财富则能够给人们带来较稳定的收入，因此如果恒收入主要来自人力财富，人们就需要持有更多的货币以备不时之需；反之，人们的货币需求就会下降。因此，非人力财富收入在总收入中所占的比重与货币需求呈反比关系。

(二) 持有货币的机会成本

持有货币的机会成本是指“其他资产的预期报酬率”。弗里德曼认为，货币的名义报酬率(r_m)可能等于零(手持现金与支票存款)，也可能大于零(定期存款和储蓄存款)，而其他资产的名义报酬率通常大于零。这样，其他资产的名义报酬率就成为持币的机会成本。其他资产的名义报酬率主要包括两部分：一部分是目前收益，如债券利率(r_b)、股票收益率(r_e)，另一部分是预期物价变动率$\left(\frac{1}{P}\cdot\frac{dP}{dt}\right)$。显然，债券的利率、股票的收益率越高，持币的机会成本就越大，货币的需求量就越小。预期的通货膨胀率越高，持币带来的通货贬值损失就越大，对货币的需求就越少。

(三) 持有货币给人们带来的效用

持有货币可以给人们带来流动性效用(U)，此效用的大小以及影响此效用的其他因素

(如人们的嗜好兴趣等)也是影响货币需求的因素。

由此,可得到财富持有者的货币需求函数

$$\frac{M}{P}=f\left(Y;W;r_m,r_b,\frac{1}{P}\cdot\frac{dP}{dt};U\right)$$

式中,M/P 为财富持有者对货币的实际需求量,其余符号如前所述。

将 r_m 这个变量纳入函数式,说明弗里德曼货币需求函数中的货币口径大于凯恩斯学派所考察的货币。此外,弗里德曼的货币需求理论还具有一个突出的特点:强调永恒收入对货币需求的重要影响作用,弱化机会成本变量利率对货币需求的影响。永恒收入对货币需求的决定具有最重要的作用,而货币需求对利率的变动不敏感。弗里德曼之所以要强调这一点,是因为他要论证货币需求的相对稳定性:永恒收入自身具有稳定性的特点,利率虽然经常变动,但货币需求对其变动不敏感,因此,货币需求是可测的,且相对稳定。

由于货币收入、价格水平等变量都是货币需求和货币供给相互作用的结果,论证了货币需求具有相对稳定的特点,就说明货币对于总体经济的影响主要来自货币供给方。据此,费里德曼提出了以反对通货膨胀、稳定货币供给为主要内容的货币政策主张。

第二节 货币供给

货币供给是相对于货币需求而言的,它包括货币供给行为和货币供给量两大块内容。货币供给行为是指银行体系通过自己的业务活动向再生产领域提供货币的全过程,研究的是货币供给的原理和机制。

货币供应量是指银行系统根据货币需求量,通过其资金运用,注入流通中的货币量,它研究银行系统向流通中供应了多少货币,货币流通与商品流通是否相适应等问题。

一、货币范围的扩展

在金属货币流通的条件下,刚开始人们只知道货真价实的货币本体(金银条块和金币银币是货币),后来又发现能保证支付的商业票据和银行票据(银行券)同样可以流通。

金本位制崩溃之后,现代纸币(不兑现的银行券)打破了人们传统的货币观念,人们识别货币的准则发生了明显的变化。无论是金币、银币还是纸币,只要能够充当商品交易的媒介、人们能普遍接受,它就是货币。按照这一准则,能够直接用于转账支付的银行存款(活期存款)的货币属性则毫无异议了。到了今天,货币不仅是现金,而且包括存款货币。

从 21 世纪中期开始,随着金融市场的不断完善,金融创新的日益发展,货币的范围也不断扩大。例如,大额定期存单和“可转让支付命令账户”等的广泛使用,使一些名为银行定期存款和储蓄存款也可用于转账结算,变成了“活期存款”。这样,货币的范围迅速从现金、活期存款,扩大到大额存单、储蓄存款和定期存款及各种有价证券等范畴。可以预见,随着信用制度的不断发展及现代科学技术在银行的广泛应用,货币的范围还将进一步扩大。

二、货币供给层次的划分

虽然现金货币、存款货币和各种有价证券均属于货币范畴，随时都可以转化为现实的购买力，但绝不等于现金、存款货币、有价证券的流动性相同，货币性一样，比如，现金和活期存款是直接的购买手段和支付手段，随时可形成现实的购买力，货币性或流动性最强；而储蓄存款一般需转化为现金才能用于购买；定期存款到期才能用于支付，如果要提前支付，还要蒙受一定损失，因而流动性较差；票据、债券、股票等有价证券，要转化为现实购买力，必须在金融市场上出售之后，还原为现金或活期存款。

由于上述各种货币转化为现实购买力的能力不同，从而对商品流通和经济活动的影响有别。因此，有必要把这些货币形式进行科学的分类，以便中央银行分层次区别对待，从而提高宏观调控的计划性和科学性。

西方学者在长期的研究中，一直主张把“流动性原则”作为划分货币层次的主要依据。所谓流动性是指某种金融资产转化为现金或现实购买力的能力。具有“流动性”的金融资产价格稳定、还原性强，可随时在金融市场上转让、出售。

各个国家信用化程度不同，金融资产的种类也不尽相同，因而各个国家把货币划分为几个层次，每个层次的货币内容如何都不完全一样。下面介绍几种常见的划分方法。

（一）国际货币基金组织的划分方法

国际货币基金组织一般把货币划分为以下三个层次：

$$M_0=\text{流通于银行体系之外的现金}$$

$$M_1=M_0+\text{活期存款（包括邮政汇划制度或国库接受的私人活期存款）}$$

$$M_2=M_1+\text{储蓄存款}+\text{定期存款}+\text{政府债券（包括国库券）}$$

（二）美国的划分方法

1970年以后，美国银行向全能化、综合化方向发展的趋势明显加快，金融创新不断出现。例如，设立“可转让支付命令账户”和“自动转账服务账户”，使不限于商业银行的其他金融机构也可以接受实际上的活期存款。所有这些变化使活期存款与定期存款、储蓄存款之间的差别变得模糊起来，因此，美国的货币层次划分有自己的特点。

$$M_{1A}=\text{现金商业银行的活期存款}$$

$$M_{1B}=M_{1A}+\text{所有存款机构的其他支票存款}$$

$$M_2=M_{1B}+\text{储蓄存款}+\text{所有存款机构的小额定期存款}$$

$$M_3=M_2+\text{所有存款机构的大额定期存款}+\text{商业银行、储蓄贷款机构的定期存款协议}$$

$$M_4=M_3+\text{其他流动资产（短期债券、保险单、股票等）}$$

（三）我国的划分方法

我国对货币层次的研究起步较晚，但发展迅速。经过几年的讨论，已经确立了适合我国的划分原则和具体划分方法。

1. 划分货币层次的原则

划分货币层次要从我国的实际出发,不能盲目照搬西方国家的做法。要使我国货币层次划分具有实际意义,应按照以下原则:

(1) 划分货币层次应把金融资产的流动性作为基本标准。

(2) 划分货币层次要考虑中央银行宏观调控的要求,应把列入中央银行账户的存款同商业银行吸收的存款区别开来。

(3) 货币层次要能反映出经济情况的变化,要考虑货币层次与商品层次的对应关系并在操作和运用上有可行性。

(4) 划分货币层次宜粗不宜细。

2. 划分方法

1994 年 10 月 28 日,央行印发《中国人民银行货币供应量统计和公布暂行办法》,首次规定我国四个基本货币层次的划分。包括:

M_0 =流通中现金(货币供应量统计的机构范围之外的现金发行)

M_1 = M_0 +企业存款(企业存款扣除单位定期存款和自筹基建存款)+机关团体部队存款+农村存款+信用卡类存款(个人持有)

M_2 = M_1 +城乡居民储蓄存款+企业存款中具有定期性质的存款(单位定期存款和自筹基建存款)+外币存款+信托类存款

M_3 = M_2 +金融债券+商业票据+大额可转让定期存单等

我国目前只测算和公布 M_0、M_1 和 M_2 的货币供应量,M_3 只测算不公布。

三、货币供给机制

(一) 中央银行与基础货币

1. 基础货币的含义

基础货币在英文中是“Monetary Base”,也叫高能货币“Highpowered Money”。基础货币有以下 4 个特点:① 它是中央银行的负债;② 它的流通性很强,持有者可以自主运用,是所有货币中最活跃的部分;③ 它运动的结果能够产生数倍于其自身的货币量;④ 中央银行能够控制它,并通过对它的控制来实现对货币供给的控制。

基础货币包含哪些内容,不同的国家有不同的计算口径,不同的学者有不同的解释。我们可以把基础货币按计算口径的宽窄排列如下:

(1) 基础货币=银行准备金;

(2) 基础货币=社会公众手持现金+商业银行的法定准备金;

(3) 基础货币=社会公众手持现金+商业银行库存现金+法定准备金;

(4) 基础货币=手持现金+库存现金+法定准备金+超额准备金。

2. 基础货币的调控

一般来讲,在发达国家,中央银行主要是通过公开市场操作来控制基础货币。当中央银行在公开市场上购买有价证券时,若有价证券的出售方是商业银行,则这一公开市场购买的结果是商业银行的准备金等额增加;若有价证券的出售方是非银行(公众),当其将出售有价证券的所得以通货形式持有时，只会等额增加流通中通货的数量，而对商业银行准备金没有影响；当其将出售有价证券的所得款项存入商业银行时，则只会等额增加商业银行的准备金，而对流通中的通货数量没有影响。

但是，根据基础货币的构成，我们不难发现，不管有价证券的出售方是商业银行，还是非银行公众；不管有价证券的出售方将出售所得款项是以现金形式持有，还是存入商业银行，公开市场购买对基础货币的作用都相同，即增加与公开市场购买相同数额的基础货币。反之，若中央银行在公开市场上出售有价证券，则不管购买方是商业银行，还是非银行(公众)都会减少与公开市场出售等额的基础货币。

由于公开市场业务能够精确地使基础货币发生一定数量的增减，从而达到中央银行的预期目的，所以它成为发达国家中央银行控制基础货币的重要手段。但是，在一些发展中国家，开展公开市场业务的条件还不十分成熟，贴现贷款仍是中央银行控制基础货币的主要手段。当中央银行对商业银行发放贴现贷款时，则直接增加商业银行的准备金，从而扩大基础货币投放量。中央银行主要通过调整贴现贷款的利率来影响商业银行的贷款需求，从而影响贴现贷款的数量。

此外，当中央银行购入黄金、特别提款权、外币存款或其他任何资产，就像在公开市场上购入这些资产一样，会导致基础货币等额增加。反之，若中央银行出售黄金或其他中央银行储备资产，则会等额减少基础货币。

(二) 商业银行与派生存款

商业银行创造信用货币是在它的资产负债业务中，通过创造派生存款形成的。作为一种经营货币的企业，商业银行必须不断吸收存款并发放贷款。吸收存款可以将流通中的现金纳入银行，转化为存款。发放贷款，则使该存款按照一定的量再次形成存款。如果该过程周而复始，不断进行，在多家银行并存的经济体系中，就会形成几倍于原始存款的存款货币，货币供应数量增加。同样，商业银行的信用活动也造成信用货币的减少。例如，出于某种原因客户将存款大量变现，会使存款货币大幅度地减少。详细内容参见第六章第二节商业银行与信用创造。

(三) 货币供给模型

根据以上对货币供给过程的分析，我们可以用一个公式表示货币供应过程中各个因素间的关系

$$M_S = B \cdot K$$

式中，M_S表示狭义的货币供给量，即货币层次中的第一个层次；B 表示基础货币；K 表示货币乘数。

公式的基本含义是，基础货币按照一定的乘数扩张，形成货币供应总量。所以，中央银行只要能控制基础货币与货币乘数，就能有效调控货币供应量。

由于，货币乘数 K 是货币供应量 M_S同基础货币 B 的比率($K=M_S/B$)，即每一基础货币的变动所引起的货币供应量的倍增或倍减。所以，凡是影响基础货币 B 的因素都是影响货币乘数 K 的因素。

四、影响货币供给量的因素

(一) 我国商业银行的信贷收支

随着人民币职能的转换和政策性银行的设立,特别是1998年开始,人民币实行“计划指导,自求平衡,比例管理,间接调控”的信贷资金融通办法之后,资金供给制和商业银行对中央银行的倒逼机制逐渐被打破,人民银行的货币发行权、基础货币管理权、信贷总量控制权和利率调节权得到了强化。但是,由于经济金融体制改革还处在不断深化的过程之中,各国有商业银行的资产质量不高、资产结构也不合理,加之企业转制中逃债废债的现象时有发生,使国有商业银行的资金紧张局面短期内很难改观,迫使人民银行突破信贷总量,扩大基础货币供应量的现象还时有发生。

(二) 财政收支状况

中央银行作为政府的银行,代理财政金库是它的天职,因此,一切财政收支都要经由中央银行的账户实现。财政收入过程意味着货币从商业银行账户流入中央银行账户;财政支出过程则意味着货币从中央银行账户流入商业银行账户。由于中央银行账户的货币是基础货币或高能货币,商业银行账户的货币是普通货币,所以,财政收入过程实际上就是普通货币收缩为基础货币的过程,财政支出过程实际上就是基础货币扩张为普通货币的过程,从而引起货币供应量的倍数减少或增加。因此,财政收支对货币供应量的最终影响,就取决于财政收支状况及其平衡方法。

1. 财政收支平衡对货币供应量的影响

从总量扩张和总量收缩来看,财政收支平衡对货币供应量没有影响。这是因为等量财政收入从商业银行账户流入中央银行账户所产生的总量收缩效应,会与等量财政支出从中央银行账户流入商业银行账户所产生的总量扩张效应互相抵消,货币供应总量不变。

2. 财政结余对货币供应量的影响

财政结余,意味着从商业银行账户向中央银行账户转移的基础货币,大于从中央银行账户向商业银行账户转移的基础货币,货币供应量的总量收缩效应大于其总量扩张效应会导致货币供应总量减少。

3. 财政赤字对货币供应量的影响

财政支出大于财政收入,则会出现赤字,其对货币供应量的影响主要取决于财政赤字的弥补办法。弥补财政赤字的办法包括动用历年节余、发行政府债券、向中央银行透支和借款等。

(1) 动用历年节余,对货币供应量的影响。从表象上看,财政本年度出现赤字时,动用历年节余进行弥补,似乎对货币供应总量没有什么影响。但实际情况要比这复杂得多。财政的历年节余是中央银行的信贷资金来源之一,中央银行已经派上了用场。

财政为弥补赤字要动用历年结余,必然要迫使中央银行调整自己的资产结构。如果中央银行通过减少或回收对商业银行的贷款,或者通过抛售金银、外汇等资产压缩资产规模,使之同财政动用历年节余的规模相等,那么财政动用历年节余所产生的总量扩张效应,就会与中央银行压缩其他资产所产生的总量收缩效应抵消,最终货币供应量不变。如果中央银行可以压缩的其他资产的规模小于财政动用历年结余的规模，或者根本无法压缩其他资产规模，那么将会引起货币供应量扩张。

(2) 发行政府债券，对货币供应量的影响。财政发行债券弥补赤字对货币供应量的影响取决于承购主体及其资金来源的性质。政府债券由不同的经济部门认购时，对货币供应量的影响也不同政府债券由商业银行、企业、个人自愿认购时，通常不会影响货币供应总量。政府债券由中央银行认购则会增加基础货币供应量，扩大货币供应量。

认购政府债券的资金来源不同，对货币供应总量的影响程度也不同。如果商业银行用超额准备金或增加向中央银行的借款来购买政府债券，货币供应量将增加为所用超额准备金或增加向中央银行的借款的K倍；如果商业银行用自己收回的贷款或投资购买，货币供应量将不会增加，而企业或个人用现金购买也不会增加货币供应量。

(3) 向中央银行透支和借款，对货币供应量的影响。财政部门向中央银行透支或借款，会引起中央银行资产规模和负债规模的等量增加，当财政部门把借得的款项下拨给基建单位和经费单位后，一方面引起企事业单位在商业银行的存款增加，另一方面会使商业银行持有的基础货币量(超额准备金)增加，其结果必然会使货币供应量数倍增加。

改革开放以来，我国财政一直有赤字，由于财政结余早已用完，债券收入早已列入预算，所以政府弥补赤字只能靠在中央银行透支和借款，这无疑会导致货币供应量的过度增加。

(三) 黄金外汇储备

黄金外汇储备是中央银行投放基础货币的主要渠道之一。黄金虽然属于国际储备资产，但很少在国际支付中使用。因此，黄金储备的增减变化主要取决于一个国家黄金收购量与销售量的差额，在一定时期内，如果黄金收购量大于销售量，则黄金储备增加，中央银行投入的基础货币增加；相反，如果黄金销售量大于收购量，则黄金储备减少，中央银行收回基础货币，使货币供应量减少。

一个国家的外汇储备主要取决于国际收支状况。一个国家在一定时期内，国际收支如果是顺差，则外汇储备增加，中央银行会对应地增加基础货币投放，货币供应量扩张；反之，国际收支如果是逆差，则外汇储备减少，中央银行会对应地收回基础货币，货币供应量缩减。

除黄金外汇储备量影响货币供应量外，金价、汇率的变动对货币供应量也有较大影响。如果金价提高或汇率上升，那么中央银行收购黄金外汇时就要相应地多投放一些基础货币。相反，如果金价和汇价下跌，中央银行收购黄金外汇时就会少投放些基础货币。

多数西方国家为了避免黄金外汇占款对货币供应量的过度影响，一般都采取措施适当地压缩黄金外汇占款，以调节货币供应量。我国的黄金外汇储备量由国家计委、财政部、经贸部和中国人民银行共同管理，人民银行很难自主压缩黄金外汇占款。所以，我国中央银行通过黄金外汇储备调节货币供应量的弹性不大。

总之，一国信贷收支、财政收支、国际收支对货币供应有决定性影响，这是决定货币供给的内生变量。中央银行必须重视这些因素，并根据货币政策的要求适当灵活地加以调节，以保证货币供应量与货币需求量相适应。

第三节 货币供求均衡

一、货币供求均衡与失衡的含义

所谓货币均衡，是指一国在一定时期内货币供给与货币需求基本相适应的货币流通状态。与此相反，货币失衡是指一国一定时期内货币供给与货币需求相偏离，两者之间不相适应的货币流通状态。

一国的货币流通，通常是一个由均衡到失衡，再调整恢复到均衡的动态调整过程。均衡是各国货币流通追求的目标，但失衡却是一国货币流通不可避免经常发生的现象。货币失衡有两种表现形态：货币供给大于货币需求与货币供给小于货币需求。如果货币供给持续大于货币需求，物价将会上涨，出现通货膨胀现象；如果货币供给持续小于货币需求，物价将会下跌，出现通货紧缩现象。因此，通货膨胀和通货紧缩是货币失衡的两种外在表现形式。

二、货币均衡与市场均衡间的关系

物价涨跌作为货币失衡的外在表现形式非常明显地显现了货币均衡与市场供求均衡之间的内在联系。在宏观经济学课程中，市场总需求被定义为经济社会(一个国家或一个地区)对产品和劳动的需求总量，由消费需求、投资需求、政府需求和国外需求构成。在不考虑国外需求的情况下，经济社会的总需求是指在价格收入等经济变量既定的情况下，居民、企业和政府部门将要支出的数量。因此，总需求衡量的是经济中各种行为主体的总支出，如居民购买的电冰箱、企业购买的卡车、政府购买的办公设备等与总需求相对应。市场总供给被定义为经济社会的总产量(或总产出)，它描述了经济社会的基本资源用于生产时可能有的产量。

明确了市场总供给与总需求的含义，我们就可以分析货币均衡与市场供求均衡之间的关系了。

第一，市场总供给决定货币需求。当一国在一定时期运用其基本资源生产出一定量的商品和劳务后，这些商品和劳务的价值需要实现，此时，货币是必要的交易媒介，由此产生了货币需求。到底需要多少货币量，取决于有多少实际资源需要货币实现其流转并完成包括生产、交换、分配和消费这些相互联系的再生产流程，这是市场总供给决定货币需求的基本理论出发点。

第二，货币需求决定货币供给。要实现货币供求的均衡，中央银行需要依据一定时期货币需求量的多少调控货币供给量。

第三，货币供给形成市场总需求。通过银行体系投放到市场中的货币量一旦被各类经济主体所获得，就会形成实打实的对商品和劳务的购买能力，形成市场总需求。

第四，市场总需求决定市场供给，一定时期各经济主体对商品和劳务有多少需求，决定了该时期商品和劳务的产出水平。如果需求少而产出多，则会出现生产过剩，商品滞销，物价下跌；反之亦然。从经济决定金融的基本原理出发，市场均衡决定货币均衡，但与此同时，货币均衡对市场均衡具有重要的作用。

我们从货币供给 Ms 出发，如果中央银行采取扩张性的货币政策，增加货币供给量，则会形成更多的市场总需求，需求拉动供给，如果此时一国存在大量闲置的生产资源，则会促使企业扩大生产规模，增加产出，市场总供给伴随着总需求的增加而相应增加，市场供求处在一个均衡状态，不会带来物价水平的上涨。

但是，当一国的潜在资源全部被利用且无闲置性生产资源时，如果中央银行增加货币供给，则实际产出水平不会提高，唯一提高的是商品价格水平，通货膨胀发生，市场供求在一个更高的价格水平上达到均衡。前者被称为"货币非中性"，即货币量的变动会对实际产出、就业水平等实际变量产生作用；后者被称为"货币中性"，即货币量的变动只会对价格水平等名义变量产生影响，而不会对实际变量产生任何作用。

三、货币均衡的实现机制

在市场经济条件下，货币均衡的实现离不开利率的调节。

货币供求对利率的决定作用：在货币市场上，货币供给是由政府决定的外生变量，货币需求与利率反方向变动，当货币供给与货币需求相等时，市场达到了均衡，此时的利率水平是均衡的利率水平。假设中央银行为了促进产出而增加了货币供给，则市场利率下降，利率下降增加了居民和企业部门对货币的需求，货币需求相应上升，货币供求在一个新的利率水平上实现了新的均衡。假设中央银行保持货币供给不变，货币需求因某些原因上升，市场利率就会相应上升，通过利率的上升，中央银行可以观测到货币需求的变动，相应增加货币供给，与货币需求相一致，实现货币均衡。

本章小结

1. 货币需求与货币需求量、货币需求理论的发展：现金交易数量说、现金余额数量说、凯恩斯的流动性偏好理论、弗里德受的现代货币数量论的内容等。

2. 货币供给层次的划分、货币供给机制、影响货币供给量的因素。

3. 影响货币需求与货币供给的因素、货币供求均衡与失衡的关系。

核心概念

货币需求　　货币层次划分　　货币供给量　　货币供给创造　　货币均衡

复习思考题

一、选择题

1. 正常情况下，流通中的货币总额（　　）。

A. 与商品价格呈反比关系　　B. 与流通中的商品数量呈反比关系

C. 与货币流通速度呈反比关系　　D. 是一个稳定的常量

2. 货币层次的划分标准为（　　）。

A. 金融资产的保值能力　　B. 金融资产的变现能力

C. 金融资产的发行主体　　D. 金融资产的风险大小

3. 基础货币不包含(　　)。
   A. 流通与银行体系之外的现金　　B. 商业银行在中央银行的存款准备金
   C. 商业银行的库存现金　　D. 货币购买力上升
4. 费里德曼认为决定货币流通速度相对稳定的主要因素是(　　)。
   A. 恒久性收入　　B. 名义收入
   C. 物价水平　　D. 金融资产的风险大小
5. 货币供给的真实源泉是(　　)。
   A. 中央银行发行的货币　　B. 财政部门发行的债券
   C. 出口增加带来的外汇储备　　D. 国民收入及其增量
6. 主张“货币供给是外生变量”的论点,其含义是(　　)。
   A. 货币供给决定于整个金融体系的运作　　B. 货币供给决定于货币当局的政策
   C. 货币供给决定于客观经济过程　　D. 货币供给决定于财政政策的实施
7. 对于投资扩张,流传甚广的概括是(　　)。
   A. 基建挤财政　　B. 财政挤银行　　C. 居民行为　　D. 政府行为
8. 在信用发达的国家,货币供应量最大的是(　　)。
   A. 纸币　　B. 硬币　　C. 存款货币　　D. 外汇

二、简述题

1. 简述各主要货币需求理论的基本内容及其贡献。
2. 简述在货币供应形成中,商业银行、中央银行的作用。
3. 简述我国货币供给层次及其划分依据。

实训练习

【实训内容】

分析我国基础货币、货币乘数变化的原因。通过分析掌握影响基础货币、货币乘数的因素。

【实训步骤】

1. 将学生分组。
2. 搜集最近几年中国的基础货币、货币乘数的相关数据。
3. 分组讨论中国的基础货币,货币乘数发生变化的原因。

第十章
通货膨胀与通货紧缩

教学目标

1. 理解通货膨胀和通货紧缩的含义。
2. 熟知通货膨胀和通货紧缩的原因、危害及治理。
3. 掌握通货膨胀和通货紧缩对社会经济的影响。

章前引例

2010年财经界可谓异彩纷呈,那些具有深远影响的事件依然让人记忆犹新,老百姓嘴里念叨最多的、耳边听到频率最高的字眼莫过于“涨、涨、涨”。2010年一年里,“蒜你狠”“豆你玩”“姜你军”“糖高宗”“药你命”“玉米疯”“棉里针”等一个个新词“你方唱罢我方登场”。其背后是农产品等一些品种大幅度,甚至是翻着筋斗地成倍上涨,颇有“涨不惊人誓不休”的架势。

这波农产品的接力涨价自2009年起。2009年,在“甲流”等情况之下,大蒜价格疯涨,涨价周期一直持续到2010年。在这期间,大蒜价格疯涨数10倍,一度超过5元/公斤,蒜价甚至超过肉、鸡蛋,买蒜也只能按个来买。随后,2010年绿豆的价格也从以往的每公斤1～1.5元飙涨至5元以上,部分地区甚至涨到7元/公斤。

2010年11月,我国居民消费价格指数(CPI)同比上涨5.1%,创28个月来新高。其中,11月份食品类价格对CPI上涨的“贡献”率为74%。央行第四季度调查显示,73.9%的居民认为“物价高,难以接受”。

“涨价”,成了老百姓不能承受之重。网友“千年极寒”感慨道:“涨价很给力,工资太不提气”。冬天了,想买件棉大衣御寒吧,进商场一看,一件很普通的棉衣价格都突破千元了。这哪里是棉大衣啊,这分明就是个消受不了、伺候不起的‘棉大爷’啊!”

网友“空中飞鱼”调侃道:“餐桌上摆满‘杯具’,荷包里装满了心酸。套用一句老歌词,‘涨声响起来,我心很无奈,瘪瘪的荷包愧于带。涨声响起来,我心更明白,这点钱只能吃白菜’。”

案例讨论:是什么原因导致我国物价上涨?怎么解决这个问题?

第一节 通货膨胀

一、通货膨胀的定义

在《西方经济学》教科书中,通常将通货膨胀定义为:商品和服务的货币价格总水平的持续上涨现象。这个定义包含以下几个关键点：① 强调把商品和服务的价格作为考察对象，目的在于与股票、债券以及其他金融资产的价格相区别。② 强调"货币价格"，即每单位商品、服务用货币数量标出的价格。这里要说明通货膨胀分析中关注的是商品、服务与货币的关系，而不是商品、服务之间的对比关系。③ 强调"总水平"，说明关注的是普遍的物价水平波动，而不仅仅是地区性的或某类商品及服务的价格波动。④ 关于"持续上涨"，是强调通货膨胀并非偶然的价格跳动，而是一个"过程"，并且这个过程具有上涨的趋势。

在西方经济学文献中，还有以下种种解说：① 通货膨胀指的是需求过度的一种表现，在这种状态下，过多的货币追逐过少的商品。② 通货膨胀是货币总存量、货币总收入或单位货币存量、单位货币收入增长过快的表现。③ 通货膨胀是如下条件下的物价水平上涨现象：无法准确预期，能引发进一步的上涨过程；没有增加产出和提高就业效应；上涨速度超过安全水准；由货币供应的不断增加来支撑；有不可逆性。④ 通货膨胀是货币客观价值的下跌，其度量标准是：黄金价格；汇率；在官方规定金价或汇率条件下对黄金、外汇的过度需求等。

二、通货膨胀的类型

(一) 按通货膨胀的程度分类

按通货膨胀的程度分类，分为温和的通货膨胀、飞奔的通货膨胀和恶性的通货膨胀。

1. 温和的通货膨胀

通货膨胀率在10%以下称为温和的通货膨胀。一些经济学家认为，如果每年的物价上涨率在2.5%以下，不能认为是发生了通货膨胀。一些人认为，经济发展过程中，制造一点温和的通货膨胀可以刺激经济的增长。因为提高物价可以使厂商多得一点利润，以刺激厂商投资的积极性。同时，温和的通货膨胀不会引起社会太大的动乱。将物价上涨控制在1%～2%，至多5%以内，则能像润滑油一样刺激经济的发展，这就是所谓的"润滑油政策"。

2. 飞奔的通货膨胀

飞奔的或疾驰的通货膨胀亦称为奔腾的通货膨胀、急剧的通货膨胀。它是一种不稳定的、迅速恶化的、加速的通货膨胀。在这种通货膨胀发生时，通货膨胀率较高(一般达到两位数以上)，所以在这种通货膨胀发生时，人们对货币的信心产生动摇，经济社会产生动荡，这是一种较危险的通货膨胀。

3. 恶性的通货膨胀

恶性的或脱缰的通货膨胀也称为极度的通货膨胀、超速的通货膨胀。这种通货膨胀一旦发生，通货膨胀率非常高(一般达到3位数以上)，而且完全失去控制，其结果是导致社会物价持续飞速上涨，货币大幅度贬值，人们对货币彻底失去信心。这时整个社会金融体系处于一片混乱之中，正常的社会经济关系遭到破坏，最后容易导致社会崩溃、政府垮台。这种通货膨胀在经济发展史上是很少见的，通常发生于战争或社会大动乱之后。

目前公认的恶性通货膨胀在世界范围内只出现过3次。第一次发生在1923年的德国，当时第一次世界大战刚结束，德国的物价在一个月内上升了2 500%，一个马克的价值下降到仅及第一次世界大战前价值的一万亿分之一。第二次发生在1946年的匈牙利，第二次世界大战结束后，匈牙利的一个平格的价值只相当于第二次世界大战前的1/8 281 027；第三次发生在中国，从 1937 年 6 月到 1949 年 5 月，伪法币的发行量增加了 1 445 亿倍，同期物价指数上涨了 36 807 亿倍。2009 年，津巴布韦通货膨胀高达 230 000%，经济陷入崩溃的边缘。

扩展阅读 10－1

津巴布韦元如何成为人类货币史上的耻辱

津巴布韦是一个矿产资源丰富、土地肥沃的非洲南部国家，于 1980 年独立，曾被誉为“非洲面包篮”，因为来自津巴布韦的粮食养活了非洲的饥民。然而，自总统穆加贝在 2000 年推行激进土地改革，强行没收白人农场主的土地分配给自己的“黑人兄弟”以后，津巴布韦的农业、旅游业和采矿业一落千丈，经济逐渐濒于崩溃。

津元最早比美元值钱，1980 年独立的时候，津元与美元汇率为 1∶1.47。在土改以后，由于经济崩溃，政府财政入不敷出，于是开始印钞。

现如今回顾从 2001 年到 2015 年的津巴布韦通货膨胀过程，各种混乱的数据超出了一般人的理解能力，动辄百分之几百几千的通货膨胀，最后甚至只能以指数来衡量，恐怕只能用货币面值才能让人理解了。

时间回到 2006 年 8 月，津央行以 1 比 1 000 的兑换率用新元取代旧币。2008 年 5 月，津央行发行 1 亿面值和 2.5 亿面值的新津元，时隔两周，5 亿面值的新津元出现（大约值 2.5 美元），再一周不到，5 亿、25 亿和 50 亿新津元纸币发行。同年 7 月，津央行发行 100 亿面值的纸币。同年 8 月，政府从货币上勾掉了 10 个零，100 亿津巴布韦元相当于 1 新津巴布韦元。2009 年 1 月，津央行发行 100 万亿面值新津元。同年 4 月，津政府宣布，新津元退出法定货币体系，以美元、南非兰特、博茨瓦纳普拉作为法定货币，以后的几年中，澳元人民币、日元、印度卢比又加入津国法定货币体系，2001 年 100 津元可以兑换 1 美元。十年不到，2009 年 10^{31} 的新津元才能兑换到 1 美元，津巴布韦元彻底沦为了垃圾货币。

在纸币取代黄金白银成为人类流通货币的一百多年间，津元并不是唯一的耻辱。1922—1923 年间的德国纸马克、1945—1946 年间的匈牙利平格、1971—1981 年间的智力比索、1987—1992 年间的阿根廷比索、1988—1991 年间的秘鲁索尔都在这根耻辱柱上。之所以会发生这种恶性通货膨胀现象，都因为当时的政府财政困难，入不敷出。

（二）按表现形式不同分类

按表现形式不同分类，分为公开的通货膨胀和隐性的通货膨胀。

1. 公开的通货膨胀

公开的通货膨胀又称开放型通货膨胀。在市场机制充分有效运行的条件下，政府对经济并不加以严格管制，对物价的上涨也不施加任何干预和控制，物价向上波动的特征十分明显。

2. 隐性的通货膨胀

隐性的通货膨胀又称为抑制型的通货膨胀，主要于政府对价格的控制，导致物价与市场供求的脱节。过度的需求没有引起物价水平的上扬，此时的通胀就是隐蔽性通胀。抑制型通货膨胀会造成需求大于供给，解决办法是排队、凭票供应等，如我国实行的二十世纪七八十年代的粮票、布票等，就是一种辅助货币。

(三) 按通货膨胀产生的原因分类

按通货膨胀产生的原因分类,分为需求拉动的通货膨胀和成本推动的通货膨胀。

1. 需求拉动的通货膨胀

需求拉动的通货膨胀是从总需求的角度来分析通货膨胀的原因,认为通货膨胀的原因在于总需求过度增长,总供给不足,即"太多的货币追逐较少的货物",或者是"因为物品与劳务的需求超过按现行的价格可得到的供给,所以一般物价水平便上涨"。总之,就是总需求大于总供给所引起的通货膨胀。

2. 成本推动的通货膨胀

从总供给的角度看,引起通货膨胀的原因在于成本的增加。成本增加意味着只有在高于前的价格水平时,才能达到与以前一样的产量水平,即总供给曲线向左上方移动使国民收入减少,价格水平上升。这种价格上升就是成本推动的通货膨胀。

1973 年 10 月第四次中东战争爆发,为打击以色列及其支持者,石油输出国组织的阿拉伯成员国在当年 12 月宣布收回石油标价权,并将其原油价格从每桶 3.011 美元提高到 10.651 美元,使油价猛然上涨了两倍多。1978 年年底,世界第二大石油出口国伊朗的政局发生剧烈变化,引发第二次石油危机。此时又爆发了两伊战争,全球石油产量受到影响,从每天 580 万桶骤降到 100 万桶以下。随着产量的剧减,油价在 1979 年开始暴涨,从每桶 13 美元猛增至 1980 年的 34 美元。由于石油是一种原材料,石油价格上升,造成各国的生产停滞,产品价格上升。

(四) 按通货膨胀预期程度分类

按通货膨胀预期程度分类,分为预期的通货膨胀和未预期的通货膨胀。

1. 预期的通货膨胀

对于预期的通货膨胀,人们可以根据自己的经验正确预期通货膨胀率,从而使债权人计算借款利息时会将通货膨胀率考虑在内,而工人签订工资合同时会加上通货膨胀率,人们会采取各种措施避免受到损失。

2. 未预期的通货膨胀

对于未预期到的通货膨胀率,人们不能确定预期通货膨胀率或者预期的通货膨胀率小于实际的通货膨胀率,常常会导致社会财富的重新分配。

三、通货膨胀的度量

(一) 消费者物价指数

消费者物价指数(CPI)是综合反映一定时期内居民消费品和服务项目价格变动的趋势和程度的价格指数,主要构成有食品、烟酒及日用品、衣着、家庭设备用品及维修服务、医疗保健及个人用品、交通和通信、娱乐教育文化用品及服务、居住。目前有 600 种左右的商品和服务项目的代表规格品,作为经常性调查项目。

消费者物价指数的权重是依据居民消费支出的比重确定的。消费者物价指数所采用的商品都是和消费者日常生活息息相关的商品,能够反映公众日常生活中所受通货膨胀的影响程度。

消费者物价指数的计算可以分为以下几个步骤：① 固定一揽子商品；② 找出一揽子商品在不同年份的价格，计算一揽子商品的价格；③ 选定基期，以基期的价格为 100，其他年份的价格以上基期的价格乘以 100 即为当年的价格指数。

需要指出的是：① CPI 中不直接包括商品房销售价格，在 CPI 中居住类价格包括建房和装修材料费用、公房和私房的房租、房屋贷款利率的变化、物业管理费用和维修费用等；② 消费者物价指数由于采用固定商品进行计算，只记录了价格的变化，而不能反映产品质量的变化；③ 计算消费者物价指数中的商品在一定时期内是固定不变的产品，所以它忽略了新产品的影响，使消费者物价指数计算出的通货膨胀率与实际有一定的差距。

（二）生产者物价指数

生产者物价指数（PPI）又称批发物价指数，反映不同时期一国生产资料批发价格变动和趋势的物价指数。这一指数的优点是能灵敏地反映厂商生产成本变化的状况。根据价格传导规律，PPI 对 CPI 有一定的影响。PPI 反映生产环节价格水平，CP 反映消费环节的价格水平。整体价格水平的波动一般首先出现在生产领域，然后通过产业链向下游扩散，最后波及消费品。因此，PPI 是判断市场价格的一个先行指标。

（三）国内生产总值的平减指数

国内生产总值（GDP）平减指数是按当年价格计算出来的国民生产总值与按不变价格计算的国民生产总值的比率计算出来的指数。

GDP 平减指数由一国所生产的全部最终产品和服务的价格变动所计算出来，覆盖范围广，因此其反映出来的价格变动较为全面。但资料较难搜集，由于很多产品在人们日常生活中很少购买，通常计算出来的数值与人们对价格的感受相差甚远。

第二节　通货膨胀的成因

一、需求拉上型通货膨胀

需求拉上型通货膨胀基本特征是：当总需求与总供给的对比处于供不应求状态时，过多的需求拉动价格水平上涨。由于在现实生活中，供给表现为市场上的商品服务，而需求则体现在用于购买和支付的商品上，所以也有通俗的说法：这种通货膨胀是“过多的货币追求过少的商品”。需求拉上学说的理论分析可以用图 10－1 加以说明。

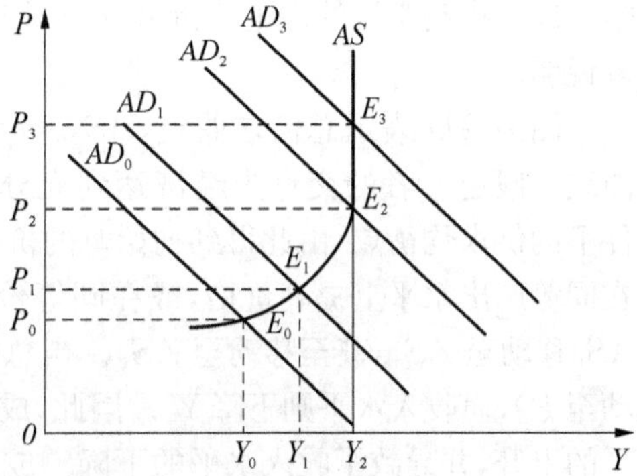

图 10－1　需求拉上型通货膨胀

图中 AS 表示总供给曲线，AD 表示总需求曲线的初值，二者的交点决定了供求平衡条件下的物价水平 P 和收入水平 Y。当总需求增加，曲

线 AD_0 移动至 AD_1 时，会使收入水平提高至 Y_1，同时拉动物价水平上升至 P_1。由于经济距离充分就业差距较大时，总供给曲线 AS 比较平坦，因此收入水平提高较快，而物价水平变动较小。

总需求继续增加，曲线 AD_1 移动至 AD_2 时，收入水平提高至 Y_2，同时拉动物价水平升至 P_2，这时 AS 曲线倾斜度增大，物价水平的提高加快，进入凯恩斯所说的"半通货膨胀"状态。

愈是接近充分就业的收入水平，曲线愈是陡峭，表示收入水平难以进一步增长，因此当曲线从 AD_2 移至 AD_3 时，经济达到充分就业，AS 曲线变为垂直，收入水平不再增长，总需求的增加几乎全部通过物价的上涨(提高至 P_3)反映出来，即进入凯恩斯所谓的"真正的通货膨胀"。

进一步分析，能对物价水平产生需求拉上作用的有两个方面：实际因素和货币因素。实际因素，西方经济学主要分析其中的投资，凯恩斯学派偏重研究实际因素引起的需求膨胀，如果由于利率、投资效益的状况有利于扩大投资，则投资需求增加。由于投资需求增加，总供给与总需求的均衡被打破，物价水平上升。

货币主义学派则强调货币因素对通货膨胀的决定作用，认为通货膨胀纯粹是一种货币现象，从货币因素考察，需求拉上型通货膨胀可能通过两个途径产生：① 经济体系对货币需求大大减少，即使在货币供给无增长的条件下，原有的货币存量也会相对过多。② 在货币需求量不变时，货币供给增加过快。货币供给过多所造成的供不应求，与投资需求过多所造成的供不应求，它们的物价水平上涨效果是相同的。抽象分析，两者也有区别，如投资需求过旺必然导致利率上升，而货币供给过多则必然造成利率下降。不过，这两者往往是结合在一起的，过旺的投资需求往往要求追加货币供给的支持；增加货币供给的政策也往往是为了刺激投资等。

二、成本推动型通货膨胀

这是一种侧重从供给或成本方面分析通货膨胀形成机理的假说。成本推动型通货膨胀成因分析者们认为，由供给因素变动形成的通货膨胀可以归结为两个原因：一是工会力量对工资的提高要求；二是垄断行业中企业为追求利润制定的垄断价格。因此，供给或成本推动型通货膨胀也可以分别从工资推进和利润推进两方面来考察。成本推动学说的理论分析可以用图 10－2 加以说明。

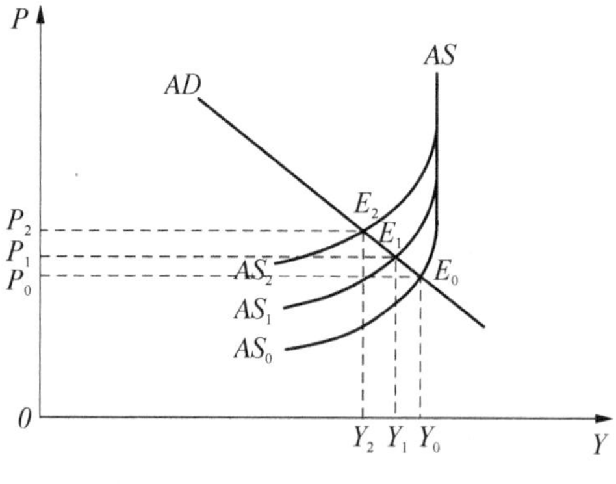

图 10－2　成本推动型通货膨胀

图中 AD 表示总需求曲线，AS 表示总供给曲线。假定二者的交点为经济达到充分就业条件下的供求均衡点，由此得到初始时的价格水平 P_0 和收入水平 Y_1。当成本增加时，企业会在同等产出水平上提高价格，或在同等价格水平上提供较少的产出，因而总供给曲线会由 AS_0 移动至 AS_1，甚至移动至 AS_2。当总需求不变时，价格水平则由 P_0 上升至 P_1，甚至移动至 P_2，而收入水平则下降 Y_2。因此，成本推动说认为，正是由于成本的上升推动了物价水平的上升，并导致了收入水平的下降。成本推动学说还进一步分析了促使产品成本上升的原因，认为有两种情况。

(一) 工资推进型通货膨胀

这种理论是以存在强大的工会组织，从而存在不完全竞争的劳动市场为假定前提的。在完全竞争的劳动市场条件下，工资率取决于劳动的供求，而当工资是由工会和雇主集体议定时，这种工资则会高于竞争的工资并且由于工资的增长率超过劳动生产率，企业就会因人力成本的加大而提高产品价格，以维持盈利水平，就是由工资提高开始而引发的物价上涨。工资提高引起物价上涨，价格上涨又引起工资提高，西方经济学中，称为工资价格螺旋。需要指出的是，尽管货币工资率的提高有可能成为物价水平上涨的原因，但决不能由此认为，任何货币工资率的提高都会导致工资推进型通货膨胀。如果货币工资率的增长没有超过边际劳动生产率的增长，那么，工资推进通货膨胀就不会发生。

(二) 利润推进型通货膨胀

成本推动型通货膨胀的另一成因是利润的推进，其前提条件是存在着物品和服务销售的不完全竞争市场，在完全竞争市场上，商品价格由供求双方共同决定，没有哪一方能任意操纵价格。但在垄断存在的条件下，卖主就有可能操纵价格，使价格上涨速度超过成本支出的增加速度，以赚取垄断利润，如果这种行为的作用大到一定程度，就会形成利润推进型通货膨胀。

无论是工资推进型还是利润推进型，提出这类理论模式，目的都在于解释：不存在需求拉上的条件下也能产生物价上涨。所以，总需求给定是假设前提，既然存在这样的前提，当物价水平上涨时，取得供求均衡的条件只能是实际产出的下降，相应的则必然是就业率的降低，因而这种条件下的均衡是非充分就业的均衡。

第三节　通货膨胀对经济的影响和治理对策

一、通货膨胀对经济的影响

(一) 破坏生产发展

首先，通货膨胀使企业的各项专用基金贬值，使企业设备更新和技术改造难以进行。

其次，由于原材料等初级产品的价格上涨往往快于产成品，因而会普遍出现投资不如投机，生产不如囤积的现象。结果，一方面使生产领域的资金大量流向流通领域，导致生产萎缩；另一方面造成原材料越短缺，越囤积，出现短缺与积压并存的恶果。

再次，通货膨胀解除了企业价格竞争和非价格竞争的压力，使企业既不必用降低成本的方式来赢得市场，也不必用提高产品质量的方式增加竞争能力，这就极不利于提高企业素质和产品质量。

最后，通货膨胀不利于促进生产者勤奋努力工作，生产者将以物价上涨为充分理由，要求增加工资和补贴。如果要求得不到满足，将会影响生产者情绪，影响劳动生产率的提高。

（二）扰乱流通秩序

首先，通货膨胀使市场价格信号失真，使商品价格升降并不能真正反映出某些商品供求关系的变化。失真的价格导向会使社会资源盲目流动组合，引起社会资源的巨大浪费。

其次，通货膨胀使商品需求发生扭曲。在通货膨胀时期，人人怕货币烫手，为了保值和防止物价进一步上升，都要尽快地把手中的货币换成商品，而不考虑这种商品对他是否必需，这种需求和变态抢购行为使商品供应更加短缺，进而又会进一步加剧通货膨胀。

（三）引起国民收入盲目分配

通货膨胀使实际工资水平下降，冲击按劳分配原则，使收入不公正地从买者手中向卖者手中转移，加剧了分配不公。另外，虽然通货膨胀实际上是一种加征的税收，但是这种"征税"不仅十分有限，而且会导致财政支出更大幅度地增加。

（四）引起货币信用危机

首先，通货膨胀有利于债务人、有损于债权人，使正常的信用活动遭到破坏，使各种债券的发行受阻，影响集资活动。

其次，通货膨胀使货币符号的价值储藏功能丧失，人们的货币幻觉消亡，挤兑风盛行，有可能引起银行的破产和倒闭，导致更大的经济混乱。可见，通货膨胀是一种十分有害的经济现象。

二、通货膨胀的治理政策

通货膨胀会破坏社会生产、扰乱流通秩序，引起分配不公，导致社会动乱和政局不稳，因而引起世界各国的高度重视。各国政府都在积极寻求治理通货膨胀的良策，并且已经积累了许多经验。

（一）控制需求

通货膨胀是社会总需求大于社会总供给的结果。因此，治理通货膨胀首先是控制需求，实行宏观紧缩性政策。紧缩性政策包括紧缩性货币政策、紧缩性财政政策、紧缩性收入政策和指数化方式紧缩政策。

1. 紧缩性货币政策

为把过度的需求压下来，各国货币当局采取的手段主要有：① 通过公开市场业务出售政府债券，以相应减少货币存量；② 提高法定存款准备率，以缩小货币数；③ 提高再贴现率，影响商业银行的借款成本和市场利率，以抑制货币需求，增加货币供给，达到减少货币流量的目的；④ 控制政府向银行的借款额度，适当减少或控制国际收支净收入，以控制基础货币的投放；等等。通过以上手段，保证货币供应量增长率与经济增长率相适应。

2. 紧缩性财政政策

紧缩性财政政策的基本内容是增加税收和减少政府支出，增加税收的通常做法是提高税率和增加税种，这样可以压缩企业和个人支配的货币收入，增加财政收入，减少财政赤字或财政向中央银行的借款量。压缩财政支出的办法是削减财政投资的公共工程项目，减少各种社会救济和补贴，使财政收支平衡。

3. 紧缩性收入政策

紧缩性收入政策是对付成本推进型通货膨胀的有效方法。贯彻紧缩性收入政策可采取两种方式。其一，温和的方式，指政府采取“协商恳谈”或“道德规劝”，劝说工会降低工资要求，限制企业提高商品价格。其二，强硬的措施，指政府制定法令冻结工资和物价或把工资和物价增长率固定在一定水平上，严禁哄抬物价和乱涨价。20 世纪在 60 年代和 70 年代初，西欧、日本和美国都采取过这种政策。

4. 指数化方式紧缩政策

指数化方式紧缩政策是指将收入水平、利率水平同物价水平的变动直接挂钩，以抵消通货膨胀影响。指数化的范围包括工资、政府债券和其他货币性收入。其实施办法是把各种收入同物价指数挂钩，使各种收入随物价指数而调整。这样会收到两个功效：一是借此剥夺政府从通货膨胀中新获得的收入，打消其制造通货膨胀的动机；二是可以借此抵消或缓解物价波动对个人收入水平的影响，克服分配不公，避免出现抢购商品、贮物保值等加剧通货膨胀的行为。

早在 20 世纪 20 年代，比利时等国就实行过收入指数化政策；20 世纪 60 年代初，美国也曾全面实行过此种制度。需要注意的是，指数化方式有诸多争议，有学者认为指数化方式操作性不强，还可能造成工资、物价的螺旋上升，进一步加剧通货膨胀。

（二）改善供给

发展生产来增加有效供给是稳定币值、消除通货膨胀的根本出路。供应学派认为，通货膨胀和经济波动都是由产品供应不足引起的，因此只要刺激生产，增加有效供给，就会遏制通货膨胀。改善供给的一般措施包括以下三个方面。

1. 降低税率，促进生产发展

20 世纪 80 年代初期，美国在治理通货膨胀时，里根政府就采取了在压缩需求的同时 3 年内减低所得税 16%，此外提高了机器设备的折旧率以刺激投资，促进生产发展，增加有效供给。

2. 实行有松有紧、区别对待的信贷政策

在压缩总需求的同时，货币当局要实行产业倾斜政策，对国民经济中的“瓶颈”部门、事关国计民生的主要产业和产品，要实行比较优惠的信贷政策。而对那些产品积压、投入多、产出少的产业或产品，要紧缩信用。只有这样，产业结构、产品结构才能得到优化，社会资源才能得到合理配置，货币流通状况才能得到根本好转。

3. 发展对外贸易，改善供给状况

通过对外贸易，不但可以调节供给总量，而且可以改善供给结构。当国内供求矛盾比较尖锐时，可动用黄金外汇储备进口商品，增加供给总量。当国内市场上某种商品供给过多，而另一些商品供不应求时，通过进出口贸易，可以调节供给结构。

总之，引起通货膨胀的原因比较复杂，治理的办法也多种多样。在实际工作中，只有抓住主要矛盾，对症下药，才能迅速有效地遏制通货膨胀。

扩展阅读 10-2

沃尔克反通货膨胀的功与过

20 世纪 70 年代是美国经济不堪回首的时代，严重的通货膨胀和失业困扰着美国。1979 年夏季，通货膨胀高达 6%，经济增长率不到 1.5%。正是在这种严的形势下，保罗·沃尔克受命担任美联储主席。

沃尔克上任之后把自己的中心任务定位为反通货膨胀，并为此采取了紧缩性货币政策。1979 年 9 月，沃尔克把贴现率提高了 0.5%，见效不大，11 月份又把贴现率从 11%提高到 12%，在此后的 5 个月中，货币供应量一直减小，但通货膨胀率在 10%左右，并在 1980 年 2 月达到 14.9%，商业银行的优惠贷款利率却高达 15.25%。这就引起经济衰退，失业率高达 10%，是 20 世纪 30 年代大萧条之后的最高水平。

沃尔克的这种政策引起各方反对，并直接使任命他的卡特总统竞选失败。但沃尔克坚持认为物价稳定是经济好转的必要条件，顶住压力继续实施这种政策。1983 年和 1984 年通货膨胀终于降到 4%左右。随后美国经济进入 80 年代的复苏与繁荣。反对沃尔克的人认为付出的代价太高了，称他为 20 世纪 30 年代后美国最严重衰退的祸首。沃尔克的功过至今没有定论。

沃尔克把通货膨胀率降低到 4%左右的成功是以短期内高达 10%的失业率和 30 年代之后最严重的衰退为代价的，经济学家把通货膨胀减少 1%的过程中每年产量(GDP)减少的百分比称为牺牲率。对牺牲率大小的估算也不同，但都承认牺牲率的存在。生产量的减少则会引起失业率的上升，世界上没有免费的午餐，任何成功都要付出代价。既要降低通货膨胀又要不减少失业的好事不现实。从这种意义上说，沃尔克的功与过本是一个整体，无过就不可能有功。

许多美国经济学家认为，沃尔克反通货膨胀的代价并没有以前预期的那么大，因为他坚定地反对通货膨胀的态度影响了人们的预期。当人们预期通货膨胀会很快得到制止时，反通货膨胀政策会更有效。沃尔克至今不为当初的政策而后悔，当然如果沃尔克“下药”不那么狠，也许代价会小一些。

第四节 通货紧缩

一、通货紧缩的含义

通货紧缩是一个与通货膨胀相反的概念，是指物价总体水平持续、普遍的下降。这种现象的产生是由于流通中的货币供应量少于商品流通的需要，引起货币不断升值，价格水平普遍下降。

准确理解通货紧缩的定义，应当注意把握以下几点说明：首先，通货紧缩的本质是一种货币现象，即货币供应量增幅落后于经济增长，根源在于总需求对总供给的偏离。当总需求小于总供给时，就会造成市场疲软的现象。其次，通货紧缩是一般物价水平长时间持续下降，下降幅度明显。最后，通货紧缩一般与经济衰退相伴随。伴随货币的增值，货币购买力加强,消费者偏向储蓄行为,消费需求水平下降;由于物价下跌,企业利润下降甚至亏损,导致工业生产萎缩、失业率上升、投资需求减弱、市场萎缩。

扩展阅读 10-3

日本:泡沫十年

日本的盛世记忆要追溯到20多年前,那是日本最扬眉吐气的岁月。介绍日本发展经验的书挤满了书店,连一贯骄傲的美国人也开始向日本学习。日本的繁荣在1991年前后达到顶峰,然而,顶峰过后却是万丈深渊,这是人们始料未及的。

20世纪60年代后,日本的国际竞争力大大提高,生产的家用电器、小汽车凭借精致的工艺很快占领了欧美发达国家的市场。1966年,日本国民生产总值首次超过英国,1967年超过了法国,到1968年,日本GNP规模超过了德国,位居世界第二。到了1975年,日本已经成为世界最大的汽车出口国。依靠出口,日本开始出现巨额贸易顺差,而美国却在1985年出现了有史以来的第一次"双赤"。于是,日本和美国之间的贸易摩擦开始升级。在里根政府的推动下,1985年,七国财长与中央银行行长在美国广场饭店签订了日本人至今仍耿耿于怀的"广场协议"。其宗旨是,美元对世界其他主要货币的比率在未来两年内将贬值30%,也就是间接逼迫日元升值。

因为日元升值,日本国内的各类成本以美元计价都上涨了。很多日本企业为了降低成本而转向对外投资,到海外建立工厂,利用海外廉价的劳动力,这直接造成日本国内出现大规模失业。失业增多导致国内需求降低。由于日元越来越值钱,这也激发了日本人向外扩张的豪情壮志。日本企业将巨额资金转投到美国,购买美国国债和房地产,并且开始大量购买美国企业。1989年,索尼公司以34亿美元的高价买下了哥伦比亚影片公司,后更名为索尼影像娱乐公司;松下电器产业公司则购买了美国音乐公司;三菱公司购买了洛克菲勒财团的洛克菲勒中心大厦。美国人因此惊呼日本人竟然在购买美国。这一时期正是美国房地产泡沫的顶峰时期。现在看来,日本资金的进入其实只是替别人接盘而已。几年后,当三菱公司不得不卖出洛克菲勒中心大厦的时候,其价格已经下跌了近一半。

1989年,日本的经济泡沫已经到达巅峰,日本政府终于意识到泡沫经济的严重性。1989年5月31日,日本银行改变了货币政策方向,把法定贴现率提高到3.25%。1989年年底,强烈主张制约泡沫经济的三重野康出任日本银行总裁。上任伊始,他便把法定贴现率从3.75%提高到4.25%,日本超低利率的时代终于结束。1990年4月,大藏省要求银行对房地产公司贷款的增长速度不得超过其贷款总额的增长速度。

在1990年9月,日本银行又通过所谓的"窗口指导",要求所有都市银行把1990年第四季度的新增贷款额比上年同期减少30%。紧缩的货币政策很快反映到股票和房地产市场。1990年11月,日经指数跌至22 211点,创新低。经济主体信心的丧失,导致这些资产大幅缩水,接着便是银行不良资产的上升以及投资和消费需求的下降,通货紧缩随之而来。泡沫经济的急速崩溃,超出日本政府的意料,因此,日本政府再次决定降低利率。从1991年7月至12月,日本政府连续三次降息。然而,这对经济的复苏却收效甚微。一方面,银行必须处理大量坏账,从而减少贷款;另一方面,居民预期的改变使得公司的融资变得越来越困难。1992年日本的经济增长速度下降到了1.1%,1993年又进一步下降到0.1%,通货紧缩进一步恶化。

东京、大阪等大城市的地价开始回落，并从1991年开始一路下跌。根据统计数据，1991年到1992年间，东京地区住宅土地价格的下降幅度为22%，大阪地区为36%，名古屋地区为13%。大多数日本人都是借钱买房子，泡沫经济崩溃后，房子的价格下降了一半，那时候即使将房子卖了也只能偿还半数借款。

金融机构、房产公司更是倒闭无数，日本经济随后进入衰退期，直到现在，其经济仍一直在衰退与复苏之间挣扎。同样，没有恢复到过去水平的还有房价，许多日本人至今还没还清当时的贷款。

二、通货紧缩的成因

通货紧缩是一种复杂的经济现象，不同的国家在不同的时期发生通货紧缩的具体原因各不相同。同时，通货紧缩往往是由多方面原因综合引发的。概括来说，导致通货紧缩的原因可以包含以下几个方面。

(一) 有效需求不足

通货紧缩产生的根源是有效需求不足(对消费品和生产资料的购买能力和支付能力不足)，也就是在实体经济中，总需求小于总供给，现实经济增长低于潜在经济增长。

引起有效需求不足的原因有：第一，消费需求不足。人们预期收入增长率下降、未来经济形势走弱时，价格会持续下跌，这促使人们更多地增加储蓄、削减消费。第二，投资需求不足。当企业预期物价下跌时，实际利率会上升，从而导致企业的投资成本增加、边际收益下降，最终造成投资需求减弱。第三，消费需求和投资需求会进一步相互影响。若各种投资品的价格下降，则会影响到消费品。当物价水平整体呈下降趋势时，社会消费需求下降，这使得企业出现利润下降甚至亏损的情况，以致企业不愿意再继续扩大生产，从而投资意愿下降。

(二) 货币因素——紧缩性政策

通货紧缩往往是在通货膨胀后发生的。在通货膨胀下，市场需求旺盛，消费和投资热情高涨，货币当局为了控制由于一般物价水平持续性的上涨带来的恶性影响，一般会采取紧缩性政策来抑制总需求，包括采取紧缩性货币政策(具体做法参照上述通货膨胀相关内容)来降低货币供应量，以及采取紧缩性财政政策来削减财政支出、转移公共开支。

这些政策的实施虽然有利于控制总需求的过度膨胀，但是由于从紧的货币政策和财政政策具有一定的惯性，所以投资和消费的缩减超过预期，同时，如果经济增长已经趋缓，但却未能及时调整原有的紧缩政策，则会形成社会总需求过分萎缩，使市场出现疲软，产生通货紧缩现象。

(三) 生产能力过剩

通货紧缩是由于社会总供给远远大于社会总需求而产生的。生产能力过剩也就是社会总供给过多，如果总需求不足，会导致企业的库存增加，预期利润下降。在市场竞争的压力下，企业为了获得利润或减少损失，会采取降低价格的做法。在这个过程中，有些企业则会削减生产规模或者被迫停产，这又进一步导致企业投资和居民消费需求减退，加剧市场需求不足，物价继续下跌。

(四) 汇率制度

如果一国实行盯住强势单一货币的联系汇率制度,一旦本国货币被高估,那么本国商品价格就会失去优势,从而导致出口下降、国内商品过剩、企业经营困难、社会需求减少,进而物价会持续下跌。对于出口导向型国家尤为如此,出口减少将直接造成对本国产品需求的减少,使得本国生产出现供给大于需求的情况,导致物价水平下降。

三、通货紧缩的影响

(一) 社会财富的再分配

通货紧缩造成的社会财富再分配与通货膨胀是相对的,表现为:实物资产的持有者受损,现金资产将升值;固定利率的债权者获利,而债务人受损;通货紧缩使企业利润减少,一部分财富向居民转移;通货紧缩使企业负债的实际利率上升,收入进一步向个人转移;政府财富向公众转移。其运行过程如下:实质债务加重→贷款人减少开支、出售资产→企业获利下降进而删减劳工成本、贷款人收入与资产价格下降→贷款人实质贷款增加、经济需求减少(恶性循环开始)。

(二) 加剧经济衰退

通货紧缩时期,价格效应使消费者倾向于增加消费,但由于失业预期和工资收入下降,收入效应使消费者减少支出。从实际情况看,由于通货紧缩时期,人们期望价格会进一步下降,消费总量并不呈上升趋势。而消费增长缓慢加剧促使产品进一步供大于求,促使通货紧缩进一步恶化。

(三) 价格信号扭曲

在通货紧缩时,价格出现扭曲,不能正确配置资源,直接影响到企业投资的积极性和金融的风险。通货紧缩会使实际利率上升,投资成本增加,企业对投资的收益预期下降,投资的倾向降低。所以在通货紧缩时期,投资减少,生产萎缩,利润降低,金融机构的风险增加。

(四) 妨碍结构调整

一般处于发展阶段的产业,产品的需求弹性较大,价格的下降有可能产生较大的市场需求,通货紧缩对这类产业的不利影响较小。相反,处于研发或成熟的产业,产品的需求价格弹性较小,价格的下跌有可能使产品不能正常进入成长期,可使成熟的产品加速进入衰退期。在通货紧缩时期,资金使用的实际成本上升,资本密集型产业面临大量的困难,影响经济增长的转变。

四、通货紧缩的治理政策

通货紧缩会导致市场银根紧缩,出现消费需求不足、企业产品大量积压、商品流通不畅、企业经营困难、生产萎缩、收入减少、失业率增加等情况。所以,各国会通过各种政策措施来促使一般物价水平回归均衡。

(一) 扩张性政策

如果通货紧缩主要是由于有效需求不足所引起，那么必须实施扩张性政策增加总需求。增加总需求的方法主要有扩张性货币政策和扩张性财政政策。

1. 张性货币政策

扩张性货币政策，也称积极的货币政策，是指通过增加货币供给量来刺激有效需求的增加。此政策包括降低法定存款准备金率，增强商业银行创造派生存款的能力，增加货币供应量；降低再贴现率，减少商业银行的借款成本，鼓励银行扩大信贷规模刺激消费和投资需求；在公开市场业务中买进有价证券。

2. 扩张性财政政策

扩张性财政政策，也称积极的财政政策，是指增加政府支出和减免税收。首先，国家通过扩大财政支出(发行国债或者财政赤字)，增加对投资品的购买，弥补私人部门对社会总需求的不足，带动企业和私人部门投资，刺激国内需求。其次，减免税收，实施税收优惠，增加个人的实际收入，降低企业的税收支出，刺激消费和投资需求的增长，促进经济的发展。

扩展阅读 10－4

德拉吉创造了一个历史——打开负利率魔盒

2014 年 6 月 5 日，欧洲央行行长德拉吉宣布：“欧洲央行将存款利率降至 0.1%，基准再融资利率下调至 0.15%，边际贷款利率大幅下调 35 个基点至 0.4%。”5 日晚，德拉吉再度表示：“欧洲央行正在考虑那些可行的非常规货币政策，大规模资产购买是我们可以使用的非常规措施之一。”对欧洲央行来说，这意味着一个历史性时刻的出现，其成为首个实施负利率的世界主要央行。这或许是欧盟乃至整个人类货币史都值得记载的日子。

对此，欧元的反应是先抑后扬，盘中一度触及当年 2 月 6 日以来最低位 13 503 美元。此后迅速反弹，至北京时间 6 月 5 日 22 时 30 分报 13 619 美元，涨幅 0.17%。在同一时间段，欧洲大部分股市温和上涨。由于市场看到欧洲央行阻击通缩的行动，纽约金价获得提振，在同一时间段上扬 0.71%，而油价则小幅走低。

金融分析人士认为，欧洲央行这次小幅降息，主要是为了应对欧元区通货紧缩风险。2013 年 11 月，欧元区通胀率持续下滑导致欧洲央行意外降息，当时欧元区的通胀率为 0.9%。2014 年 3 月，欧元区通胀率继续下滑至 0.5%，创 2009 年 11 月以来最低。同年 4 月，受食品、能源价格影响，欧元区通胀率回升到 0.7%。

而到了 2014 年 5 月，欧元区通胀率再度下滑至 0.5%，这表明通货紧缩风险进一步增加。欧元区通货紧缩风险加大，促使欧洲央行采取降息行动。此外，欧洲央行实行负利率政策，就是希望促使商业银行增加对企业的放贷，以促进经济增长和增加就业机会。

新利率的决定意味着商业银行将不得不为其存入欧洲央行的资金付钱。欧洲央行此举将鼓励银行停止累积资金并放贷给消费者和企业，通过刺激银行把更多的资金投放市场，从而增加货币供给，助推欧元区经济发展，遏制通货紧缩。

但部分经济学家发出警告，认为这可能会导致“不可预测和意想不到的后果”。这些后果包括银行会将它们承担的在欧洲央行存钱的新增成本转嫁给客户；存款负收益也可能会鼓励银行投资于风险较高的资产以获得高回报，由此推动了新的资产泡沫和经济下行风险。

（三）金融政策

通货紧缩主要是由实体经济导致的。一旦发生通货紧缩，就会产生产品滞销、生产萎缩、银行呆账坏账增加等现象。为了防患于未然，货币当局应当建立健全金融风险防范制度，促进利率结构、信贷供给结构以及信贷需求结构协调发展。

（四）调整和改善供给结构

通货紧缩表现为社会总供给大于社会总需求，物价总体水平下降。这也是由于生产能力过剩、供给结构不合理所造成。要从根本上解决供给结构问题，就必须进行产业结构和产业组织结构的调整。其具体做法包括：减少过剩部门或行业的产量，鼓励新技术企业的发展，提高企业技术创新能力，推进产业结构升级，培育新的经济增长点，形成新的消费热点。

本章小结

1. 公开性通货膨胀，是指物价总水平明显的、直接的上涨。隐蔽性通货膨胀，是指货币工资水平没有下降，物价总水平也未提高，但居民实际消费水准却下降了。

2. 促进论认为通货膨胀具有正的产出效应。持这一观点的人认为，资本主义经济长期处于有效需求不足、实际经济增长率低于潜在经济增长率的状态，因此，政府可以实施通货膨胀政策，用增加赤字预算、扩张投资支出、提高货币供给增长率等手段来刺激有效需求，促进经济增长。

3. 促退论正好与促进论相反，是一种认为通货膨胀会损害经济成长的理论。这种理论假说认为，持续的通货膨胀会产生降低效率的效应，阻碍经济成长。

4. 通货紧缩，是指社会价格总水平即商品和劳务价格持续下降，货币不断升值的过程。

5. 紧缩性的货币政策，主要包括中央银行提高法定存款准备率、提高利率、公开市场操作(如向商业银行或市场出售手中持有的有价证券等)等措施。紧缩性的财政政策主要包括增加税收压缩支出，缩小财政赤字等措施。

核心概念

通货膨胀　　成本推动型通货膨胀　　需求拉上型通货膨胀　　通货紧缩

复习思考题

一、选择题

1. 对于需求拉上型通货膨胀，政府一般采取的解决措施是(　　)。

   A. 紧缩性货币政策和财政政策　　B. 紧缩性货币政策

   C. 扩张性货币政策　　D. 扩张性货币政策和财政政策

2. 以积极刺激生产的方法增加供给，同时压缩总需求来抑制通货膨胀的治理对策为(　　)。

A. 控制需求　　B. 收入指数化　　C. 改善供给　　D. 货币政策

3. 以下关于通货膨胀的描述正确的是(　　)。

A. 通货膨胀仅为一种货币现象

B. 通货膨胀是指部分商品的价格水平持续上涨

C. 通货膨胀与物价上涨紧密相关但又有区别

D. 通货膨胀中的物价上涨存在两种方式,即公开和隐蔽

4. 一般物价水平的高低由(　　)来表现。

A. 工资水平　　B. 税收　　C. 利润水平　　D. 物价指数

5. 通货紧缩形成的主要原因是(　　)。

A. 货币供应量不足　　B. 价格下降

C. 货币流通速度下降　　D. 有效需求不足

6. 紧缩性收入政策的主要手段有(　　)。

A. 税收　　B. 确定工资—物价指导线

C. 工资管制　　D. 削减政府财政支出

二、简答题

1. 造成需求拉上型通货膨胀的原因。
2. 简述治理通货膨胀的对策。
3. 简述用哪些指标测定通货膨胀率,以及这些指标的优缺点。

实训练习

【实训内容】

通过对我国近几年 CPI 和 PPI 进行分析,了解我国通货膨胀变化水平,分析通货膨胀对我国经济的影响。

【实训步骤】

1. 查找最近 3 年我国 CPI 和 PPI 数据;
2. 分组进行数据整理,分析我国通货膨胀产生的原因;
3. 分析通货膨胀对我国经济的影响。

第十一章

金融风险与金融监管

教学目标

1. 理解金融风险的含义、特征及其分类。
2. 熟知现阶段我国金融风险的表现形式。
3. 掌握金融风险的防范与控制。

章前引例

2015年8月10日，中国最大的电子商务企业阿里巴巴与中国最大的商业零售企业苏宁启动了交叉持股：阿里将投资约283亿元人民币参与苏宁云商的非公开发行，占发行后总股本的19.99%，成为苏宁云商的第二大股东；苏宁云商将以140亿元人民币认购不超过2 780万股的阿里巴巴新发行股份，中国零售业史上金额最大的一次"联姻"诞生了。

阿里巴巴提供的283亿元资金支持分配如下：95亿用于物流平台建设，115亿用于线下门店发展，33.5亿用于互联网金融项目，17亿用于IT项目，29亿用于偿还银行贷款，30亿用于补充流动资金。

苏宁云商与阿里巴巴交换持股的消息宣布后，电商三国之战的另一方——京东股价应声下跌。美国当地时间2015年8月10日收盘，京东股价跌至30.06美元，跌幅达6.27%；而阿里巴巴股价则一路上扬，收盘报80.47美元，涨幅为2.09%。

案例讨论：阿里巴巴与苏宁云商"联姻"后，将面临哪些金融风险？

第一节　金融风险概述

一、金融风险的含义

金融风险的定义有狭义和广义之分。狭义的金融风险是指金融变量的各种可能值偏离其期望值的可能性和幅度；广义的金融风险是指经济主体在金融活动中遭受损失的不确定性。

通常所说的金融风险是指由于形势、政策、法律、市场、决策、操作、管理等诸因素的变化或缺陷而导致损失的不确定性。不确定性意味着它有朝着两个方向发展的可能：一是未加防范或防范不利使损失成为事实；二是由于采取了防范措施且措施得当，使损失没有发生或将损失降低到最低限度。我们应当尽量避免出现第一种可能，争取实现第二种可能。

二、金融风险的特征

金融风险不仅具有风险本身的特征,还具有以下特征:

(1) 传染性。由于金融机构之间存在复杂的债权、债务关系,一家金融机构出现危机,可能导致多家金融机构接连倒闭的"多米诺骨牌"效应。同时,由于信息的不对称,公众心理的变化会导致银行风险蔓延。

(2) 加速性。一旦金融机构出现经营困难,就会失去信用基础,甚至出现挤兑风潮,这样会加速金融机构的倒闭。

(3) 潜在性和积累性。因信息不对称造成金融风险的潜在性,并在金融机构中不断积累。

(4) 破坏性。金融风险一旦发生,往往波及社会所有重要环节,造成巨额经济损失。

(5) 周期性。金融风险在国民经济循环周期和货币政策的影响下,呈周期性变化。

三、金融风险的分类

(一) 按照风险来源划分

按照风险来源,金融风险可分为市场风险、信用风险、流动性风险、操作风险、国家风险、通胀风险、法律风险、犯罪风险和关联风险。

1. 市场风险

市场风险是指由于市场价格波动而使投资者不能获得期收益的风险,包括价格、利率、汇率的不利波动风险,股票业绩风险,流通性风险和预付风险等。

2. 信用风险

信用风险又称交易对手风险,是指合同的一方不履行义务的可能性,包括贷款、掉期、期权及在结算过程中交易对手违约所带来的风险。金融企业在签订贷款协议、场外交易合同和授信时,很可能面临信用风险。

3. 流动性风险

流动性风险是指金融参与者由于资产流动性降低而导致的风险,包括市场流动性风险和现金流动性风险。

4. 操作风险

操作风险是指由于金融机构的交易系统不完善、管理失误或其他一些人为错误而导致金融参与者潜在损失的可能性。操作风险主要来自技术和组织两个层面。

5. 国家风险

国家风险是指经济主体在与非本国居民进行国际贸易与金融往来时,由于别国经济、政治和社会等方面的变化而遭受损失的风险。它通常是债务人所在国家的行为引起的,超出了债权人的控制范围。

6. 通胀风险

通胀风险是指由于通货膨胀而产生的潜在风险。

7. 法律风险

法律风险主要包括以下几个方面:金融合约不能受到法律保护而无法履行金融合约;法

律法规跟不上金融创新的步伐，使创新金融交易得不到合法性的保证，交易一方或者双方可能因找不到相应的法律保护而遭受损失；形形色色的犯罪及不道德行为给金融资产安全构成威胁；经济主体在金融活动中如果违反法律法规，将会受到法律的制裁。

8. 犯罪风险

犯罪风险主要来自内外部对金融机构的犯罪活动所带来的风险。

9. 关联风险

关联风险是指相关产业或市场发生严重问题，使得行为人遭受损失的可能性。

（二）按照风险能否分散划分

按照风险能否分散，金融风险可分为系统性风险和非系统性风险。

1. 系统性风险

系统性风险是指由那些影响整个金融市场的风险因素所引起的风险，这些风险因素通常包括经济周期、国家宏观经济政策变动等。它无法通过资产组合分散。

2. 非系统性风险

非系统性风险是指与特定公司或特定行业相关的风险，它可以通过资产组合方式分散。

第二节　新形势下我国金融风险的表现形式

近几年来，虽然我国的金融秩序得到了清理和整顿，金融监管也在不断加强，但是金融领域中的一些问题和深层次的矛盾依然没有得到根本解决，而一些新领域的问题和矛盾又在不断加深。具体看来，新形势下我国金融风险的表现形式体现在传统银行体系脆弱、互联网金融风险、地方债务风险和房地产投资风险等方面。

一、传统银行体系脆弱

在现代经济周期运动中，会不断产生爆发金融危机的能量，这主要是因为金融体系的内在脆弱性，主要体现为银行体系的脆弱性。银行体系的脆弱性具有隐蔽性、潜伏性、累积性的特点，我国银行体系的脆弱性主要表现为以下四个方面。

（一）高负债经营

高负债经营是金融行业与生俱来的特点，由于我国资本市场不发达、融资渠道单一，我国国有商业银行的间接融资仍是主要形式，占居民储蓄的65％，贷款占全部金融机构贷款的56％。在“借短贷长”的矛盾下，这种过分依赖传统商业银行的间接融资使风险集中于银行，若经营不善会在经济体制转轨过程中出现破产、倒闭的情况，使大量银行的贷款成为漏损型的泡沫资产。大量不良资产沉淀产生，会使银行流动性出现困难。

（二）融资过度银行化

我国金融体系以间接融资为主导，企业融资渠道相对单一，严重依赖银行贷款，企业通过发行股票和债券方式融资比重过低，这种融资结构使得全社会的融资风险过度集中于银行体系。而我国国有商业银行的贷款方向高度集中于国有企业，这使得商业银行的资产质量直接受制于国有企业的财务经营状况，因此国有企业的经营风险大量转嫁给商业银行。

(三) 信用环境缺失

在原有的金融体制中，政府作为贷款的最后担保者和国企预算软约束的担保者，政府信用也就成为所有行为体都信赖保证的主体，国有商业银行的信用事实上已转变成国家信用，在“银行太大不能倒闭”的心理期望下，放纵了银行的经营行为，缺少来自外部社会的有效监督。

(四) 金融结构失衡

金融结构多样化可以增加竞争，提高银行体系自身的运作效率，并能使储蓄更有效地转化为投资，提高资金配置效率，有利于价值链的良性循环。但以四大银行为中介的垄断性金融安排，无法满足经济高速增长带来的金融需求。金融制度的供需矛盾导致了资源配置的无效或低效，进而导致无法提高金融业的国际竞争力。

二、互联网金融风险

现在，每天成千上万的网民都能体验到互联网金融为生活带来的便利。例如，通过电商网站可以选购需要的任何商品，通过网上银行几秒钟就可以完成跨行转账等。然而，互联网在快速改变人们生活方式的同时，也带来了很大的挑战，互联网金融风险问题不容忽视。

(一) 法律安全风险

目前，我国的银行法、证券法、保险法都是基于传统金融制定的，已不能完全满足互联网金融业务的监管要求。此外，由于互联网金融涉及互联网技术、信息技术、金融管理等诸多领域，互联网金融的立法难度将远远超过传统的金融立法，并且立法过程将更加纷繁复杂。例如，实名制和客户隐私保护就是一个两难问题。

(二) 技术安全问题

互联网金融依托的是发达的计算机通信系统，计算机网络系统的缺陷便构成了互联网金融的风险。开放式的网络通信系统、不完善的密钥管理及加密技术、TCP/IP 协议的安全性较差，都会引起技术安全风险。一是我国的互联网金融软硬件系统大多数来自国外，缺乏具有高科技自主知识产权的互联网金融设备，技术损失的失误则极易导致系统性的紊乱，造成巨大损失。二是交易主体对互联网金融的操作规范和要求缺乏必要的了解，从而引起不必要的金融损失，进而可能导致交易过程中的流动性问题和支付结算的中断问题。

(三) 资金安全风险

第三方机构在之前一段时间里扮演着网上支付的中介角色，这与银行的利益冲突并不大，如今，在很多支付业务中，第三方支付逐渐走向“前台”，而银行却成了后台。例如，第三方支付企业通过各类产品与业务的创新，替代了大量银行的支付结算中间业务。

同时，随着民间金融的活跃和规范发展，第三方支付企业开始介入小额信贷等银行传统领域，网络平台的资金风险不容忽视。一是第三方平台的资金管理风险。第三方网络平台在互联网金融中承担着资金周转的作用,沉淀资金往往会在第三方滞留两天至数周不等,由于缺乏有效的担保和监管,大量的资金沉淀会导致其信用风险指数加大,若缺乏有效的流动性管理,便可能引发支付风险。二是互联网本身的技术管理风险。计算机病毒、电脑黑客攻击、网络金融诈骗等,极易引起交易主体的资金损失。三是权益维护存在法律漏洞。由于立法的不完善,互联网金融业务一旦发生经济纠纷,投资者在维护自身权益时将缺乏相应的法律依据。

(四) 信息安全风险

互联网金融的快速发展在突破时空限制、降低交易成本的同时,也带来了信息安全的道德风险和逆向选择机制。互联网金融的业务主体无法现场确认各方合法身份,交易信息通过互联网传输,无法进行传统的盖章和签字,存在可能被非法盗取、篡改的风险。

(五) 监管安全风险

互联网金融发展到今天,第三方支付企业的法律地位得到了一定程度的认可,由中央银行支付结算司负责监管和中国支付清算协会作为行业自律性组织,相比之下,P2P 贷款平台则仍游离于监管之外。从 P2P 贷款平台的业务性质,可将其归为网上民间借贷中介。由于未被纳入监管体系,国内众多的 P2P 公司缺乏监管主体,只能通过行业自律进行约束。由于企业素质参差不齐,存在较大的风险隐患。

扩展阅读 11-1

强化风险防范互联网金融需稳健前行

作为新金融的代表,互联网金融裹着大数据、云计算、人工智能等新技术而来,正推动我国金融生态发生变革。互联网金融的本质是金融,金融的本质是坚守风险控制。随着行业的进一步发展,无论从监管角度还是从从业者角度,加强风险防范、维护金融安全,都已成为共识。

防范金融风险成主基调

国家互联网金融安全技术专家委员会建设的国家互联网金融风险分析技术平台(以下简称“技术平台”)的监测数据显示,当前我国互联网金融平台超过 1.9 万家,网络借贷、网络众筹、互联网支付累计交易额达到 70 万亿元,累计违规平台超过 3 200 家。

以上数据表明,从行业整体发展情况来看,强化有序、健康、阳光发展仍是行业的整体诉求,对于互联金融来说,流动性风险、欺诈风险、经营管理的道德风险、技术风险、安全风险等问题都需平台加以防范。

金融科技发展需安全来评估

如何判断一家互联网金融平台是否安全呢?有业内人士透露,识别平台是否健康,主要通过五个方面加以甄别:一是信息的披露;二是平台信息和数据是否分离;三是平台是否存在不切实际的宣传;四是必须有持续的技术投入;五是要有中立的第三方监测平台发布互联网金融平台的客观真实的数据。

另外,金融消费者的权益保护问题需要得到重视。可以看到,当前互联网金融业务给金融消费者带来的风险,很大一部分来自欺诈风险。欺诈分子手段多样,通过窃取客户信息账号、伪造身份、提供虚假信息、进行欺诈交易等,给消费者造成巨大损失。

技术平台数据显示,截至 2017 年 6 月 30 日,在监测业内两万家平台的基础上,在网络方面发现，2017 年第二季度有系统漏洞 7 个，高危漏洞占 69.3%，敏感信息泄露和命令执行，SQL 注入(黑客对数据库进行攻击的常用手段)漏洞最多。

智能技术完善金融风控

当前，业内已开始了从互联网金融向金融科技演变的阶段，本质上科技在金融领域有巨大的优势，在风险控制上更是如此。纵观当前金融科技企业的发展，利用对大数据、云计算、区块链、人工智能等技术的开发，在加速推动金融科技商业应用的同时，在推动监管科技方面也发挥出作用。

2017 年 5 月，中国人民银行成立了金融科技委员会。6 月底，中国人民银行又印发了《中国金融业信息技术"十三五"发展规划》，指明了金融信息技术的发展方向，也传递出监管层利用新技术加强科技监管的信号。

一方面，在应用层面，行业内已有金融科技企业开始将大数据、人工智能等技术应用于风险模型用户洞察、量化运营等与金融相关的领域，并将技术能力投放到产品层和业务层，如电商交易、支付、财富管理等互联网金融的子业态上，建立一系列的反欺诈模型体系、大数据画像模式等，从而多维度识别申请欺诈、交易欺诈、信用欺诈等行为，防范金融风险；另一方面，监管科技与大数据紧密结合，通过应用职能机器和互联网数据的获取，也有利于提升监管效能，提高风险合规的准确性和有效性。

三、地方债务风险

地方政府债务是指由地方政府或其职能部门直接借入、提供担保、欠账等形成的最终必须由政府偿还的债务。从政府统计口径看，地方政府总债务中包括直接债务、担保债务和政策性挂账三个部分。其中，直接债务仍然占债务总额的绝大部分，其次是担保债务，政策性挂账所占比例较小。当前，我国地方政府债务规模庞大，已给地方经济社会的稳定发展带来深刻的危害。强化地方债务风险管理，已成为进一步改革、发展的重要议题。地方债务风险的影响主要体现在以下几个方面。

(一) 导致地方财政运行困难

地方政府的高债务增加了地方财政运行的压力，地方财政新增财力大部分用于偿还部分债务，这导致地方财政要么无法执行中央和省出台的一系列财政支出政策，要么举债实施，从而造成恶性循环，使地方财政超负荷运转。

(二) 制约公共财政职能的发挥

地方政府的高负债运行，势必"迫使"公共管理更加朝"创收"的方向发展。要么通过提高行政所掌控的"资源"价格进行出售来增加财政收入，弥补巨大的债务亏空；要么谋求与商业利益集团结盟，为之提供"优惠"或"服务"来获取经济利益，减轻沉重的债务负担。同时，在巨大的债务面前，地方政府可能会进一步压缩公共管理开支，减少一些公共品的投入，从而导致地方财政难以发挥其应有的公共财政职能。

(三) 诱发地方政府专项资金使用上的违纪违规

为解决现有的财政负债，财政部门实行上下级强行扣款办法，使得基层财政部门的资金调度更加困难，于是一些地方挪用上级政府专项资金的违纪违规现象屡禁不止，个别地方政府由于库款调度不济，扶贫和救灾款都无法及时支拨。

（四）破坏政府的公信力和社会信用

个别地方政府及其部门由于无法按期归还银行债务本息或拖欠工程款，使他们疲于应付筹措资金还债，无法集中精力搞工作、抓管理。这不仅使政府部门的正常工作受到干扰，而且影响了政府在公众心目中的形象。有些地方政府甚至赖账不还，这极易对整个社会的诚信体系造成巨大伤害。

（五）使地方政府卖地的冲动更加强烈，进一步推高房价

为了获得高收入，地方政府希望提高地价，从而影响到房地产市场，助长了房价的飙升。近年来，国内大多数城市的房价都超出了普通百姓的实际支付能力，高高在上的房价让众多的普通百姓叫苦不迭。购房压力让许多年轻人背上了沉重的包袱，严重影响他们的消费支出，从而抑制了消费。

四、房地产投资风险

房地产投资风险是指由于投资房地产而造成损失的可能性。具体来讲，房地产投资风险主要体现在以下几个方面。

（一）投资回收周期长

房地产开发投资者随着开发过程的结束，在三至五年内就能收回投资。而置业投资的回收期少则十年、八年，多则二三十年甚至更长，要承受这么长时间的资金压力和市场风险，对投资者资金实力的要求很高。

（二）占用大量资金

无论是开发投资还是置业投资，所需的资金常常达到几百万、几千万甚至数亿元人民币，大量投资使负债经营者容易陷入债务危机。即使投资者只支付30％的资本金用作前期投资或首期付款，也会使众多投资者望楼兴叹。在宏观经济出现短期危机时，大量自有资金的占用使得投资者的净资产迅速减少。

（三）变现性差

房地产是一种非流动性资金，由于把握房地产的质量和价值需要一定的时间，其销售过程复杂且交易成本较高，因此，投资者很难将其迅速无损地转换为现金。房地产的变现性差，往往会使房地产投资者因为无力及时偿还债务而破产。

（四）缺乏专门的知识和经验

由于房地产开发涉及的程序和领域相当复杂，直接参与房地产开发投资时就要求投资者具备专门的知识和经验，这就限制了参与房地产投资的人员数量。置业投资者要想达到预期的投资目标，同样也对其专业知识和经验有较高的要求。

第三节 金融风险的防范与控制

一、金融风险的防范

金融风险防范是指金融市场主体在进行相关分析的基础上，运用一定的方法防范风险或规避风险，以实现预期目标的行为。金融风险防范的策略通常包括预防策略、规避策略、分散策略、转嫁策略、对冲策略和补偿策略。

（一）预防策略

金融风险的预防策略是指在风险尚未导致损失之前，经济主体采用一定的防范措施，防止损失实际发生或者将损失控制在可承受的范围以内的策略。

在信贷风险管理中，银行必须建立严格的贷款调查、审查、审批和贷后管理制度，以防范金融风险。商业银行要有充足的自有资本金。银行资本能够对银行经营中面临的风险损失起到缓冲的作用，是商业银行抵御风险的最终防线。《巴塞尔协议》对银行资本充足度做出了规定，即银行资本与加权风险资产比率不得低于8%，其中核心资本至少为4%，目前各成员国的国际银行都已经达到这一标准。此外，银行适当地持有一级、二级准备金，也是对流动性风险进行预防的策略。

（二）规避策略

金融风险的规避策略是指经济主体根据一定的原则，采取一定措施避开金融风险，以减少或避免由于风险引起的损失。规避策略与预防策略有类似之处，二者都可以使经济主体事先减少或避免可能引起的损失。二者也有一定的区别，预防策略较为主动，在积极进取的同时争取预先控制风险；而规避策略则较为消极保守，在避开风险的同时可能放弃获取较多收益。

规避风险的策略有两种，一是尽量选择风险小的项目，在权衡风险和收益时，要在兼顾两者的前提下优先考虑风险因素；二是资产结构短期化策略，有利于增加流动性，以应付信用风险，又有利于利用利率敏感性来调整资产负债或利率定价来处理市场风险。

（三）分散策略

金融风险的分散策略是指通过多样化的投资组合来分散风险，这也是一个常用的风险管理策略。根据马科维茨的资产组合管理理论，如果各资产彼此间的相关系数小于1，资产组合的标准差就会小于单个资产标准差的加权平均数。因此，有效的资产组合就是要寻找彼此间相关关系较弱的资产加以组合，在不影响收益的前提下尽可能地降低风险。分散策略可以用于管理证券，也可以用于管理汇率风险及银行的信贷风险。具体的金融风险分散策略有以下几种：

（1）数量分散化。这是为了避免把大额资金贷给一个企业或投向一种证券，把单项资产与总资产的比例限制在一定范围内。

(2) 授信对象分散化。将资金分散在不同地区、不同产业、不同类型的企业。
(3) 资产用途分散化。将资金分散于贷款、投资等不同的用途中。
(4) 资产币种分散化。分散于一个货币篮子,采用不同国家的货币。

(四) 转嫁策略

金融风险的转嫁策略是指经济主体通过各种合法手段,将其承受的风险转移给其他经济主体。具体的金融风险转嫁策略有以下几种:一是通过贷款的利率政策和抵押放款方式转嫁风险;二是采用担保贷款方式将风险转嫁给担保方,保证、抵押;三是向保险公司投保。

(五) 对冲策略

金融风险的对冲策略是指利用衍生工具对冲各种风险,谨防产生新的风险。经济主体所从事的不同金融交易的收益之间呈负相关,当其中一种交易亏损时,另一种交易将获利从而实现盈亏相抵,达到防范风险的目的。

金融远期与期货交易不仅是风险转嫁手段,同时也是对冲风险的工具。套期保值者通过在远期、期货市场上建立与现货市场相反的头寸,以冲抵现货市场价格波动的风险。

(六) 补偿策略

金融风险的补偿策略具有双重含义:一是经济主体在风险损失发生之前,通过金融交易的价格补偿获得风险回报;二是经济主体在风险损失发生后,通过抵押、质押、保证、保险等获得补偿。投资者可以预先在金融资产的定价中充分考虑风险因素,通过加价来索取风险回报。例如,银行在发放贷款时,经常要求借款人以其自有资产或第三方资产作为抵押品或质押品,当贷款到期而借款人无力履行还款义务时,银行有权处理抵押品或质押品。

二、金融风险的控制

金融风险控制是指风险管理者采取各种措施和方法,消灭或减少风险事件发生的各种可能性,或者减少风险事件发生时造成的损失。通常包括以下几种措施:

第一,完善金融制度,加快金融体制改革,实施国内金融监管制度创新。要最大限度地消除各种金融风险隐患,创新金融体制、深化金融体制改革是必不可少的措施。组建全国统一的金融监管委员会,按监管需要设立证监会和保监会的派生机构,建立独立性较强、廉洁高效的监管机制,建立健全金融同业自律监管组织,强化自律监管机制。

第二,建立有效的金融风险防范的预警机制。首先,建立风险防范的"识别—评估—分类—控制—监控报告"机制,记录贷款的发放、管理。金融机构一方面要建立完善的信贷档案,全面、详细、真实地记录贷款的发放、管理、回收情况;另一方面要密切关注风险期预警信号,以便发现问题和预测贷款的发展趋势。其次,要建立金融风险防范分析机制,通过财务和非财务两方面的分析来把握风险。

第三,利用现代金融工具,提高风险防范效率。通过金融工具创新,金融市场主体能够有更多的选择余地,以形成自己的资产组合,增强规避风险、投资盈利的能力。商业银行有效地运用有关的金融工具可以锁定风险、转移风险,甚至从中获利。

第四,加强金融市场监管,保证金融市场稳定运行。首先,应继续深化金融改革,完善法律体系,加强监管与调节力度。其次,应完善上市公司的产权结构,提高上市公司的信息透明度,防止内幕交易。再次,应建立机构投资者准入制度,防止由于机构投资者操纵市场而造成价格暴涨或暴跌。第四,应尽快突出避险金融工具(如股指期货),使投资者能利用金融衍生工具规避价格风险。

扩展阅读 11-2

“脱虚向实”是防控金融风险的牛鼻子

2017 年 8 月 4 日,央行发布的《中国区域金融运行报告(2017)》称,营造中性适度的货币金融环境,要把货币政策调控与深化改革紧密结合起来,要把主动防范和化解系统性金融风险放在更加重要的位置。

金融安全已成为国家的重要战略。2016 年,中央经济工作会议提出,重点防控资产泡沫,确保不发生系统性金融风险;2017 年 4 月底,中央政治局就维护国家金融安全进行集体学习后,7 月中旬召开的第五次全国金融工作会议对金融工作进行了全面部署、顶层设计。

在我国,防控金融风险极具现实意义。总体来看,我国金融形势良好,金融风险可控。但在经济发展过程中,金融领域存在的问题不容小觑。金融领域的风险点多面广,隐蔽性、突发性、传染性、危害性强,稍有不慎就可能引发系统性风险对金融领域的各类风险苗头,我们不能掉以轻心,更不能置若罔闻。

值得注意的是,继人民日报的评论文章中提到“灰犀牛”(寓意大概率事件),2017 年 7 月 27 日的中新办新闻发布会上,中财办的官员还明确列出了目前可能引发系统性风险的五种“灰犀牛”,包括影子银行、房地产泡沫、国企债务杠杆、地方债务及非法集资的问题。

俗话说:“千条线,一根针。”我们梳理金融风险的“千条线”后,发现服务实体经济是防止系统性金融风险的“一根针”。金融学理论认为,运转良好的金融体系可以解决信息不对称问题,从而将资本分配到最具生产性的用途中。反之,金融体系运行不畅时,严重的逆向选择和道德风险使得金融市场无法有效地将资金从储蓄者融通给具有生产性投资机会的居民和企业时,即“脱实向虚”,最终会引发金融危机。金融市场运行效率的损失会导致经济活动的急剧收缩,引发系统性风险。

为什么说“脱实向虚”会引发金融危机,进而传导到整个宏观经济,引发系统性风险呢?经济学认为,实物资产决定了经济中的财富,而金融资产仅代表人们对实物资产的索取权,假如虚拟经济与实体经济发展不匹配时,金融资产的索取权必然大打折扣,即形成资产泡沫。泡沫一旦破裂,必然引发实物及金融资产价格的急剧下跌与以企业破产、失业为特征的金融市场大动荡,即金融危机。

当然,当金融服务实体经济时,也能产生极大的促进效应。现代金融学告诉我们,金融资产能使我们创造经济中的大部分实物资产,在经济发展尤其是实体经济增长中起到至关重要的作用。事实上,实物资产都有一定的风险,如福特汽车投资建厂时,没有人知道这些工厂可能产生多少的未来现金流。服务实体经济才是防止系统性金融风险的“牛鼻子”,同时,我们还应该清醒地看到,金融发展滞后仍是中国经济发展的主要矛盾,防范系统性风险不能仅仅靠“守”,更要紧紧围绕服务实体经济进行一系列深化金融改革。“进攻才是最好的防守”,唯有深化金融改革才是维护金融安全的最大保障。

第四节　金融监管

一、金融监管的含义

金融监管有狭义和广义的区别。狭义的金融监管是指金融监管当局依据国家法律法规的授权对整个金融业实施的监督管理。广义的金融监管是指在上述监管之外，还包括金融机构的内部控制与稽核，同业自律性组织的监管，社会中介组织的监管。

二、金融监管理论

影响较大的金融监管理论大致有以下几种。

(一) 社会利益论

该理论认为自由竞争和市场机制不能实现资源最优配置，甚至形成资源的浪费和损失。因此，市场经济是有缺陷的，这就要求代表全社会利益的政府在一定程度上介入经济生活，通过管制来消除或纠正市场的缺陷。

20 世纪 30 年代美国发生经济危机，人们对存款机构和货币失去了信心，要求政府通过金融监管恢复金融稳定，提高对金融的信心和效率。因此，社会利益论或公共利益论应运而生。该理论认为，社会并不存在纯粹的市场，社会利益或公共利益要求政府对经济活动进行必要干预，主要内容有以下三点。

1. 自然垄断

该理论认为，竞争是发挥机制的前提，但竞争又会形成垄断，出现垄断价格，损害公共利益，因此，政府的职责之一就是反对垄断，消除价格歧视，保护公众利益，使其价格维持在社会平均成本的水平。

2. 外部效应

外部效应是指非经济主体原因而对生产、消费带来的效应。外部效应有正效应和负效应。例如，上游环境治理使下游得益，上游环境恶化而使下游受损等。这就要求国家监管、平衡损益关系或趋利避险。

3. 信息不完全

信息不完全即信息不对称。在自由竞争和市场机制条件下，信息不对称是普遍存在的，有些人掌握的信息较多、较早、较全面，而有些人掌握的信息则较少、较迟、较片面。对此，必须加强政府监督及各种管理。

(二) 社会选择论

由于市场经济的缺陷，社会公众(如企业等)要求在一些方面需要政府管制，以保护自身的利益，管理的内容和方式根据公共需求来定，但管理者对管理什么、如何管理有自己的认识和利益选择。社会选择论实际包含着社会公众要求和政府政策的矛盾斗争和统一。

(三) 金融监管新论

该理论认为管制决定于需求与供给两方面。以需求方来说,管制可以使生产者和消费者双方得益。以供给方来说,政府可以获得更多的政绩。这种理论认为管制者偏向于生产者利益,而对消费者利益只有小的影响。对加强管理和放松管理处于一种矛盾的心理状态。除了上述理论外,还有特殊利益论和追逐论。特殊利益论认为政府监督是为一个或几个利益集体服务的,有的认为管制者根本不关心消费者利益。

上述理论都是指资本主义政府的监管,理论上符合资本主义的状况,但有一定片面性。社会主义国家政府对市场经济的缺陷认识较深刻,纠正措施比较强而有力,代表大多数公众利益,这是毫无疑问的,通过管理可起到消除重复建设、重复投资、降低成本等多方面的作用。

三、金融监管的必要性

根据经济理论,无论具体论述有何差别,但都承认市场经济有一定缺陷,需要一定的监督与管理。金融监管的必要性具体表现在如下几个方面。

(一) 为了强化公共利益必须进行金融监管

现代经济表现为货币信用经济,即金融经济。金融活动遍及整个社会经济各行各业、各个部门、各企业和各种经营活动,个人收支、个人生活与投资等,如果金融运行出了问题就会危及整个经济、整个社会和公众利益。

(二) 防止金融脆弱性,减少金融风险

经济学普遍认为,金融对经济有强大的杠杆作用和强大的推动作用。但同时也存在金融风险或脆弱性,促进经济不良运行,加重经济危机的可能性。金融的脆弱性来源于其高负债经营,容易形成运行失败和破产,造成金融危机。同时,也来源于金融机构和金融市场融资中的风险积累。金融脆弱性的严重发展首先造成金融危机,进一步发挥就可能引起整个经济危机。金融监管就要克服金融脆弱性,防范和化解金融风险,使金融机构和金融市场活动稳定进行。

(三) 全融创新需要金融监管

金融创新主要表现为金融理论的变迁、金融制度和体制创新、金融业务创新、金融工具创新、金融市场创新等。

1. 金融理论的变迁

国家干预主义和经济自由主义是经济界长期争论的焦点,20 世纪 30 年代随着资本主义经济大危机的爆发,国家干预经济、管理经济的国家干预主义在经济金融理论上占了上风。

到了 20 世纪 50 年代,随着经济发展和相对稳定,国家的干预和严格管理束缚了经济金融发展,为了回避国家管理而不断创造新的金融业务、新的金融机构和新的管理模式,金融自由主义占了上风。许多创新获得了国家和社会的承认,于是形成系统制度体制的变革与改革,形成新的金融体制和金融制度。

2. 金融制度和体制创新

首先，直接金融的发展为股份金融、债券金融等的发展开辟了道路，改变了银行一统天下的金融格局。其次，随着经济全球化一体化，金融业在世界范围相互往来，日益增加金融业相互渗透，我中有你，你中有我。最后，金融结构的新格局形成。

3. 金融业务创新

随着微电子和计算机的广泛应用，在金融业务上也发生了革命性的转变。首先，传统业务包括银行的存放汇业、证券买卖、市场分析乃至金融机构的内部管理，都用计算机处理，还用电子网络进行结算和资金调拨，处理国际金融业务。

电子业务终端可以到达各部门、各企业、各家庭，从国内伸向国外。其次，新业务与新市场通过电子网络可以把经济主体包括部门的、企业的、公共团体的、家庭的或个人的货币和资金都投入金融之中，金融业务范围、规模、形式的发展已达到超出人们想象的程度。

4. 金融工具创新

目前，国际金融市场广泛使用的金融工具大体可划分为三种类别：① 为套期保值、减少或转移利率或汇率波动风险而创新的金融工具，如浮动利率债券、浮动利率贷款、利率上下限保险、远期利率协议、金融期货、期权与期权合约交易、股票价格指数交易、利率调换等。② 为增加金融资产的流动性、降低融资成本而创新的金融工具，如贷款股权对换交易、股权贷款等。③ 为扩大投资者进行产业投资的机会而创新的金融工具，如可转换为股票的贷款、可转换为股票的债券等，金融工具的创新，使金融业内部原有的分工界限进一步模糊，商业银行和其他金融机构的业务逐渐走向综合化、一体化；同时也导致金融业的竞争全面激化，金融业改组、兼并的过程大大加快，银行资本的集中趋势日益明显。金融工具的创新，迫使金融管理当局放松管制并革新其管理方法，同时各国的货币政策也面临着新的挑战。

5. 金融市场创新

金融业务创新和金融工具创新与金融市场创新紧密联系，相互促进。

(1) 随着金融越来越开放，银行借贷市场、企业拆借将高利贷排除在市场之外，个人资金融通逐渐展开，借贷市场范围扩大，价格也越来越向市场利率倾斜。

(2) 除了股市、债市、本币市场以外，还发展期货期权、价格指数市场以及衍生金融市场和衍生金融工具。

(3) 金融市场由国内发展到国外，股票、债券等可以跨国发行、跨国交易。许多国家已经形成了国际金融中心，发展了国际货币市场和资本市场。

金融创新，一方面对经济发展、人民生活水平的提高和广泛吸收资金用于经济建设等产生积极作用；另一方面，金融创新也有一定的消极作用，如引起金融投机，使某些管理金融的人员产生腐败现象，但总的说来利大于弊。

金融创新的原因基本有两条：一是随着新生产力的发展，经济内容、经济关系、经济形式发生了革命性变化，客观上要求打破金融旧格局、旧形式、旧体制的束缚，以适应新经济形式的需求；二是回避国家监管，忽视更多的单位利益、个人利益或微观利益，与宏观利益相对立。对于既有利又有弊的创新则去其弊，取其利，进行适当的改革或改变。

四、金融监管的目标和原则

(一) 金融监管的目标

金融监管目标是实现有效监管的目标与依据。监管的政策、任务措施和手段都包含在实现监管目标的过程之中,是实现监管目标的保证。

监管目标有一般目标(或总目标)和具体目标之分。世界各国都认为一般目标是建立和维护金融稳定,建立和健全高效的金融体系,保证金融机构和金融市场的健康发展,推动金融和经济的发展。

具体监管目标由于各国金融管理体制及其发展过程各异,各国监管目标有所差异,但在基本点上大体是相同的,如公认的三大目标体系:① 维护金融业安全与稳定;② 保护公众利益;③ 维护金融业的运作秩序和公平竞争。

我国现阶段金融监管目标分为一般目标和具体目标。

一般目标:防范和化解金融风险;维护金融体系的稳定与安全;维护公平竞争和金融效率的提高;保证金融业的稳健运行和货币政策的有效实施。

具体目标:保持金融稳定,减少金融风险;在保持金融稳定,防止风险的前提下,开展金融业之间的竞争;保护公众利益,特别是广大存款者的利益和广大金融投资者的利益。

(二) 金融监管的原则

为实现监管目标,必须建立监管原则。由于各国金融发展的历史不同、环境不同、条件不同监管原则有若干差异,但基本原则大致相同。金融监管的原则包括监管主体独立性原则、依法监管原则、“内控”与“外控”相结合的原则、稳健经营和风险预防原则、本国监管与国际监管相结合的原则。

五、我国的金融监管现状

我国在1993年以前实行的是混业经营、混业监管的模式。1993年下半年,中央政府审时度势,在有关文件中开始对分业经营、分业监管做出明确规定。1995年7月1日,我国颁布《商业银行法》,正式确立了我国商业银行分业经营的原则。

通过总结国外金融业发展的经验教训,结合我国目前金融现状的实际情况,我国已经基本上建立了适应社会主义市场经济体制发展要求的金融监管框架。

在2003年第十届全国人民代表大会第一次会议前,我国的金融业监管职责由中国人民银行、中国证券监督管理委员会(以下简称“证监会”)和中国保险监督管理委员会(以下简称“保监会”)共同承担。具体说来,中国人民银行主要负责银行业的监督和管理;证监会主要负责证券市场、投资基金等方面的监督和管理;保监会主要负责保险市场和保险业的监督和管理。

2003年4月28日,中国银行业监督管理委员会(以下简称“银监会”)正式成立,承担了原来由中国人民银行承担的监督职责。至此,中国人民银行的主要职能转变为制定和执行货币政策,更好地对宏观经济进行调控和防范与化解系统性的金融风险。

扩展阅读 11－3

风险集聚有隐忧，互联网金融监管起步

2013 年，对于互联网金融业而言，注定是个机遇、火爆风险、泪水交织在一起的复杂年份。

这个新的掘金蓝海，交叉、跨界、融合成为行业的突出特征。余额宝、百度百发、人人贷、京宝贝等各种金融创新产品层出不穷，因此，互联网金融也被人们称为颠覆已有产业的“革命性力量”。

但如同狂欢过后的狼藉，野蛮生长背后，游走在灰色地带的创新模式层出不穷，风险接二连三地暴露，给狂欢的人们敲响了警钟。特别是 P2P 网贷，近几年大案频出，倒闭不断，一直险象环生，10 月以来几乎每天都有数家平台开张或倒闭。

8 月 13 日，央行副行长刘士余出席互联网大会时强调：“互联网金融有两个底线是不能碰的：一个是非法吸收公共存款，一个是非法集资。”这表明了监管层对互联网金融风险的态度，也从侧面说明，一些不法分子利用 P2P 网络借贷平台的经营行为尚缺乏有效监管的状况，以开展 P2P 网络借贷业务为名实施非法集资的风险已经日趋严重。

“P2P 平台的快速倒闭，以及监管层对 P2P 贷款的态度，充分印证了仅依赖于与银行类似的风控模式，来做银行不愿意放贷的客户群，现有 P2P 贷款模式十分脆弱。”东方证券分析师金麟表示，由于无法基于大数据实现信用风险控制，P2P 贷款的运营成本明显偏高，且在风险的识别能力上存在瑕疵。

“对于互联网金融企业来说，风险暴露的背后正是由于其对风险的识别和管理能力不足。”业内专家称“不难看出，监管部门对于互联网金融的态度已经有所转变，开始着手推动针对互联网金融的监管进程。”赛迪投资顾问有限公司创新金融事业部总经理江晶晶博士表示，有了有效的监控和立法，互联网金融未来将迎来长期有序的发展。

本章小结

1. 金融风险的定义有狭义和广义之分。狭义的金融风险是指金融变量的各种可能值偏离其期望值的可能性和幅度；广义的金融风险是指经济主体在金融活动中遭受损失的不确定性。

2. 新形势下我国金融风险的表现形式有传统银行体系脆弱、互联网金融风险、地方债务风险、房地产投资风险。

3. 金融监管是指国家授权的监管当局，为了维护金融秩序，保护投资者、投保者以及储户的利益，促使金融机构、金融市场、金融业务依法稳健运行而对其进行监督、管制、约束的监督管理行为。它具有法制性、社会性、系统性。金融监管的核心目标概括为维持系统稳定性、维护金融机构稳健运行和保护消费者适当的金融监管体制，有助于防范金融危机、降低监管成本、提高监管效率，并会对货币政策有所影响。

核心概念

金融危机　　货币危机　　银行业危机　　金融监管

复习思考题

一、选择题

1. 西方国家证券市场监管内容涉及（　　）。

A. 证券市场监管模式　　B. 证券发行的核心原则

C. 证券发行管理　　D. 证券交易管理

2. 金融监管机构按大类可分为证券、保险和（　　）监管机构。

A. 信托　　B. 金融　　C. 银行　　D. 监管机构

3. 保险公司偿付能力的影响因素主要有（　　）。

A. 宏观经济环境　　B. 监管法规　　C. 自然环境　　D. 利率水平

4. 存款保险标的范围一般包括（　　）。

A. 本国货币存款与外币存款

B. 银行间同业存款与外币存款

C. 大额定期可转让存单存款与本国货币存款

D. 本国货币存款与银行间同业存款

5. 金融监管的原则包括（　　）。

A. 监管主体独立性原则　　B. 依法监管原则

C. 内控与外控相结合原则　　D. 稳健经营和风险预防原则

6. 金融监管的必要性体现在（　　）。

A. 防止金融脆弱性，减少金融风险　　B. 金融创新的需要

C. 媒介资金余缺的需要　　D. 分业经营的需要

二、简答题

1. 简述金融风险的特征。
2. 简述金融风险控制措施。
3. 简述我国的金融监督管理的目标。

实训练习

【实训内容】

通过讨论金融监管的必要性，判断金融监管的发展趋势，提高分析问题和解决问题的能力。

【实训步骤】

1. 查找金融危机后各国金融监管的改革方案；
2. 分组讨论；
3. 汇报讨论结果。

第十二章
国际金融

教学目标

1. 了解国际金融主要关注的领域及国际货币体系改革情况；
2. 熟悉外汇市场基本交易、汇率制度安排、国际收支分析；
3. 掌握基本外汇产品原理与盈亏计算，汇率与主要经济变量的关系。

章前引例

2019年海外风险事件不断，人民币汇率波动加大。在连续升值后，在岸、离岸人民币汇率10月22日双双走低。同时，人民币中间价连续3个交易日调升，调整幅度逐渐加大。总体来看，9月以来，中间价保持稳定，人民币汇率市场价格也从本轮调整高位回落。

近期人民币走势较震荡，总地来看，人民币兑美元汇率已从本轮调整高位回落，保持在8月下旬水平，即7.07上下。9月21日，在岸人民币兑美元即期汇率收盘站上7.07，相比9月初低点已反弹超过1 100个基点。尽管22日有所回调，但相对9月下旬仍在高位。

在人民币兑美元汇率波动不断的同时，中间价变动相对稳定。10月22日，银行间外汇市场上人民币兑美元汇率中间价报7.066 8，调升12个基点，已连续3个交易日调升。近年来，在应对汇率波动过程中，央行积累了丰富的政策工具。2018年11月以来，中国人民银行先后在香港发行了11期央行票据，规模共计1 300亿元人民币。

案例讨论：汇率变动与经济的关系如何？央行怎样调控汇率？

第一节　外汇与汇率

一、外汇与汇率的含义

外汇(Foreign Exchange)的含义有动态和静态之分。从动态意义上看，外汇是不同国家的货币进行交易的行为，即通过“汇”和“兑”，把一个国家的货币转换成另一个国家的货币，并转移到另一个国家的金融活动中去。从静态意义上看，外汇是指外国货币和以外国货币表示的用于国际结算的支付手段，主要包括外国货币、外币有价证券和以外币表示的信用工具等。国际货币信用活动中所广泛使用的“外汇”一词，一般是指静态的外汇。

外汇的静态含义包括以下两点：

(1) 外汇是以外国货币表示的金融资产。这有两层含义：一方面，货币只有从发行国转移到他国居民手中才能作为外汇；另一方面，可以作为外汇资产的不仅是指外国货币，而且还包括其他形式的外汇资产，如外币有价证券（如政府债券、公司债券、股票等）、外汇支付凭证（如外国汇票、本票、支票），以及外币存款凭证（如银行存款凭证、邮政储蓄凭证）等。

（2）外汇是具有国际兑换性的金融资产。不是所有的外钞都能成为外汇，只有那些在国际支付中为世界各国普遍接受，用它可以自由兑换成另一种资产或其他国际支付手段的金融资产才可称得上外汇。因此，不能把外汇简单地理解为外国货币，同时，更不能反过来把外国货币统统理解为外汇。

不同货币之间的兑换比率就是汇率，因此汇率实际上就是一种价格，按这个价格，一国货币可以兑换成另一种货币。汇率有两种不同的标价方法，即直接标价法和间接标价法。直接标价法（Direct Quotation）是指以一定单位（1 或 100）的外国货币为标准来折合多少单位的本国货币。间接标价法（Indirect Quotation）是指以一定单位的本国货币来折合计算若干单位的外国货币。就直接标价法而言，如果一定数量的外币折合本币数额增加，我们称之为外币升值、本币贬值；反之，如果一定数额的外币折合本币数额减少，称为外币贬值、本币升值。就间接标价法而言，如果一定数额的本币折合外币数额减少，则称为本币贬值、外币升值；反之，如果一定数额的本币折合外币数额增加，则称为本币升值、外币贬值。

二、外汇市场

作为金融市场的重要组成部分，外汇市场是指由外汇需求者与外汇供给者以及买卖中介机构所构成的买卖外汇的场所或交易机制。我们不应把外汇市场仅仅理解为一个集中的场所。实际上，外汇市场是一个无形的、高效率的世界性市场。

（一）外汇市场的组织形态

外汇市场的组织形态基本上是无形的、抽象的市场，它没有具体的交易场所，所有买卖交易都通过联结银行与外汇经纪人的电话、电报、电传以及其他通信工具所组成的网络进行。

（二）外汇市场的参与者

（1）外汇银行。这是指经中央银行批准可以经营外汇业务的商业银行及其他金融机构。外汇银行不仅是外汇供求的中介人，而且其自身也参与市场交易。

（2）外汇经纪人和外汇交易员。经纪人是专门介绍外汇买卖成交的中间人，他们熟悉外汇供求情况和市场行情，积极撮合买卖双方达成交易，从中赚取手续费，但他们自己并不买卖外汇。外汇交易员是外汇银行中专门负责从事外汇交易的职员。

（3）中央银行。大多数国家的中央银行都负有监督管理外汇市场的职能，当外汇市场上的汇率剧烈动荡时，则通过买入或卖出外汇来干预市场，以稳定汇率，因此，中央银行不仅是外汇市场的成员，而且还是外汇市场的实际操纵者。

（4）一般客户。即指外汇市场上除银行之外的客户，它们是外汇的最初供给者和需求者。

（三）外汇交易类型

1. 即期交易

即期交易（Spot Exchange）一般须在当日结清。但在日本及亚洲地区，外汇银行间的即期交易多在第二个营业日结算。欧美各国的即期交易通常是在交易后的两个营业日以内结算。一般即期交易又称为“现汇交易”。

假设美国一个书店向一个德国书商购买 10 000 德国马克的书，要求以德国马克支付，美国书店就可以向某银行以美元兑换 10 000 德国马克。如果即期汇率为 1 德国马克等于 0.367 8美元，这家银行就卖给书店金额为 10 000 德国马克外汇，并随即从书店的支票账户中减少 3 678 美元，书店则把一张金额为 10 000 德国马克的以德国银行为付款人的支票寄给德国书商。这样，一笔进出口业务所需要的货币兑换就完成了。

支票的寄送方式可分为电汇（Telegraphic Transfer，T/T）、信汇（Mail Transfer，M/T）和票汇（Demand Draft）。1979 年国际金融电讯协会（SWIFT）正式启用，通过国际间计算机网络，用来处理国际间银行转账和结算，使转账的速度和安全性大大提高。

2. 远期外汇交易

远期外汇交易（Forward Exchange）在买卖契约成立时，买卖双方不需立即支付本国货币或外汇，而是预先约定在将来某特定日期进行结算。一般情况下，大额的外汇买卖多采用远期交易方式进行。远期交易又称为“期汇交易”。进行期汇交易的目的一般包括套期保值和投机。套期保值（Hedging）是指卖出或买入金额相当于一笔外币资产的外汇，使这笔外币资产或负债以本币表示的价值避免遭受汇率变动的影响；而投机（Speculation）则是指根据对汇率变动的预期而持有外汇的多头或空头，利用汇率变动赚取利润。

假设在上例中，美国书店预订该书而三个月后才支付 10 000 德国马克，这家书店可以有以下三种选择：

一种选择是三个月后再购买这 10 000 德国马克，但是却担心三个月后汇率会发生对他不利的变化。另一种选择是现在就买进 10 000 德国马克，然后持有这部分德国马克或进行投资，这样做可以把兑换 10 000 德国马克所需要的美元数固定下来。最后一种选择是利用远期外汇市场，把未来需要买进的德国马克的美元价格固定下来。第二种选择和第三种选择看上去达到的效果差不多，但实际上却有差异。因为如果现在就买进 10 000 德国马克，书店的美元现金就被占用，并且还要寻找德国马克在三个月内的投资机会。而选择利用远期外汇市场就没有这种麻烦，书店可买进三个月的远期交易合同，到期可通过远期合同的交割以固定的价格获得 10 000 德国马克。这样就可避免占用三个月的美元资金或持有三个月的德国马克。

如果一种货币的远期汇率高于即期汇率，那么该货币为远期升水（Premium）；如果远期汇率低于即期汇率，那么该货币为远期贴水（Discount）；如果两者相等，就称为平价（Flat or at Par）。

3. 掉期交易

掉期交易（Swap Exchange）是指在买进或卖出即期外汇的同时，卖出或买进远期外汇。在短期资本投资在资金调拨活动中，如果将一种货币换成另一种货币，为避免外汇汇率波动的风险，常常运用掉期业务，以防可能发生的损失。

4. 套汇业务

套汇业务(Arbitrage)是指利用两个或三个不同外汇市场之间某种货币的汇率差异，分别在这几个外汇市场上一面买进一面卖出这种货币，从中赚取汇率差额利润的外汇交易。由于外汇交易在地域上的广泛性和时间上的延续性，各个外汇市场的外汇供求关系不断变化，并导致汇率的经常上下波动，从而使各个外汇市场也不可避免地会不时出现短暂的汇率差异，这种差异就构成了套汇的前提条件。

套汇的主要形式有直接套汇与间接套汇两种。

(1) 直接套汇。直接套汇又称两地套汇，是指外汇交易者在两个不同地点的外汇市场上某种货币汇率出现差异时，同时在这两个市场买贱卖贵，从中赚取差价利润的交易行为。例如，某日纽约市场汇价为 1 美元＝130 日元，东京市场为 1 美元＝128 日元，套汇者在纽约市场上按 130 日元的价格买进一笔日元，然后立即在东京市场上以 128 日元的价格卖出，换回美元，这样每一美元可赚毛利 2 日元。

(2) 间接套汇。间接套汇又称三地套汇，它是指套汇者利用三个以上不同地点的外汇市场在同一时间内存在的货币汇率差异，同时在这些市场上买贱卖贵，套取汇率差额收益的交易行为。

例如，假设某日某一时刻，纽约、法兰克福、伦敦三地汇市行情如下：

纽约市场：1 美元＝1.910 0～1.911 0 德国马克

法兰克福市场：1 英镑＝3.079 0～3.080 0 德国马克

伦敦市场：1 英镑＝1.780 0～1.781 0 美元

根据以上三个市场外汇行市，若套汇者以 100 000 美元进行三地套汇，则可首先在纽约市场以 1 美元＝1.910 0 德国马克的汇价卖出 10 万美元，买进 191 000 德国马克；同时在法兰克福市场上以 1 英镑＝3.080 0 德国马克的汇价卖出 191 000 德国马克，买进 62 013 英镑；同时又在伦敦市场以 1 英镑＝1.780 0 美元的汇价卖出 62 013 英镑，可买回 110 383 美元。如不考虑套汇费用，则该套汇者通过间接套汇可获利 10 383 美元。

间接套汇的前提是三地市场的汇率不均衡，存在差价。判断三地汇市的汇率是否均衡可利用汇价积数判断法，即将各市场汇率换算成统一标价法下的汇率，通过连乘所得积数来判断是否存在价差的方法。如果应付汇率(或应收汇率)的连乘积数不为 1，则表明各市场汇率不均衡或有价差，可以套汇；如果连乘积数为 1，则不存在套利机会。

如上例中，我们可以将三市场的汇率重组如下：

纽约市场：1 美元＝1.910 0 德国马克

法兰克福市场：1 德国马克＝0.324 7 英镑

伦敦市场：1 英镑＝1.780 0 美元

$1.910\,0 \times 0.324\,7 \times 1.780\,0 = 1.103\,9 > 1$

结果：三个市场汇率不均衡，可以套汇。

目前由于通信设备先进，交易手段发达，各地外汇市场之间的货币汇率差异日趋缩小。外汇市场上货币汇率之间出现差异总是偶然的、暂时的，套汇交易会很快拉平差异，使套汇机会消失。套汇活动最终会消除或接近消除不同货币在不同地点的汇率差异，一旦交易者认为套汇活动的差价利益已不能弥补外汇交易的成本支出，套汇活动就会停止。

5. 套利

套利(Interest Arbitrage)是指利用在不同国家和地区进行短期投资的利率差异,将资金从利率较低的地区转移到利率较高的国家和地区,以赚取利率差额的外汇交易。套利主要有两种形式:“不抛补的套利”和“抛补的套利”。用一个例子说明两种形式的区别。

假设美国3个月期的国库券利率为8%,英国3个月期的短期国库券利率为10%,且3个月间英镑对美元的汇率不发生变化,即期市场英镑对美元汇率维持在1英镑=2美元。一位纽约投资者拥有1 000万美元,如投资于美国国库券(3个月期),利率为8%,本利共为1 080万美元。

若他进行套利操作,则获利就可增加。首先在即期市场卖出1 000万美元可获得500万英镑。然后将这笔英镑调往伦敦并投资于3个月期的英国国库券,3个月后可获得550万英镑[=500万×(1+10%)]。根据假设,3个月后英镑对美元的汇率不发生变化,因此3个月到期后,他将这笔英镑资金换成美元,可得到1 100万美元,比他只投资于美国国库券多获利20万美元,即多获利2%。

此例就是“不抛补的套利”的情形,其关键在于“汇率稳定不变”。若在汇率频繁浮动的情况下,货币兑换可能产生的损失就会部分或完全抵消套利的收益,也即套利者会承担较大的汇率风险。为应对汇率风险,套利者会进行“抛补”,具体做法是:套利者在套利的同时,在远期外汇市场上卖出为期3个月的550万远期英镑以买进美元(为简便计,设远期汇率仍为1英镑=2美元)。这样,只要没有人违约,他在3个月后即可稳获1 100万美元,获得2%的额外利息收入。

三、汇率的决定与变动

(一) 汇率的决定

汇率本质上是各种货币价值的体现。货币具有的或代表的价值决定汇率水平的基础,汇率在这一基础上受其他各种因素的影响而变动,形成现实的汇率水平。

在金本位制下汇率的决定因素是铸币平价(Mint Par),也即两种货币的含金量之比是决定两种货币汇率的基础。此外,汇率还要取决于外汇供求关系等因素的变化。汇率是以铸币平价为中心,在外汇供求关系的作用下上下浮动的。金本位制度下由供求关系变化造成的外汇市场汇率变化并不是无限制地上涨或下跌,而是被界定在铸币平价上下一定界限内,这个界限就是黄金输送点(Gold Point)。黄金输出点和黄金输入点共同构成了金本位制下汇率。因此,由供求关系导致的外汇市场汇率波动是有限度的,汇率制度也是相对稳定的。

在信用制度下汇率的决定因素是购买力平价,各国货币汇率决定的基础取决于其在本国内所代表的价值,即货币的对内价值决定其对外价值,而货币的对内价值又是用其购买力来衡量的。汇率波动不再具有黄金输送点的制约,任何能够引起外汇供求关系变化的因素都会造成外汇行市的波动。

(二) 影响汇率变动的因素

1. 国际收支差额

当一国有较大的国际收支逆差时,说明本国外汇收入比外汇支出少,对外汇的需求大于外汇的供给,外汇汇率上涨,本币对外贬值;反之,当一国处于国际收支顺差或贸易顺差时,则外汇供给大于支出,同时外国对本国货币需求增加,会造成本币对外升值,外汇汇率下跌。

2. 利率水平

当一国提高利率水平或本国利率高于外国利率时,会引起资本流入该国,由此对本国货币需求增大,使本币升值,外汇贬值;反之,当一国降低利率水平或本国利率低于外国利率时,会引起资本从本国流出,由此对外汇需求增大,使外汇升值、本币贬值。

利率对于汇率的另一个重要作用是导致远期汇率的变化,外汇市场远期汇率升水、贴水的主要原因在于货币之间的利率差异。高利率货币会引起市场上对该货币的需求,以期获得一定期限的高利息收入,但为了防止将来到期时该种货币汇率下跌带来的风险和损失,人们在购进这种货币现汇时往往会采取掉期交易,卖出这种货币的远期,从而使其远期贴水;同样的道理,低利率的货币则有远期升水。

3. 通货膨胀因素

一国通货膨胀程度提高,货币购买力下降,纸币对内贬值,其对外汇率下跌。实际上汇率变化受制于两国通货膨胀程度之比较。如果两国都发生通货膨胀,则高通货膨胀国家的货币会对低通货膨胀国家的货币贬值,而后者则对前者相对升值。

另外,一国经济实力、财政政策、货币政策、市场干预、投机资本的国际流动、其他投资品市场的价格波动等经济因素都会影响到汇率变动,甚至政局不稳、战争爆发等非经济因素也会引起汇市行情起伏。

(三) 汇率的变化对经济的影响

汇率的变化反映了经济的变化,同时汇率的变化又对经济的各个层面产生重要影响。

1. 汇率变化对贸易收支的影响

汇率变化最为直接和重要的影响就是对贸易收支的影响。例如,一国货币对外贬值后,有利于本国商品的出口,而一国货币对外升值后,则有利于外国商品的进口,不利于本国商品的出口。这是因为一国货币的汇率发生变化后,该国商品与其他国家商品的比价也就发生了变化。但通过本币贬值的手段改善贸易条件需满足马歇尔—勒纳条件(Marshall-Lener Condition),即进出口需求弹性的绝对值之和必须大于 1。而且从货币贬值到贸易条件最终改善需要过程,收效快慢取决于供求反应程度的高低,甚至会出现短期的国际收支恶化现象。

2. 汇率变化对资本流动的影响

汇率变化对资本流动的影响一方面表现在货币升贬值后带来的资本流出或流入增加,另一方面也表现在汇率预期变化对资本流动的影响。

3. 汇率变化对外汇储备的影响

因国际储备日趋多元化,汇率变化对外汇储备的影响也多样化了。有时外汇市场汇率波动较大,但因储备货币中升贬值货币的力量均等,外汇储备就不会受到影响;有时虽然多种货币汇率下跌,但占比重较大的储备货币汇率上升,外汇储备总价值也能保持稳定或略有上升。

4. 汇率变化对价格水平的影响

一国发生通货膨胀会导致本币对外贬值，本币贬值又会产生物价上涨的压力。如果政府当局不能有效地加以控制，则会陷入“贬值—通货膨胀—贬值……”的恶性循环中。

5. 汇率变化对微观经济活动的影响

汇率变化对微观经济活动的影响主要表现在浮动汇率下汇率频繁变动使企业进出口贸易的计价结算对外债权债务中的风险增加。因此，外汇风险的预测及防范已成为微观经济管理中不可缺少的内容。

6. 汇率变化对于国际经济关系的影响

浮动汇率产生后，不仅给各国对外贸易、国内经济等造成了深刻影响，而且也影响着各国之间的经济关系。例如，一国实行以促进出口、改善贸易逆差为主要目的的货币贬值，往往会引起对方国家和其他利益相关国家的反抗甚至报复，进而引发“汇率战”，加深了国际关系的复杂性。

扩展阅读 12-1

美国或再掀全球汇率战

美国总统特朗普正在把目标重新对准其所谓“不公平”汇率的问题，这可能预示着一个新的可能会给世界经济造成巨大破坏的全球战场即将出现。

据法新社 2019 年 6 月 23 日报道，特朗普已经用了两年时间来对全球贸易体系的基础发动攻击，对盟友和对手发动了多战线的关税战。而根据一个已经被提议、可能最早于下月生效的新规则，美国可以对任何被其确定为操纵汇率以使本国产品比美国商品更具竞争力的国家征收惩罚性关税。

特朗普经常攻击像德国那样的欧元区国家通过维持本币对美元的较低汇率受益。他上周称，多年来，这些国家在这方面一直在逃脱美国的惩罚。正如特朗普对欧洲中央银行行长德拉吉的攻击所显示的那样，货币政策措施可能被特朗普用作对他国实施报复的弹药。经济学家们警告称，这会为一场破坏性的、导致大家不共戴天的全球货币战争打开大门。

报道称，多年来，尽管美国两党议员和总统不断抛出一些要对操纵汇率的国家采取措施的计划，但相关努力总是遭到反对并最终放弃，部分原因在于此举被认为违反了全球贸易规则。目前，美国财政部每半年公布一个报告，对外国可能采取的汇率操纵行为进行详细审查。但从 20 世纪 90 年代中期至今，美财政部从未最终给某国贴上汇率操纵国的标签。

但现在，美国商务部已经采取行动，准备将此问题的控制权从财政部手中夺过来。报道称，美商务部提议对相关规定进行修改，以允许该部门能够像处理给美国制造商造成伤害的外国政府补贴问题那样对付汇率操纵行为。如果该提议被批准，那么美商务部可以对外国产品加征关税，以抵消这些国家货币对美元偏低的汇率所产生的影响。美商务部将接受公众对此提议的评论，然后它可能会在未来任何时间实施这项改革。

法新社称，根据这项提议，美商务部会听从财政部有关某国货币币值是否被低估的评判，“除非我们有好的理由相信另外的看法”。但许多经济学家认为，美商务部根本不具备进行这种评估的专业技能，该计划可能给予其过多的自由裁量权。

第二节 汇率制度

一、汇率制度的含义

汇率制度又称汇率安排(Exchange Rate Arrangement),指各国或国际社会对于确定、维持、调整与管理汇率的原则、方法、方式和机构等所做出的系统规定。传统上,按照汇率变动的幅度,汇率制度被分为两大类型:固定汇率制和浮动汇率制。汇率制度的内容有:

(1) 确定汇率的原则和依据。例如,以货币本身的价值为依据,还是以法定代表的价值为依据等。

(2) 维持与调整汇率的办法。例如,是采用公开法定升值或贬值的办法,还是采取任其浮动或官方有限度干预的办法。

(3) 管理汇率的法令、体制和政策等。例如,各国外汇管制中有关汇率及其适用范围的规定。

(4) 制定、维持与管理汇率的机构,如外汇管理局、外汇平准基金委员会等。

二、浮动汇率制和固定汇率制

(一) 特征与演进

固定汇率制度(Fixed Rate Regime)是金本位时代流传下来的汇率制度。汇率由政府制定和公布,只能在一定的幅度内进行波动。一国货币当局有义务维持其在限定幅度内波动。

浮动汇率制度(Floated Rate Regime)则是指一国货币的汇率根据市场供求而定,涨落基本自由,一国货币当局原则上没有义务维持,但在必要时可以进行一定程度的干预。以其是否有当局干预分为自由浮动和管理浮动。

(二) 汇率制度选择的争论

1. 支持浮动汇率制的观点

赞成浮动汇率制的人认为,浮动汇率制具有下列优点:

(1) 简便易行。在浮动汇率制下,汇率简单地由供求所决定。

(2) 具有连续调节能力。在一国国际收支恶化时,浮动汇率可以使该国货币迅速下调,改善国际收支状况。

(3) 保证了国内政策的自主性。在固定汇率制下,一国的国内政策往往要服从于对外平衡的需要。但在汇率浮动的情况下,则可通过汇率变动来调节国际收支,一国政府在指定国内政策时能较少地受到外部平衡的约束。

(4) 可避免通货膨胀的国际传播。在固定汇率制下,当一国出现顺差时,外币会大量地从逆差国流入顺差国,为了避免其货币升值,顺差国就不得不用大量本国货币买入这些流入的外币。而这就导致本国的货币供应增加,使通货膨胀从逆差国传递到顺差国。而浮动汇率制可以避免这种情形。

(5) 减少官方国际储备的需要。在浮动汇率制下,由于官方无责任维持汇价,理论上可减少国际储备。

2. 支持固定汇率制的观点

反对浮动汇率制、赞成固定汇率制的经济学家认为:

(1) 浮动汇率的国际收支调节作用是有限的,必须考虑进出口的需求弹性。

(2) 汇率波动不利于贸易和投资发展。汇率波动为贸易过程增加了汇兑风险等额外风险,也可能使资本在国际流动时发生损失,抵消投资收益。

(3) 会加剧通货膨胀。在汇率浮动的情况下,逆差国货币贬值会使其国内价格普遍上升,尤其当进口占国内总产值的比例很大时,更是如此。

(4) 浮动汇率制不能保证一国政策的自主性和储备需求的减少。因为一国经济政策总是要受到外部平衡的制约,官方外汇储备的需求实际上并不能减少。

三、现行汇率制度安排

国际货币基金组织(IMF)基于各成员国真实的、事实上的汇率制度安排建立了汇率制度分类体系,而不是以各国自行宣称的汇率制度为标准。这一分类方案的基础是汇率弹性(Flexibility)的程度,以及各种正式的与非正式的对汇率变化路径的承诺。

2001 年起,IMF 将汇率制度分类与货币政策框架联系在一起,即在对各成员国进行汇率制度分类的同时也对其货币政策框架进行分类。这使得分类方案更具透明性,并以此表明不同的汇率制度可以和同一货币政策框架相容。至 2005 年修订之后的分类如下:

(1) 无独立法定货币的汇率安排(41 个成员),主要有美元化汇率和货币联盟汇率;

(2) 货币局安排汇率(7 个成员);

(3) 其他传统的固定钉住安排(42 个成员);

(4) 水平带内钉住汇率(5 个成员);

(5) 爬行钉住汇率(5 个成员);

(6) 爬行带内浮动汇率(1 个成员);

(7) 不事先公布干预方式的管理浮动制(52 个成员);

(8) 独立浮动汇率(34 个成员)。

如果将上述汇率制度划分为硬钉住汇率制、中间汇率制和浮动汇率制,那么硬钉住制包括(1)和(2),中间汇率制包括(3)至(6),浮动汇率制包括(7)和(8)。按照 IMF 的分类,自 20 世纪 90 年代以来,中间汇率制度的比重在不断缩减,并不断向硬钉住和浮动集聚。但是,中间汇率制度仍然没有消失,如在 2005 年,中间汇率制度在 IMF 所有成员国中的比重为 28.4%,无法证明"中间汇率制度消失论"。

四、汇率制度的选择标准

汇率制度安排的多元化是各国汇率制度选择的结果。一个国家应该根据什么标准,采取怎样的汇率制度呢?一般认为汇率制度选择主要取决于国家规模、开放程度、国际金融一体化程度、相对于世界平均水平的通货膨胀率、贸易格局等因素。

关于汇率制度选择标准的观点还有很多。例如,蒙代尔—弗莱明模型指出汇率制度的选择要注意与宏观经济政策(财政政策和货币政策)以及与相关制度安排(如资本管制制度)

的合理搭配；或者利用博弈论、金融市场噪声理论和新制度经济学的理论和方法对汇率制度选择问题进行研究。

扩展阅读 12－2

香港的联系汇率制度能否经受冲击?

随着2019年8月以来，人民币汇率“破7”下行，港元汇率也受到波及，接近7.85的弱方兑换保证。很多市场人士和投资者都担心香港的金融市场能否稳定，香港的联系汇率制度是否能经受冲击。最近，即将退休的香港金管局总裁陈德霖也谈到，金融稳定是香港繁荣稳定的基础，决定着香港的经济发展和社会稳定。而联系汇率制度作为香港货币体系的基石，与银行体系的稳定以及金融基础设施的完备，将共同支持香港金融体系的稳定。而在联系汇率制度下的香港外汇基金则是金融稳定的最后防线，决定着联系汇率制度能否经受冲击和香港整体经济的基础。

如果单纯地香港的外汇储备或外汇基金规模和质量上来看，香港政府和金融监管机构能够应付短期的冲击，并保障香港联系汇率制度的稳定。数据显示，截至2019年6月底，香港外汇基金规模达到41 400亿港元，其中16 400亿港元作为基础货币，财政储备为11 800亿港元；而在资产方面，作为基础货币的支持组合有18 200亿港元，投资组合和其他资产有23 200亿港元。

由于全球市场的波动，使得外汇基金的投资收益有所下降，但整体而言仍能保持每年不同程度的收益。如果以资产形态和美元口径计算，香港外汇基金持有各类现金约418亿美元，以及约3 926亿美元价值的可自由兑换的证券。无论从流动性和现金储备来看，都可以应付投机资本对港元的短期冲击。

但从长期来看，超低的港元利率实际上是港元汇率一再受到冲击的原因之一。2017年以来，由于港币市场利率偏低，港元兑美元面临持续贬值压力，香港金管局去年以来多次出手收紧流动性以稳定汇率，香港银行体系总结余账户降到了2008年以来最低水平。去年以来，香港的联系汇率制度已多次受到冲击。2018年，香港金管局曾多次入市购入约1 035亿港元，以缓解港元汇率下行压力。2019年3月，金管局再度出手买入港元。香港金管局也曾跟随美联储加息，但当时全面加息背景下，香港住宅按揭贷款利率上升，直接打压房价。香港的中长期贷款利率和短期政策利率高度相关，也影响到按揭贷款利率。去年9月，香港最优惠贷款利率上调至5.125%。

可以说香港的房地产市场高企的泡沫才是影响香港金融稳定和汇率波动的元凶之一。德银报告称，2019年香港经济恐陷入衰退带来楼市降温，预计2019年香港房价将下跌15%。这不仅影响到香港金融机构信贷资产的质量，也必然导致香港联系汇率制度受到冲击。

第三节　国际收支

一、国际收支的含义

国际收支(Balance of Payment，BOP)概念从狭义上讲是指一个国家在一定时期(通常为一年)必须与其他国家立即结清的各种到期支付的差额,它仅仅包括了各种收支中必须立即清算和收付的那一部分款项。对于国际贸易和国际借贷中尚未到期的,无须立即结算的,以及那些没有外汇收支的交易(如易货贸易和无偿援助等)则不列入。随着国际交往在规模和范围上的扩展,上述国际收支的含义已不能完全反映国际间交易的全貌。

广义的国际收支是以统计报表的方式,系统总结特定时期内一国经济主体与他国经济主体之间的各项经济交易,它包括货物、服务和收益,对世界其他地区的金融债权和债务的交易以及单项转移。这一定义简明扼要地概括了国际收支中的各类交易项目,基本上符合当今世界上各国国际收支的实际情况。

二、国际收支平衡表的分析

(一) 国际收支平衡表的定义

国际收支平衡表(BOP Statement)是指按照一定的编制原则和格式,将一国一定时期国际收支的不同项目进行排列组合,进行对比,以反映和说明该国的国际收支状况的表式。它是对一个国家一定时期内发生的国际收支行为的具体系统的统计与记录。理解国际收支平衡表须注意以下两点:

(1) 国际收支平衡表所表示的是一国在一定时期从国外所得到的资金和对外国所支付的资金。它是流量概念而不是存量概念。

(2) 国际收支平衡表是采用复式记账法进行记录编制的。从国际收支平衡表的编制方法上讲,由于设置了储备资产变动和错误与遗漏两个项目,一国的国际收支平衡表最终总是平衡的。从表面上看,它并不能反映一国的国际收支状况,因此必须对国际收支平衡表的具体项目进行深入的研究。

(二) 国际收支平衡表的内容

一国国际收支平衡表所包括的内容很多,而且由于编制要求不同,各国自行编制的本国国际收支平衡表,其项目内容各具特点。现将国际货币基金组织编制的国际收支平衡表的项目内容逐一进行介绍。该表式通常分为以下三大项目:经常项目、资本和金融项目,以及误差和遗漏项目。

1. **经常项目**(Current Account)

经常项目之下可以分为三个子项目:货物和服务,收入,以及经常转移。

(1) 货物和服务。货物一般包括居民向非居民出口或者从非居民那里进口的大多数可移动货物。服务包括以下内容:运输、旅游、通信服务、建筑服务、保险服务、金融服务、计算机和信息服务、专有权利使用费和特许费、个人和文化及娱乐服务、其他商业服务以及政府服务。

(2) 收入(Income)。包括职工报酬和投资收入,其中职工报酬包括以现金或实物形式支付给非居民工人(即在使馆工作的当地工作人员)的工资、薪金和其他福利。投资收入包括居民因拥有国外金融资产而得到的收入,包括直接投资收入、证券投资收入和其他投资收入。

(3) 经常转移(Current Transfers)。经常转移是指不包括下面三项的所有单方面转移

(Unilateral Transfers):第一,固定资产所有权的转移;第二,同固定资产收买/放弃相联系的或以其为条件的资金转移;第三,债权人不索取任何回报而取消的债务。这三项属于资本转移。

单方面转移根据实施转移的主体不同,可分为政府单方面转移和私人单方面转移。前者主要指政府间的经济或军事援助、战争赔款以及赠与等收支。后者主要指私人汇款年金和赠与等。

2. 资本和金融项目(Capital and Financial Account)

资本项目的主要组成部分,包括资本转移和非生产、非金融资产的收买、放弃。资本转移包括涉及固定资产所有权转移,同固定资产买进卖出联系在一起或以其为条件的资金转移以及债权人不索取任何回报而取消的债务。非生产、非金融资产的收买/放弃总体来说包括各种无形资产,如注册的单位名称、租赁合同或其他可转让的合同和商誉。

金融项目包括直接投资、证券投资、其他投资和储备资产。直接投资反映某一经济体的居民单位(直接投资者)对另一经济体的居民单位(直接投资企业)的永久权益,它包括直接投资者和直接投资企业之间的所有交易。证券投资包括股票和债券的交易。其他投资包括长短期的贸易信贷、贷款、货币和存款以及其他类型的应收款项和应付款项。储备资产包括某一经济体的货币当局认为可以用来满足国际收支和在某些情况下满足其他目的的各类资产的交易。涉及的项目包括货币化黄金、特别提款权、在基金组织的储备头寸、外汇资产以及其他债权。

3. 误差和遗漏项目(Errors and Omissions)

出现误差和遗漏项目的原因是:① 原始资料失实或收集资料不齐。② 某些交易项目统计口径不一致。③ 短期投机性资本逃避监管,很难得到其真实资料。出于上述各种原因,官方统计所得到的经常项目、资本和金融项目两者之间实际上并不能真正达到平衡,国际收支平衡表的借方与贷方之间会出现差额。因此,设立一个误差和遗漏项目,以误差和遗漏项目的数字来抵补前面所有项目借方与贷方之间的差额,从而使借贷双方最终达到平衡。

(三) 国际收支平衡表的差额

分析国际收支状况主要关注四个差额:一是贸易收支差额,等于商品出口减商品进口(按绝对额计算),或等于商品出口加商品进口(按 BOP 记账符号计算);二是商品、服务和收益差额,等于商品交易差额加服务收支差额和收益差额;三是经常项目差额,等于商品、服务和收益差额加单方转移收支差额;四是基本国际收支差额,等于经常项目差额加长期资本移动差额。

(四) 国际收支平衡表的分析

一国的国际收支平衡表,反映该国一定时期对外资金流量与流向的变动。一方面,一定时期一个国家对外资金的流量与流向的变动,不仅受到本国政治、经济等因素的影响,而且还要受到国际上及其他国家各种因素的影响;另一方面,一国的国际收支状况,不仅会影响本国国内的各个方面,而且也会影响到有关国家。因此,通过对本国国际收支状况的经常分析,结合对相关国家的国际收支状况的分析,才可以找到造成本国国际收支不平衡的具体原因,从而为一个国家制定对内对外经济金融政策提供依据。

对国际收支平衡表的分析，通常可以分为两个部分：一般性分析和项目分析。一般性分析有对国际收支平衡表本身进行整体分析，对国际收支平衡表进行历史纵向分析，对国际收支平衡表进行横向国别分析，对一国国内经济、金融政策对该国国际收支的影响进行分析，对有关国家的经济、金融政策以及重大国际事件对一个国家国际收支状况的影响进行分析，以及对国际收支平衡表进行动态分析。项目分析包括对国际收支平衡表的各个项目的变动原因以及影响的分析。

三、国际收支不平衡的分析

(一) 国际收支不平衡的测度标准

国际收支平衡表的平衡与国际收支的平衡是两个不同的概念。前者是指一国国际收支平衡表本身各项目之间的平衡，后者则是指一国经济活动中涉及国际收支的部分实际交易发生的结果。因此，一国国际收支平衡表的平衡并不意味着该国国际收支的平衡。实际上，根据国际收支平衡表的编制原则和编制方法，国际收支平衡表最终必然是平衡的。因此，判断国际收支平衡的标准，一般是把一国的多种国际交易活动按其性质分为自主性交易和调节性交易。

1. **自主性交易**

它主要指各经济主体或居民个人(如进出口商、金融机构、国际投资者等)出于自身特别的目的，如追求利润、减少风险、资产保值、逃税避税、逃避管制或投机等而进行的交易活动。这种交易活动具有自发性和分散性的特点。通常，经常项目、长期资本项目以及部分短期资本项目所代表的交易活动都属于自主性交易。借贷双方出现不平衡是必然的，平衡则是偶然的。

2. **调节性交易**

它指中央银行或货币当局出于调节国际收支差额、维护国际收支平衡、维持货币汇率稳定的目的而进行的各种交易。这种交易是政府或货币当局为了弥补自主性交易的缺口或差额而进行的交易，其目的是使原本不平衡的自主性交易，经过调节性交易这种经济处理后，能够恢复平衡或接近平衡。所以调节性交易又称为弥补性交易(Compensatory Transaction)，具有集中性和被动性等特点。一般来说，平衡项目以及部分短期资本项目所代表的交易活动属于调节性交易。

衡量一国国际收支平衡与否的标准是看其自主性交易是否达到了平衡。如果自主性交易达到了平衡，那么该国的国际收支就是平衡的。

(二) 影响国际收支不平衡的因素

国际收支不平衡的现象是经常的、绝对的，而平衡是偶然的、相对的。以下因素可能会影响国际收支长期失衡。

1. **经济结构**

在正常的情况下，一国经常项目中的商品、劳务的进出口总值应趋于平衡。当商品、劳务的国际需求及其国际供给的关系发生变动时，这种平衡关系就会受到干扰。如果一国的经济结构不能很好地适应这种变化而做出调整，其国际收支就可能发生不平衡。

2. **发展阶段**

一国经济处于发展阶段时，需要进口大量的技术设备等资源，而此阶段其出口能力有限，所以国际收支处于失衡状态。这种失衡状态具有过渡的性质。如能制定合理的经济发展战略，广泛吸收先进的技术的同时发挥本国禀赋优势可缩短国际收支失衡的时间。

3. **经济周期**

如果一国经济在市场法则的支配下就会产生经济发展的周期性波动。每个周期都经历四个阶段：繁荣、衰退、萧条、复苏。在繁荣时期可能产生顺差，在萧条时期又会出现逆差。随着循环的演变，这种失衡会交替出现。

4. **国民收入**

一国国民收入的变化受两方面的影响：一是商业循环的不同阶段国民收入会呈现不同的变化，如在繁荣时期国民收入增加，萧条时期国民收入减少。二是经济增长率的高低。一般地，当一国国民收入增加时，进口增加，从而造成国际收支的逆差。反之，国民收入减少，使进口减少，会逐步减少逆差，使国际收支平衡。

5. **货币价值**

一国商品的货币成本、物价和利率水平，相比其他国家发生了变动，会引起国际收支的失衡。例如，在一定的汇率水平下，由于通货膨胀的原因，物价普遍高涨，使其商品成本和物价水平相对地高于其他国家，则该国的商品输出必受限制，而输入受到鼓励，致使国际收支发生逆差。相反，由于通货收缩的原因，商品成本和物价水平比其他国家相对降低，则有利于出口，抑制进口，因而国际收支发生顺差。

扩展阅读 12 - 3

2019 年上半年我国国际收支总体平衡

国家外汇管理局近日发布的《2019 年上半年中国国际收支报告》（以下简称《报告》）显示，2019 年上半年，我国国际收支保持基本平衡，预计全年经常账户差额仍将处于合理区间，境外资本投资我国的意愿较强，跨境资本流动平稳运行具备市场基础。

2019 年以来，在贸易保护主义升级、国际金融市场波动加剧的外部环境下，我国国际收支总体平衡，外汇储备保持平稳，体现了较强的适应性和稳定性。

《报告》指出，2019 年上半年，我国经常账户顺差 882 亿美元，非储备性质的金融账户顺差 454 亿美元，两者均呈现小幅顺差态势。

从国际投资头寸状况看，截至 2019 年 6 月末，我国对外金融资产 74 427 亿美元，较上年年末（下同）增长 1.6%；对外负债 54 175 亿美元，增长 4.3%；对外净资产为 20 252 亿美元，下降 4.9%。从对外金融资产方面看，国际储备资产余额为 32 252 亿美元，增长 1.8%，占对外金融资产总额的 43%，仍居首位，但该占比为 2004 年公布国际投资头寸数据以来的最低水平。其中，外汇储备余额为 31 192 亿美元，较 2018 年年末的余额增加 465 亿美元。从对外负债方面看，外国来华直接投资 28 348 亿美元，较上年年末增长 2.6%，继续位列对外负债首位，占比为 52%。

值得注意的是，2019 年上半年，我国国际收支平衡表中投资收益为小幅顺差 15 亿美元，对外资产负债结构出现积极变化。其中，我国对外投资收益收入 1 208 亿美元，对外负债收益支出 1 193 亿美元。《报告》分析称，从资产端看，我国对外金融资产中储备资产占比近年来逐渐下降，民间部门持有资产占比增加。从负债端看，在我国经济结构升级、从高速增长转向高质量发展过程中，来华直接投资回报率依然相对较高，吸引直接投资资金持续流入。同时，随着我国境内证券市场开放度增加和人民币资产吸引力增强，来华证券投资占比增加。

第四节 国际储备

一、国际储备的含义

(一) 狭义的国际储备

国际储备(International Reserves)从狭义上讲是一国货币当局为弥补国际收支逆差、维持本国货币汇率的稳定以及应付各种紧急支付而持有的、为世界各国所普遍接受的资产。

一个国家用于国际储备的资产，通常被称作国际储备资产。国际储备资产一般应该具备以下特性：

(1) 公认性。国际储备资产应该是能为世界各国在事实上普遍接受的资产。

(2) 流动性。国际储备资产必须具有充分的流动性，能在其各种形式之间自由兑换。

(3) 稳定性。国际储备资产的内在价值必须相对稳定。

(4) 适应性。国际储备资产的性质和数量必须能适应国际经济活动和国际贸易发展的要求。

(二) 广义的国际储备

广义的国际储备被称作国际清偿能力，指一国无须采取任何影响本国经济正常运行的特别调节措施就能平衡国际收支逆差和维持其汇率的总体能力。它与狭义的国际储备之间既相互联系又相互区别：

(1) 从内容上看，国际清偿能力除了包括该国货币当局直接掌握的国际储备资产外，还包括国际金融机构向该国提供的国际信贷以及该国商业银行和个人所持有的外汇和借款能力。因此，国际清偿能力中包括了国际储备的内容，但它又不完全限于国际储备，还包括国际储备之外的内容。

(2) 从两者的性质上看，作为由一个国家货币当局直接掌握持有的国际储备，其使用是直接的和无条件的，而对于国际储备以外的、并非由货币当局直接持有的国际清偿能力所构成部分的使用，通常都是有条件的。

(3) 从两者的数量关系上看，一个国家的国际清偿能力是该国政府在国际经济活动中所能动用的一切外汇资源的总和，而国际储备只是其中的一个部分。在判断一个国家的国际清偿能力时，除了要考察该国的国际储备额外，还必须考虑到另外两个因素，即该国政府获得国际流动资金的能力以及筹集和使用该资金时的限制条件。

二、国际储备的构成

国际储备的构成，是指用于充当国际储备资产的资产种类。在不同的历史时期，充当国际储备资产的资产种类有所不同。目前主要有四种形式。

(一) 黄金储备

作为储备资产的黄金是一国货币当局持有的货币黄金的总额。但并不是一国货币当局所持有的全部黄金都可以充当国际储备资产，因为某些国家往往规定以黄金作为国内货币发行的准备，因此，充当国际储备资产的黄金储备只是货币当局持有的全部黄金储备中扣除充当国内货币发行准备后的剩余部分。

(二) 外汇储备

外汇储备是一国货币当局持有的国际储备货币。充当国际储备资产的货币必须具备下列条件：第一，能自由兑换成其他储备货币；第二，在国际货币体系中占据重要地位；第三，其购买力必须具有稳定性。这些条件是以该国的经济实力为基础的。

最早充当国际储备资产的货币是英镑。20 世纪 30 年代后，由于美国经济实力的崛起，英镑和美元共同成为国际储备货币。第二次世界大战后，由于美国的力量空前膨胀，而英国的力量则大大减弱，美元就取代英镑成为最重要的国际储备货币。从 70 年代开始，随着固定汇率制的崩溃，外汇储备逐渐走向多元化。

(三) 在国际货币基金组织的储备头寸

一国的储备头寸是指该国在国际货币基金组织的储备头寸加上债权头寸。国际货币基金组织的成员国可以无条件地提取其储备头寸用于弥补国际收支逆差。储备头寸又称“储备档贷款”，是指成员国以储备资产（黄金、外汇或特别提款权）向国际货币基金组织认缴的那部分资金，其额度占基金组织分配给该国配额的 25%。债权头寸又称“超黄金档贷款”，是指基金组织因将某一成员国的货币贷给其他成员国使用而导致其对该国货币的持有量下降到不足该国本币份额 75%的差额部分以及成员国在国际货币基金组织超过份额的贷款部分（最高为份额的 125%）。

基金组织对某一成员国的贷款是通过向其提供另一成员国的货币来实现的，这样做的结果是：获得贷款国形成了对基金组织的债务，而货币提供国则形成了对基金组织的债权，贷款货币的使用额就构成货币供应国的债权头寸。债权头寸的发生是以基金组织使用该国货币进行贷款为前提条件的。

(四) 特别提款权(SDRs)

特别提款权是国际货币基金组织为了解决国际储备不足问题而于 1969 年创设的新的国际储备资产，实质上是用以补充原有储备资产的一种国际流通手段。它是国际货币基金组织分配给其成员国的在原有的一般提款权以外的一种资金使用权利。

特别提款权具有以下特点：① 它是一种以黄金保值的记账单位，不能直接用于国际贸易支付和结算，也不能直接兑换成黄金。② 它属于国有资产，只能由成员国货币当局持有，并且只能在成员国货币当局和国际货币基金组织、国际清算银行之间使用。非官方金融机构不得持有和使用。③ 它与普通提款权不同,是无附带条件的流动资金。特别提款权是根据各成员国在国际货币基金组织中分到的配额比例进行分配的。

成员国可动用分配的特别提款权换成外汇用于弥补国际收支逆差,也可以直接用其偿还基金组织的贷款。成员国同时也必须承担两项义务:支付利息和在需要时按照国际货币基金组织指定的原则,接受特别提款权并兑出相应的货币。

三、国际储备的职能

国际储备是体现一个国家经济实力的重要标志之一。就国际储备的基本职能来讲,主要有以下几点:

(1) 维持国际支付能力,调节临时性的国际收支不平衡。例如,当一国由于国际价格变化导致出口锐减或因季节性因素及突发事件而造成其临时性国际收支逆差时,可动用国际储备来弥补其逆差而无须采取压缩进口等影响国内经济正常运行的限制性措施。

(2) 干预外汇市场,维持本国货币的汇率。例如,当一国货币的汇率发生剧烈波动从而影响到其经济目标时,该国货币当局就可以动用外汇储备支持本国货币的汇率。

(3) 维持并增强国际上对本国货币的信心。

(4) 国际储备是一国向外举债和偿债能力的保证。储备资产雄厚是吸引外资流入的一个重要条件,一国拥有的国际储备资产状况是国际金融机构和国际银团提供贷款时评估其国家风险的指标之一。

四、国际储备的管理

(一) 国际储备的结构管理

1. 结构管理的基本原则

国际储备本质上是一种随时用于对外支付的准备金,在一国的国际收支出现不平衡时用于弥补逆差。国际储备的这一特点决定了储备资产必须同时具备三个性质:

(1) 流动性。由于国际储备本质上是一种支付准备金,因此,必须具有高度的流动性,以备在国际收支出现逆差或其他需要时随时可以兑现。

(2) 安全性。国际储备是一种资产,但更是一种储备。作为储备,其内在价值必须具有相当的稳定性,不能波动频繁,大起大落,以致影响支付的质量。

(3) 盈利性。国际储备作为一种资产,就必须具有资产的一般性质,即能不断增值。

流动性是首要的和第一位的,安全性则仅次于流动性。只有在流动性和安全性都得到充分保证的前提下,才考虑其投资的收益性。各国家根据其不同时期的经济发展目标,对国际储备流动性、安全性和盈利性这三个方面的要求也是不同的。根据现实需要不断调整四类储备资产的数量组合,优化结构,发挥国际储备的最大效能。

2. 黄金储备管理

黄金储备的管理可以分为三个方面:黄金储备数额及其在储备总额中所占比重的控制;对黄金买卖的决策;进行黄金买卖的时机选择。其中数额和比重控制最为重要。

黄金储备的数量和比重主要取决于黄金的性质。黄金具有较好的安全性但缺乏流动性与盈利性。黄金安全性好的特点使得各国保持适量黄金储备成为必然选择。但因其流动性较差,黄金储备数量不宜做过多的调整,以保持稳定为宜。

3. 外汇储备的管理

外汇作为一种交易货币,可以直接用于各种国际支付,并可根据本国的需要进行区域调拨和币种转换,在必要时还可直接用于外汇市场干预。而作为金融资产的外汇储备,可通过利息收入而使自己得到增值,且保存费用远远低于黄金,因此外汇储备具有无与伦比的流动性和盈利性。由于外汇储备在流动性、盈利性方面所具有的优势以及由此导致的在国际储备中的高比例,使得外汇储备管理成为国际储备结构管理乃至整个国际储备管理中最重要的内容。外汇储备的管理可以分为四个方面:

(1) 外汇储备的数量和比例控制。正常情况下,大多数国家选择将其外汇储备数额维持在约 3 个月的进口量。至于外汇储备与黄金储备的比例,增大外汇储备的比例可以增加国际储备整体的流动性和盈利性,但会降低其安全性;反之亦然。

(2) 外汇储备的结构安排。外汇储备的结构安排包括储备货币币种的选择及其在储备中所占比重的确定。

(3) 储备资产的投资决策。大多数国家采取的是储备货币多元化的策略,包括对到期资产的分类和对储备资产变现能力与收益率的比较。一级储备包括现金和准现金,如活期存款、短期国库券、商业票据等。这类储备的流动性最高但收益最低。二级储备包括中期债券。其收益高于一级储备,但流动性比一级储备资产差,风险较大。三级储备包括各种长期投资工具。其收益率最高,但流动性最差,风险最大。中央银行一般在确定一、二级储备的规模后才考虑将余下部分作长期投资。

(4) 对外借款的管理。对用于归还对外借款的储备资产,一般是根据借款期限的长短,把储备资产分别安排在适当期限的投资工具上,从而保证到期贷款的归还。

(二) 国际储备的规模管理

1. 国际储备的供给

国际储备的供给主要来自以下几个方面:

(1) 国际收支顺差。一国的国际收支出现盈余,意味着该国国际储备存量的增加。

(2) 国际信贷。国际信贷可以通过国际收支发生额引起国际储备的变动,反映在借款国的国际收支平衡表上,就是国际储备的增加;反映在贷款国的国际收支平衡表上,则是国际储备的减少。

(3) 干预外汇市场所得外汇。当一国的货币汇率升势过猛,给国内经济及对外贸易带来不利影响时,该国货币当局就会进入外汇市场抛售本币收购其他储备货币,由此所得外币一般列入国际储备。

(4) 黄金存量。特指一国货币当局拥有的货币黄金。

(5) 特别提款权的分配。特别提款权是国际货币基金组织分配给成员国的一种国际流通手段,是成员国国际储备的一个构成部分。

2. 国际储备的需求

对国际储备的需求主要来自以下几个方面:

(1) 弥补国际收支逆差。当一国的国际收支发生逆差时,必须动用国际储备平衡逆差,从而导致该国国际储备存量的减少。

(2) 干预外汇市场，支持本币汇率。当一国货币汇率下跌幅度太大以致影响其货币的国际信誉或对国内经济产生不利的后果时，该国有可能动用其外汇储备购进本币，支持本国货币的汇率，从而导致其外汇储备减少。

(3) 突发事件引起的紧急国际支付。它属于对国际储备的临时需要。

(4) 国际信贷的保证。以国际储备充当对外借贷和进行国际融资的信誉保证。

3. 影响国际储备适度规模的因素

一国的国际储备规模取决于该国的经济发展水平。储备规模的下限是保证该国最低限度进口贸易总量所必需的储备资产数量，称之为经常储备量。它的上限，是在该国经济发展最快时可能出现的外贸量与其他国际金融支付所需要的储备资产数量，称之为保险储备量。适度规模的国际储备位于上下限之间。

在上下限之间，影响储备规模的经济因素包括一国国际储备的范围及其货币在国际货币体系中的作用；国际收支流量的大小及其稳定程度；其他调节国际收支手段的运用及其有效性；国际融资能力的大小及所处的国际环境；汇率制度和汇率政策的选择；对外开放程度；持有国际储备的机会成本等。

第五节 国际货币体系

一、国际货币体系的历史变迁

从金本位体系的出现算起，国际货币体系已有了一百多年的发展历史。其间历经了三种具有典型特征的货币体系，按出现的先后顺序分别为金本位体系、布雷顿森林体系、牙买加体系。前两种货币体系以固定汇率制度为特征，后一种货币体系则以浮动汇率制度为特征。

(一) 金本位体系

金本位体系又可划分为典型的金本位制体系、金汇兑本位制体系等。

典型的金本位制从 19 世纪后期持续到 1914 年，它是世界上最早出现的一种国际货币体系，有 3 个典型特征：黄金是世界货币；参与国实行以黄金为中心的严格的固定汇率制度；有自动调节国际收支的机制。

典型的金本位在稳定物价和货币汇率方面发挥了良好的作用，促进了国际贸易和经济的发展。但随着国际政治经济形势变化，黄金的自由兑换、自由输出入逐渐受限，同时黄金产量的有限性逐渐不能满足经贸发展的需要，所以第一次世界大战时，典型的金本位制崩溃了。

金汇兑本位制约从 1922 年持续至 1936 前，是欧洲各国为战后恢复经济却又无力施行典型金本位制而采取的权宜措施。这种货币体系是间接地使货币与黄金发生联系的本位体系，实行这种体系的国家必须把本国货币与另一个实行金本位体系的国家的货币保持固定比价，并在该国存放外汇储备，从而保持外汇市场的稳定，但同时也使本国货币依附于相联系国家的货币，在对外贸易和财政金融方面受到与其相联系的金本位国家的控制。

金汇兑本位制是削弱的金本位制，因此它在价值稳定、货币供应量的自动调节、国际收支的自动调节等方面的功能也受到了限制。美国、英国、法国等国先后因无法承受黄金大量外流等原因，纷纷放弃了金汇兑本位制。至1936年以金汇兑本位制为基础的国际货币体系彻底崩溃。

（二）布雷顿森林体系

布雷顿森林体系从1944年持续至1973年。1944年，在美国新罕布什尔州的布雷顿森林庄园召开了有44个国家参加的联合国货币金融会议，简称“布雷顿森林会议”，会上通过了《国际货币基金组织协定》和《国际复兴开发银行协定》(统称为布雷顿森林协定)，设立了国际货币基金组织(International Monetary Fund，IMF)和国际复兴开发银行(International Bank for Reconstruction and Development，IBRD)。这次会议所确定的战后以美元为中心的国际货币体系就称为布雷顿森林体系。

布雷顿森林协议规定各国货币与美元挂钩，美元与黄金挂钩。这种“双挂钩”被视为支撑布雷顿森林体系的两大支柱。也就是各国确认美国政府规定的35美元兑1盎司黄金的官价，各国政府或中央银行随时可用美元向美国政府按官价兑换黄金，各国货币通过与美元的固定比价建立起与黄金的间接挂钩；各国有义务保持本国货币与美元的汇率平价在上下各1%的幅度内波动。

它在一定程度上克服了战前国际货币关系的混乱状态，不仅促进了“二战”后国际贸易的迅速发展和生产的国际化，缓解了各国国际收支困难，而且树立了广泛开展国际货币合作的典范。这一货币体系存在的不可克服的内在矛盾决定了它的必然崩溃。这一矛盾就是通常所说的“特里芬难题”(Triffin Dilemma)。

美国经济学家特里芬(R. Triffin)对布雷顿森林体系研究后指出美元同时承担了相互矛盾的双重职能，一是为世界经济和贸易发展提供清偿力；二是保持美元的币信，维持美元按官价兑换黄金。前者将导致美国国际收支持续逆差，后者则要求保持美元币值，美国必须保持国际收支顺差。

特里芬的预言是正确的。自20世纪50年代开始，美国黄金储备大量外流，美元危机频发，至1971年8月，尼克松宣布实施“新经济政策”，意味着美元与黄金脱钩。1973年3月主要货币开始实行浮动汇率，不再与美元挂钩。这意味着“双挂钩”机制消失了。

（三）牙买加体系

随着布雷顿森林体系的崩溃，浮动汇率制成为解决国际收支逆差的最佳途径，建立新的国际货币体系刻不容缓。1976年1月，IMF国际货币体系临时委员会达成《牙买加协定》。同年4月，IMF理事会通过《IMF协定第二次修正案》，对国际货币体系做出新的规定，认可了1971年以来国际金融的重大变化，国际货币体系迈进牙买加体系时代。

牙买加协定主要涉及四项内容：成员国可以自由选择汇率安排，允许固定汇率制与浮动汇率制并存；推行黄金的非货币化，成员国中央银行可按市价买卖黄金；提高IMF的清偿力，使SDRs成为主要的国际储备，降低美元的国际储备作用；扩大对发展中国家的资金融通。

牙买加体系在克服各种危机、推动经济稳定发展方面起了一定的积极作用：打破了布雷顿森林体系的僵化局面，浮动汇率制增加了各国对外政策的灵活性；国际储备多元化在一定程度上解决了“特里芬难题”；用综合机制共同调节国际收支，引进了国际金融市场、商业银行信贷和国际合作与政策协调，使国际收支的调节更及时有效。但20世纪90年代以来金融危机频发，现行货币体系的弊端越来越明显。

二、国际货币体系改革方案

现行国际货币体系是牙买加体系的延续，没有发生质变。目前存在以下几个方面的弊端：第一，汇率大幅波动与汇率失调成为常态。第二，发展中国家利益缺乏保障，现行体系加剧了世界发展的不平衡。第三，跨境资本流动规模大且不稳定，影响金融稳定并增加宏观经济脆弱性。第四，全球一体化金融市场缺乏有效的国际监管。第五，国际协调效率不高、救援机制不完善。因此，改革现存的国际货币体系，建立一个合理稳定的国际货币体系势在必行。有关国际货币体系改革方案较多，简要列举如下。

1. 恢复金本位制

美国哥伦比亚大学教授罗伯特·蒙代尔于1981年提出，主要针对20世纪70年代美、英和其他一些国家普遍面对滞胀和汇率大幅波动的难题，认为恢复金本位制是对付通货膨胀和经济不稳的唯一办法。

2. 恢复美元本位制

由于美元仍然是国际上最主要的储备货币、支付货币和计价货币，所以为使国际汇率趋于稳定，有人主张恢复美元本位制。但“特里芬难题”是以美元为单一货币本位不可逾越的障碍。同时，将全球经济金融重新置于美元独霸控制的体制，对日趋维护各国独立性的国际社会是难以接受的。

3. 实行特别提款权本位制

以特别提款权作为主要储备资产的改革方案一直被提及。2008年全球金融危机爆发以后，建立一个超主权货币主导的国际货币体系的呼声很高。但是，特别提款权仅是跨国支付的记账单位，不能在国际贸易和非贸易收支中实现支付流通，要使其具备世界货币功能面临诸多障碍。另外，在全球经济由少数发达国家主宰的条件下，特别提款权与各国的经济实力相脱离并剥夺发达国家货币主导权的特征，使得追加发行困难重重，其在国际储备中的占比未见提高即为明证。

4. 建立国际信用储备制度

该方案由特里芬(D.Triffin)教授于1982年提出，认为国际货币体系改革的根本出路在于建立超国家的国际信用储备制度，建议各国应将持有的国际储备以储备存款形式上交国际货币基金组织保管，国际货币基金组织将成为各国中央银行的清算机构。

5. 建立多极主权货币共同主导的国际货币体系

国际储备货币的发行由若干主权国家共同掌握，可以更好地代表全球主要经济体的利益。多元制衡的国际货币格局顺应了国际经济和贸易格局的调整方向，有利于打破全球经济失衡和全球金融恐怖平衡的僵局，同时具有“良币驱逐劣币”的约束机制，为国际货币体系增添了稳定因素，可有效缓解系统性全球金融危机的压力。

6. 汇率目标区方案

该方案试图尽力把固定汇率和浮动汇率的优势结合起来，同时消除二者的劣势。最早提出“汇率目标区”这一汇率制度改革举措的是荷兰财政大臣杜森贝里(Duilsenbery)。至1991年，保罗·克鲁格曼(P.krugman)创立了汇率目标区的第一个规范理论模型——克鲁格曼的基本目标区理论及模型。

与管理浮动汇率相比，汇率目标区为一定时期内汇率波动幅度设立了目标范围，并且根据汇率变动的情况调整货币政策，以防止汇率波动超出目标区。与固定汇率制相比，货币当局没有严格义务进行干预，并且目标区本身可随时根据经济形势变化进行调整。汇率目标区方案的目的是在保证各国维持各自货币政策和经济政策的独立性的同时，允许汇率在一定区间内灵活波动，但又不至于使其超出威胁到稳定的范围。因此，它是固定汇率和浮动汇率安排的一个折中。

7. 约束资本流动的“托宾税”方案

一些学者认为汇率不稳定是当今日益一体化的国际资本市场上的巨额国际资本流动造成的，因此必须对投机性资本流动实行严格控制。詹姆斯·托宾(J.Torbin)在20世纪70年代提出“托宾税”(Tobin Tax)方案，该方案建议对现货外汇交易课征全球统一的交易税，目的是在不影响中长期资本正常流动的情况下抑制投机性资本流动。

8. 国际货币基金组织的自身改革

除了上述方案外，国际货币基金组织自身的改革也在近几年取得了突破性进展。例如，2009年3月开始全面改革贷款机制，扩大贷款项目的灵活性，减少不必要的附加条件。2009年4月的伦敦G20峰会上，各国领导人同意对国际货币基金组织进行增资达到7 500亿美元，使得救援能力大幅提升。为体现新兴市场和发展中国家在全球经济中的权重上升，国际货币基金组织董事会于2010年通过份额和治理改革方案。根据该方案，国际货币基金组织的份额将增加一倍，约6%的份额将向有活力的新兴市场和代表性不足的发展中国家转移。几经坎坷，该方案终在2016年1月正式生效。

总之，国际货币体系对于全球经济活动影响深远，对它的改革关系到未来全球经济的稳健运行。但发达国家与发展中国家在国际货币体系改革方面的矛盾分歧也将长期存在，国际货币体系的改革将是长期的、曲折的，应求同存异，携手并进。

三、我国在国际货币体系改革中面临的机遇和挑战

(一) 我国在国际货币体系改革中面临的机遇

第一，中国政府能够进一步取得与自身经济实力相称的国际地位，显著提高在国际货币体系中的地位与影响力。2016年1月正式生效的份额改革方案使得中国成为国际货币基金组织的第三大份额国。2016年10月1日，人民币作为首个新兴市场国家货币被正式纳入特别提款权货币篮子。随着人民币国际化的推进，人民币在全球货币体系中的地位将不断增强。

第二，通过积极参与和推动国际货币体系改革，中国能够降低在国际贸易与投资中对美元的过度依赖，实现外汇储备的进一步多元化与保值增值。人民币国际化的推进以及东亚区域货币金融合作的加速，都有利于降低外汇储备的进一步累积。多极化的国际储备货币

体系为中国外汇储备的多元化管理提供了更广阔的空间。

第三，更积极地参与国际货币体系改革，有利于中国经济的结构转型和金融改革。例如，为了使得人民币顺利加入特别提款权计价货币篮，中国政府必须加快汇率与利率的市场化改革。又如，中国政府推进人民币国际化的举措，客观上促进了中国政府进一步完善国内金融市场、大力发展离岸人民币金融中心、增强人民币汇率形成机制弹性以及加快资本项目开放。

（二）我国在国际货币体系改革中面临的挑战

第一，中国将被要求为世界经济再平衡做出更大的贡献。这一方面要求中国政府通过刺激居民消费来降低储蓄投资缺口，另一方面要求中国政府降低对外汇市场的干预，通过人民币实际有效汇率升值来降低贸易顺差。

第二，中国将被进一步要求开放资本项目与金融市场。人民币加入特别提款权定值货币篮子的前提之一就是人民币应该在国际交易中被广泛使用。而广泛使用是指某种货币普遍被用于经常账户和资本账户交易，这意味着中国必须进一步开放资本项目。此外，为配合人民币成长为一种在国内外被广泛使用的国际化货币，中国金融市场也必须进一步对外开放，从而向海外投资者提供更大规模、更广泛的人民币计价的金融产品，同时允许中国投资者通过对外投资的方式向海外输出人民币。然而，如果资本项目与金融市场过快开放，又会增强中国的金融脆弱性，给中国宏观经济与资本市场带来新的风险。

本章小结

1. 静态外汇有两层含义，一是以外国货币表示的金融资产，一是具有国际兑换性的金融资产。不同货币之间的兑换比率就是汇率，即一国货币兑换成另一种货币时的价格。汇率标价有直接标价法和间接标价法两种方法。外汇市场的参与者主要有外汇银行、外汇经纪人和外汇交易员、中央银行、一般客户。外汇交易包括现汇交易、期汇交易、掉期、套汇和套利等交易类型。汇率的变化反映了经济的变化，同时汇率的变化又对经济的各个层面产生重要影响。

2. 汇率制度是各国或国际社会对于确定、维持、调整与管理汇率的原则、方法、方式和机构等所做出的系统规定。汇率制度选择主要取决于国家规模、开放程度、国际金融一体化程度、相对于世界平均水平的通货膨胀率、贸易格局等因素。

3. 广义的国际收支是以统计报表的方式，系统总结特定时期内一国经济主体与他国经济主体之间的各项经济交易，它包括货物、服务和收益，对世界其他地区的金融债权和债务的交易以及单项转移。国际收支平衡表包括经常项目，资本和金融项目，以及误差和遗漏项目等三大项目。

4. 国际储备(International Reserves)从狭义上讲是一国货币当局为弥补国际收支逆差、维持本国货币汇率的稳定以及应付各种紧急支付而持有的、为世界各国所普遍接受的资产。广义的国际储备被称作国际清偿能力。

5. 国际货币体系的改革为我国带来了机遇和挑战。

核心概念

汇率　　外汇交易　　汇率制度　　国际收支　　国际储备

复习思考题

一、选择题

1. 外汇市场的主要参与者有(　　)。
   A. 外汇银行　　B. 中央银行　　C. 外汇经纪人　　D. 一般客户
2. 2019 年 10 月 23 日发生一笔外币支付交易并于 10 月 25 日完成交割。此外汇交易属于(　　)。
   A. 远期交易　　B. 即期交易　　C. 套利　　D. 套汇
3. 理论上本币贬值可能会(　　)本国商品进口。
   A. 抑制　　B. 不确定　　C. 促进　　D. 无关
4. 国际收支平衡表一般包括(　　)等主要项目。
   A. 资本和金融项目　B. 经常项目　　C. 所有者权益　　D. 误差与遗漏项目
5. 国际储备的职能包括(　　)。
   A. 维持本国支付能力　　B. 干预外汇市场
   C. 维持和增强本币国际信誉　　D. 作为偿债能力的保证
6. “双挂钩”机制被视为布雷顿森林体系的支柱,具体指(　　)。
   A. 美元与黄金挂钩　　B. 各国货币与德国马克挂钩
   C. 各国货币与美元挂钩　　D. 各国货币与黄金挂钩

二、简答题

1. 简述汇率变化对一国贸易收支的影响。
2. 简述应重点关注的国际收支平衡表差额类别。
3. 简述特别提款权的含义。
4. 简述浮动汇率制的优点与缺点。

实训练习

【实训内容】

通过计算分析汇率案例,判断汇市走向及对经济发展的影响,提高学生分析问题和解决问题的能力。

【实训步骤】

1. 查找实时的国际、国内外汇牌价与财经新闻;
2. 分组讨论;
3. 汇报讨论结果。

参考文献

[1] 尚华娟.货币政策理论与实践[M].上海:立信会计出版社,2000.
[2] 高鸿业.西方经济学[M].北京:中国人民大学出版社,2002.
[3] 宋国良.投资银行学[M].北京:人民出版社,2004.
[4] 唐安宝.金融学[M].徐州:中国矿业大学出版社,2005.
[5] 米什金.货币金融学[M].北京:中国人民大学出版社,2005.
[6] 张传良.金融监管理论与实务[M].厦门:厦门大学出版社,2008.
[7] 盛慕杰.中央银行学[M].北京:中国金融出版社,2009.
[8] 董金玲.金融学[M].北京:机械工业出版社,2010.
[9] 李芸芸.金融基础[M].北京:经济科学出版社,2011.
[10] 李健.金融学[M].北京:高等教育出版社,2011.
[11] 包屹红.货币银行学[M].武汉:华中科技大学出版社,2012.
[12] 陈雨露.货币银行学[M].北京:中国财经政治出版社,2013.
[13] 黄达.金融学[M].北京:中国人民大学出版社,2014.
[14] 陈登峰.金融学基础[M].大连:东北财经大学出版社,2015.
[15] 李依凭.金融学概论[M].北京:清华大学出版社,2015.
[16] 胡庆康.现代货币银行学教程[M].上海:复旦人民大学出版社,2016.
[17] 冯瑞.货币银行学[M].南京:南京大学出版社,2016.
[18] 李贺.货币银行学基础[M].上海:上海财经大学出版社,2016.
[19] 王德礼.金融学[M].上海:上海交通大学出版社,2017.